DEIN COACH ZUM ERFOLG!

Dein ActiveBook auf My**STARK**:

Du kannst auf alle digitalen Inhalte zu diesem Band online zugreifen. Registriere dich dazu unter **www.stark-verlag.de/mystark** mit deinem **persönlichen Zugangscode**:

...514-001474

Die Inhalte dieser Auflage stehen bis Sc...

MySTARK

Das Active**Book** *bietet dir:*

- Die Original-Prüfungsaufgaben von 2022 mit vollständigen Lösungsvorschlägen
- Interaktive Aufgaben mit sofortiger Ergebnisauswertung
- Videos zur Veranschaulichung der Analyse von Karikaturen und Diagrammen sowie zu zentralen Themen

DEIN COACH ZUM ERFOLG!

So kannst du interaktiv lernen:

Interaktive Aufgaben

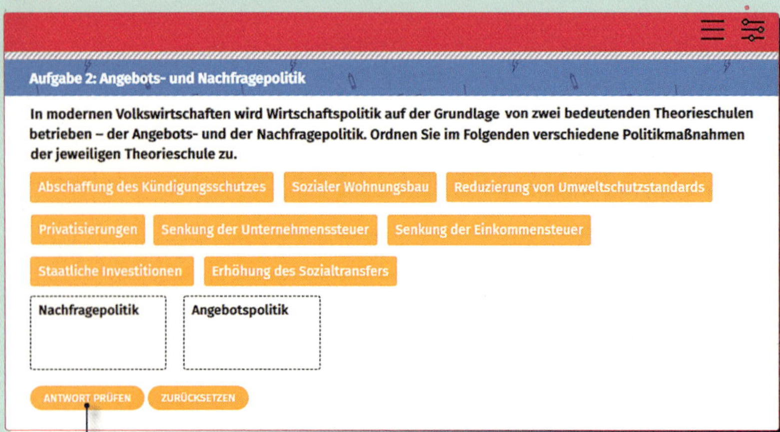

Sofortige Ergebnisauswertung

Lernvideos

Anschauliche Erklärungen zur Analyse von Karikaturen und Diagrammen sowie zu zentralen Themen

Systemvoraussetzungen:
- Windows 7/8/10 oder Mac OS X ab 10.9
- Mindestens 1024×768 Pixel Bildschirmauflösung
- Chrome, Firefox oder ähnlicher Webbrowser
- Internetzugang

2023

Abitur

Original-Prüfungsaufgaben
mit Lösungen

Gymnasium · Baden-Württemberg

Wirtschaft

STARK

15. neu bearbeitete Auflage
www.stark-verlag.de

Inhalt

Auswahl an Originalprüfungen

Sobald die Original-Prüfungsaufgaben 2022 freigegeben sind, können Sie sie als PDF auf der Plattform MyStark herunterladen (Zugangscode vgl. Farbseite vorne im Buch).

Autoren:

Gerhard Altmann (Tipps und Hinweise, Übungsaufgaben 2, 4)
Gideon Maier (Tipps und Hinweise, Übungsaufgaben 3, 5)
Rolf Mattes (Tipps und Hinweise)
Joachim Traub (Tipps und Hinweise, Übungsaufgabe 1);
Sebastian Völkel (Lösungen zu den Abituraufgaben 2015, 2016, 2017, 2018, 2019, 2020, 2021)

Das Leistungsfach Wirtschaft – Tipps und Hinweise

Liebe Schülerinnen und Schüler,

wir freuen uns über Ihre Entscheidung für das Leistungsfach Wirtschaft, da wir meinen, dass es als (fünfstündiges) Leistungsfach interessant und attraktiv ist – unter anderem, weil es sich mit einem der herausragend wichtigen Lebensbereiche eines jeden Einzelnen beschäftigt und durch den direkten Bezug zur Lebenswelt von uns allen auszeichnet.

Sie können in diesem Kurs Vieles für wirtschaftswissenschaftliche Studiengänge, für eine Menge anderer Studiengänge und auch für das Leben außerhalb der Bildungsinstitutionen lernen – wir bekommen inzwischen Rückmeldungen von Schülern, die sich bei Bewerbungsverfahren mithilfe ihrer in Wirtschaft erworbenen Kompetenzen erfolgreich durchsetzen konnten. Um im Leistungsfach Wirtschaft gute Semester- und Abiturergebnisse zu erzielen, ist es nach unseren Erfahrungen und denen unserer Schülerinnen und Schüler besonders hilfreich,

- wenn Sie mit Interesse verschiedene Medien nutzen: Presse, Fachlektüre, Funk und Fernsehen und das Internet. Insbesondere die regelmäßige Nutzung von Tages- und Wochenzeitungen ist schon fast so etwas wie „die halbe Miete", da Sie sich auf diese Weise quasi „automatisch" wesentliche Teile des Fachwissens auf dem aktuellen Stand aneignen;
- wenn Sie sich neben Wirtschaft für Politik, Gesellschaft und Recht interessieren;
- wenn Sie eine Aufgabenstellung schnell und präzise erfassen und rasch eine gut gegliederte Stichwortsammlung als Konzept entwerfen können;
- wenn Sie zügig auch umfangreichere Lösungen zu Papier bringen können;
- wenn Sie mit Modellen arbeiten können;
- wenn Sie gerne mit statistischem Material umgehen;
- wenn Sie einfachere mathematische Berechnungen durchführen können.

Es ist natürlich sehr vorteilhaft, wenn Sie sich ein gutes Stück „Durchblick" aus den vorangegangenen Jahren Wirtschaftsunterricht bewahren konnten (wenn es Ihnen möglich ist: Behalten Sie Ihre alten Gemeinschaftskunde-/Wirtschaftsbücher und -ordner bzw. -hefte!). Denn Sie begegnen auch bereits Bekanntem auf einem höheren Anspruchsniveau wieder.

Dieses Buch hilft Ihnen dabei, sich anhand von Übungs- bzw. der Abituraufgaben der letzten Jahre zielgerichtet auf Klausuren und auf die schriftliche Abiturprüfung im Leistungsfach Wirtschaft vorzubereiten. Die nachfolgenden Hinweise und Tipps

sollen Sie zusätzlich bei Ihrer optimalen Vorbereitung auf Klausuren und das Abitur unterstützen. Sollten nach Erscheinen dieses Bandes noch entscheidende Änderungen für die Abiturprüfungen vom Kultusministerium bekannt gegeben werden, finden Sie aktuelle Informationen dazu unter:
www.stark-verlag.de/mystark

Liebe Schülerinnen und Schüler, wir wünschen Ihnen Freude und Interesse im und am Wirtschaftsunterricht und viel Erfolg bei Ihrer Abiturprüfung!

Die Autoren und der Verlag

1 Ein Blick in den Bildungsplan lohnt sich

Im aktuellen Bildungsplan von 2016 finden Sie die Inhalte, die für Sie wegen der Schwerpunktthemen für das schriftliche Abitur ab 2023 von elementarer Bedeutung sind. Aber auch für die GFS ist es wichtig, dass Sie diese Themen kennen und wissen, über welche Kompetenzen Sie verfügen sollten.
Im Standard 3.1.1 *Grundlagen der Ökonomie* werden beispielsweise folgende Bildungsziele formuliert :

„Die Schülerinnen und Schüler können das Verhalten verschiedener Akteure in ökonomischen Situationen (I) und daraus resultierende Dilemmata bewerten (I, II). Sie können erklären, wie Märkte funktionieren, und deren Effizienz beurteilen (III). Sie können die Möglichkeiten bewerten, eine Volkswirtschaft zu gestalten und den Zustand einer Volkswirtschaft sowie wirtschaftspolitische Ziele einer Gesellschaft beurteilen (III)."

Den vollständigen Bildungsplan für das Fach Wirtschaft finden Sie unter:
http://www.bildungsplaene-bw.de/,Lde/LS/BP2016BW/ALLG/GYM/WI/LG

Die römischen Ziffern verweisen auf das für den aktuellen Bildungsplan im Fach Wirtschaft zentrale **Drei-Dimensionen-Modell:**

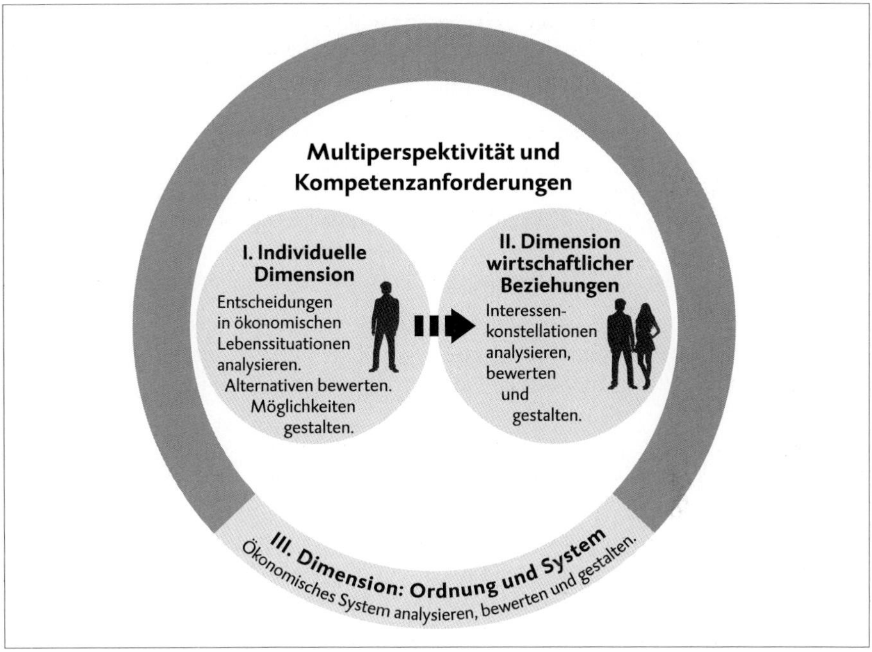

Drei-Dimensionen-Modell; © Landesinstitut für Schulentwicklung

2 GFS – G(leichwertige) F(eststellung von) S(chülerleistungen)

Sie müssen in mindestens drei Fächern Ihrer Wahl üblicherweise im Laufe der ersten drei Halbjahre je eine GFS leisten.

Hierbei ist es hilfreich, ein GFS-Thema dem aktuellen Bildungsplan zu entnehmen. So wäre z. B. ein denkbares GFS-Thema aus der Bildungsplaneinheit „3.1.2 Grundlagen der Betriebswirtschaft" zum Unterpunkt „Ziele von Anspruchsgruppen (Stakeholder) mit den Zielen eines Unternehmens vergleichen und Zielbeziehungen beschreiben": „Tesla in Grünheide – Wer profitiert, wer verliert?". Dabei ist es wichtig, dass diese GFS sich an den Vorschriften zum mündlichen Prüfungsfach ausrichtet.

3 Die schriftliche Abiturprüfung

3.1 Rahmenbedingungen und Inhalte

Im schriftlichen Abitur werden Ihnen zwei Aufgaben vorgelegt, von denen Sie eine wählen müssen. Für die Bearbeitung der Aufgabe haben Sie **270 Minuten** Zeit. Die **Schwerpunktthemen** setzen sich aus folgenden Bildungsplanstandards zusammen:
- thematische Einheit **I:** 3.1.1 Grundlagen der Ökonomie und 3.1.2 Grundlagen der Betriebswirtschaft
- thematische Einheit **II:** 3.1.1 Grundlagen der Ökonomie und 3.1.4 Arbeitsmärkte

Jede Klausur bildet eine **thematische Einheit**, die meist durch eine Problemfrage in der Überschrift ausgewiesen wird. Daran schließt sich eine **Kontextualisierung** als Hinführung zur zentralen Problemstellung der Klausur und erste Orientierung für die Auswahl an.

Neben diesen inhaltsbezogenen Kompetenzen sind für das Fach Wirtschaft vier sog. prozessbezogene Kompetenzen von zentraler Bedeutung:
- Analysekompetenz: z. B. das Denken in Modellen
- Urteilskompetenz: z. B. Bewertung politischer Entscheidungen unter ökonomischen Aspekten
- Handlungskompetenz: z. B. die Überprüfung ökonomischen Handelns unter Wertvorstellungen
- Methodenkompetenz: z. B. graphische Darstellung ökonomischer Sachverhalte

Als **Hilfsmittel** sind der eingeführte wissenschaftliche Taschenrechner, eine unkommentierte Ausgabe des Grundgesetzes und ein Nachschlagewerk zur deutschen Rechtschreibung und Zeichensetzung zugelassen.

Im **Umgang mit Materialien** wie z. B. Zeitungsartikeln, Statistiken, Schaubildern oder Karikaturen sind die entsprechenden Regeln zu beachten: Bei der ersten Verwendung eines Materials müssen Sie dieses kurz vorstellen, also Autor/-in, Titel, Datum und Ort der Veröffentlichung nennen.

3.2 Verrechnungspunkte und Aufgabenformate

Eine Prüfungsaufgabe im Abitur hat, auf in der Regel vier Teilaufgaben verteilt, **60 Verrechnungspunkte** (VP). In der Regel stehen die Teilaufgaben in einem thematischen Zusammenhang. Wahlaufgaben sind möglich. Für eine Teilaufgabe werden maximal 20 Verrechnungspunkte vergeben. Daraus können Sie auf den Arbeits- / Schreibumfang und das Anforderungsniveau schließen.
Zudem kann es Aufgabenstellungen geben, in denen nicht explizit das **Material** genannt wird, welches Sie zum Lösen einer Teilaufgabe heranziehen sollen. Das für die jeweilige Teilaufgabe relevante Material müssen Sie dann selbstständig auswählen. Es kann auch sein, dass Sie nicht sämtliche der Materialien in Ihre Lösung miteinbeziehen müssen. Ferner ist es wichtig, dass Sie sich den Unterschied zwischen den Formulierungen „ausgehend von“ und „anhand von“ vor Augen führen. Während Sie sich bei Letzterem ausschließlich auf das in der Aufgabe angegebene Material stützen, müssen Sie bei der Anweisung „ausgehend von“ eine Lösung formulieren, die über die im Material enthaltenen Informationen hinausreicht.

Bei der Lösung der Abituraufgabe, die in der Regel eine Fülle von Materialien enthält, kann eine **Planungsmatrix** hilfreich sein. Sie können sich damit einen Überblick über Art und Inhalt der Materialien und ihre jeweilige Relevanz für die Teilaufgaben verschaffen. Die Planungsmatrix soll ein übersichtlicher Arbeitsplan sein, den Sie der Bearbeitung der Teilaufgaben zugrunde legen. Eine solche Matrix können Sie z. B. als Tabelle oder als Mindmap auf dem **Konzeptblatt** erstellen. Eine Matrix könnte etwa wie folgt aussehen:

Material	1	2	3	4	5	6	7
Aufgabe 1		x	x				
Aufgabe 2				x	x		
Aufgabe 3			x			x	x
Aufgabe 4		x			x	x	

3.3 Anforderungsbereiche und Operatoren

Die Anforderungsbereiche in der schriftlichen Prüfung reichen von der Wiedergabe von Wissen (**Reproduktion**) über die vertiefende Bearbeitung und das angemessene Anwenden gelernter Inhalte und Methoden auf andere Sachverhalte (**Reorganisation und Transfer**) bis zur **Reflexion und Problemlösung**. Um Ihnen Sicherheit zu geben, was in einer Teilaufgabe von Ihnen erwartet wird, finden Sie in jeder Teilaufgabe eine Arbeitsanweisung, die als Aufforderung formuliert ist – einen sogenannten **Operator**. Ihr Kursleiter sollte im Besitz eines Papiers mit dem Titel: „Basisoperatorenkatalog in den gesellschaftswissenschaftlichen Fächern in Baden-Württemberg“ sein. Bitten Sie ihn, dass Ihr ganzer Kurs eine Kopie des Papiers erhält. Dort finden Sie alle **Operatoren** mit Erklärung der Arbeitsanweisung.

Sie finden den Operatorenkatalog auch online unter http://www.bildungsplaene-bw.de/,Lde/LS/BP2016BW/ALLG/GYM/G/OP. Der wesentliche Teil dieses Papiers ist hier im Anschluss abgedruckt. Die meisten Kursleiter lassen ihre Schüler den Operatorenkatalog während der Kursklausuren zum Nachlesen der Definitionen nutzen.

Wir möchten Sie hier auf einige uns besonders wichtig erscheinende Aspekte hinweisen: Die Operatoren wie „beschreiben", „darstellen", „vergleichen" oder „beurteilen" verlangen, dass Sie in einer durchgehend formulierten Antwort die Aufgabe lösen. Empfehlenswert ist der klassische Aufbau mit Einleitungssatz, in Absätze gegliedertem Hauptteil und Schlusssatz. Vermeiden Sie „Stichwortbrocken" hinter Pfeilen oder in Klammern ebenso wie unverbundene Auflistungen hinter Spiegelstrichen bei diesen Operatoren. Ganz wichtig ist auch, dass Sie in der ganzen Klausur die Fachsprache und -begriffe sicher anwenden. Last but not least: Achten Sie auf eine saubere Darstellung und auf die Sprachrichtigkeit, sonst müssen ein bis zwei Notenpunkte abgezogen werden. Es lohnt sich also für Sie, sauber zu schreiben und mindestens zehn Minuten zum Korrekturlesen einzuplanen!

Die Operatoren verteilen sich auf drei unterschiedliche, im Schwierigkeitsgrad ansteigende **Anforderungsbereiche**. Im Bereich I „Reproduktion" müssen Sie Gelerntes wiedergeben. Der Bereich II „Reorganisation und Transfer" verlangt, dass Sie selbstständig erklären, bearbeiten, ordnen und auf andere Sachverhalte übertragen können. Im Bereich III „Reflexion und Problemlösung" müssen Sie mit neuen Problemstellungen umgehen, einen Sachverhalt selbstständig erörtern und Ihre eigene Urteilsbildung reflektieren.

Die folgende Liste umfasst den „Basisoperatorenkatalog in den gesellschaftswissenschaftlichen Fächern in Baden-Württemberg" und verweist auf Aufgaben in diesem Buch, die die entsprechenden Operatoren enthalten. Dabei bedeutet z. B. der Zusatz 17/II/1, dass das Beispiel aus den Abiturprüfungsaufgaben des Jahres 2017 stammt. Man findet es dort unter Aufgabe II, Teilaufgabe 1.

Anforderungsbereich I

beschreiben	Sachverhalte schlüssig wiedergeben
bezeichnen	Sachverhalte (insbesondere bei nichtlinearen Texten wie zum Beispiel Tabellen, Schaubildern, Diagrammen oder Karten) begrifflich präzise formulieren
nennen	Sachverhalte in knapper Form anführen

Anforderungsbereich II

analysieren	Materialien oder Sachverhalte systematisch untersuchen und auswerten	ÜA 1; 19/I/1
begründen	Aussagen (zum Beispiel eine Behauptung, eine Position) durch Argumente stützen, die durch Beispiele oder andere Belege untermauert werden	18/I/2
charakterisieren	Sachverhalte mit ihren typischen Merkmalen und in ihren Grundzügen bestimmen	16/I/1; 18/I/1
darstellen	Sachverhalte strukturiert und zusammenhängend verdeutlichen	16/I/2; 17/I/1
ein-, zuordnen	Sachverhalte schlüssig in einen vorgegebenen Zusammenhang stellen	19/I/2
erklären	Sachverhalte schlüssig aus Kenntnissen in einen Zusammenhang stellen (zum Beispiel Theorie, Modell, Gesetz, Regel, Funktions-, Entwicklungs- und/oder Kausalzusammenhang)	ÜA 4; ÜA 5
erläutern	Sachverhalte mit Beispielen oder Belegen veranschaulichen.	17/I/2; 21/I/2
erstellen	Sachverhalte (insbesondere in grafischer Form) unter Verwendung fachsprachlicher Begriffe strukturiert aufzeigen	
herausarbeiten	Sachverhalte unter bestimmten Gesichtspunkten aus vorgegebenem Material entnehmen, wiedergeben und/oder gegebenenfalls berechnen	ÜA 2
vergleichen	Vergleichskriterien festlegen, Gemeinsamkeiten und Unterschiede gewichtend einander gegenüberstellen sowie ein Ergebnis formulieren	16/I/3

Anforderungsbereich III

beurteilen	Sachverhalte, Aussagen, Vorschläge oder Maßnahmen untersuchen, die dabei zugrunde gelegten Kriterien benennen und ein begründetes Sachurteil formulieren	ÜA 1; 17/I/4
bewerten	Sachverhalte, Aussagen, Vorschläge oder Maßnahmen beurteilen, ein begründetes Werturteil formulieren und die dabei zugrunde gelegten Wertmaßstäbe offenlegen	ÜA 2; 18/I/4; 21/I/4

entwickeln	zu einer vorgegebenen oder selbst entworfenen Problemstellung einen begründeten Lösungsvorschlag entwerfen	
erörtern	zu einer vorgegebenen These oder Problemstellung durch Abwägen von Pro- und Contra-Argumenten ein begründetes Ergebnis formulieren	16/I/4; 17/I/3; 19/I/4
gestalten	zu einer vorgegebenen oder selbst entworfenen Problemstellung ein Produkt rollen- beziehungsweise adressatenorientiert herstellen	ÜA 1
überprüfen	Aussagen, Vorschläge oder Maßnahmen an Sachverhalten auf ihre sachliche Richtigkeit hin untersuchen und ein begründetes Ergebnis formulieren	18/I/3; 19/I/3

Zu einigen Operatoren, zu denen zum Teil auch von der Abituraufgabenkommission Präzisierungen vorgenommen worden sind, erhalten Sie nun noch weitere Hinweise.

Zu „**Herausarbeiten**“: Bezieht sich die Aufgabe auf ein Textmaterial, müssen Sie in der Regel unter einem bestimmten Gesichtspunkt Textteile **strukturiert** wiedergeben – also nicht den gesamten Text bzw. nicht die einfache Textabfolge. In der Einleitung zur Lösung sollen Autor, Titel, Erscheinungsort und -zeit, die Hauptthese und das Thema genannt bzw. formuliert werden. Bei wörtlichem Zitieren [„…“ (Z. 5 f.)] und bei indirektem Zitieren (vgl. Z. 8 ff.) müssen Sie die Zitierregeln beachten. Beziehen Sie sich in einem Satz nicht direkt auf den Autor (z. B. *Nach Meinung des Autors …*), geben aber eines seiner Argumente wieder, müssen Sie den Konjunktiv verwenden. Diese Zitierregeln gelten natürlich auch bei anderen Aufgabentypen, wenn Sie sich auf ein Textmaterial beziehen möchten.
Müssen Sie etwas **rechnerisch** herausarbeiten, wird von Ihnen die Kompetenz des sogenannten „bürgerlichen Rechnens“ (Grundrechenarten, Prozentrechnen, Anwendung bekannter Formeln wie z. B. der zur Berechnung der Preiselastizität) verlangt. Dabei und bei Aufgaben zu statistischem Material hilft Ihnen gegebenenfalls der als Hilfsmittel zugelassene Taschenrechner.

Zu „**Erstellen**“: Hier müssen Sie in der Regel ein Preis-Mengen-Diagramm erstellen, oft verbunden mit „**Erklären**“.

Zu „**Analysieren**“: Dieser Operator eignet sich besonders mit Bezug auf statistisches Material. Bei dieser Aufgabenstellung sollten Sie zunächst die Fundstelle/Quelle und das Thema benennen. Danach sollten Sie knapp den formalen Aufbau beschreiben. Die gezielte und systematische Untersuchung des Inhalts geht weit über eine beschreibende Wiedergabe hinaus und sollte den Hauptteil Ihrer Lösung ausmachen. Im abschließenden Teil Ihrer Lösung sollten Sie – soweit möglich – Ergebnisse der inhaltlichen Untersuchung interpretativ begründen oder erklären sowie ein zusammenfassendes Ergebnis formulieren. Lesen Sie sich zu diesem Aufgabentyp auch unsere Ausführungen zum Umgang mit statistischem Material unter 3.4 durch.

Zu „**Gestalten**“: Dabei geht es darum, dass Sie einen Kommentar (vgl. 2018-24 f.) oder einen Leserbrief schreiben oder eine Strategie entwerfen müssen – was natürlich wie auch die anderen Kompetenzen ausreichend im Unterricht eingeübt werden muss. Eine Strategie umfasst normalerweise einen komplexen Sachverhalt. Im Rahmen einer Wirtschaftsklausur muss sie aber auf einen klar definierten und begrenzten Problembereich beschränkt werden, z. B. beim Schwerpunktthema „Wirtschaftliches Handeln im Sektor Unternehmen“ im Bereich „Marketing“. Mögliche allgemeine Bestandteile einer Strategiegestaltung sind die Problembeschreibung und die Analyse mit einem Soll-Ist-Vergleich. Daraus folgt die Zielsetzung und Formulierung der Strategie. Den Abschluss bildet eine Zusammenfassung.

Zu „**Beurteilen**“ und „**Bewerten**“: Die besondere Schwierigkeit bei diesen Operatoren liegt darin, dass Sie – insofern nicht schon in der Aufgabenstellung angegeben – **Beurteilungskriterien** bzw. **Wertmaßstäbe finden und nennen müssen**. Ein allgemeines Kriterium wäre z. B. das der **Effizienz**, mittels dessen sich Gesichtspunkte wie Realisierbarkeit, Kosten und Nutzen, bürokratischer Aufwand oder Folgen und Nebenwirkungen ergeben. Ein anderes allgemeines Kriterium kann **Legitimität** sein – mit Gesichtspunkten wie Werten, Normen und Regelungen des Grundgesetzes (das Ihnen beim Abitur und bei den Kursklausuren zur Verfügung steht), Berücksichtigung eines breiten Interessenspektrums, Partizipation, Akzeptanz, Transparenz und demokratische Legitimation der Entscheider.

Für die Auswertung von **Karikaturen** bieten sich die Operatoren „Erläutern“, „Erklären“, „Erörtern“, „Beurteilen“ und „Bewerten“ mehr als andere an. Eine typische Aufgabenstellung könnte beispielsweise lauten: „Erklären Sie ausgehend von der Karikatur das dargestellte Problem wirtschaftlicher Subventionen.“ Bitte beachten Sie, dass Sie dann zunächst wie bei einem Textmaterial in einem einleitenden Satz Autor, Daten und Thema nennen müssen. Anschließend müssen Sie die Karikatur kurz beschreiben, bevor Sie sich dem Hauptteil der Aufgabe widmen.

3.4 Einführung in den Umgang mit statistischem Material

Im Abitur besteht die hohe Wahrscheinlichkeit, dass Sie in einer oder beiden Abituraufgaben in Wirtschaft neben Textmaterial auch Tabellen und/oder Grafiken vorfinden, auf die sich eine oder mehrere Aufgabenstellungen beziehen können.
Wie können Sie solche Aufgaben Erfolg versprechend anpacken? Viele Schulbücher legen Ihnen die Auswertung in mehreren Schritten nahe. Dabei wird häufig jeder Schritt mit einigen Leitfragen konkretisiert, sodass Sie sich an einem „Gerüst“ entlanghangeln können und nichts Wesentliches außer Acht lassen. Wir empfehlen Ihnen ganz generell ein **Vorgehen in drei Schritten**, das allerdings nicht bei allen Operatoren oder aber nicht immer ausführlich angewandt werden muss. Das nachstehende Schema soll Ihnen diesen Zusammenhang verdeutlichen:

Zur Form ↘ **Zum Inhalt** ↙
Anforderungsbereich I: Reproduktion nennen, beschreiben, bezeichnen
Anforderungsbereich II: Reorganisations- und Transferleistungen herausarbeiten, charakterisieren, analysieren, darstellen, ein- oder zuordnen, begründen, erklären, erläutern, vergleichen, erstellen
Zur Aussageabsicht, Interpretation und Kritik ↓
Anforderungsbereich III: Reflexion und Problemlösung überprüfen, erörtern, beurteilen, bewerten, gestalten, entwickelt

Bei den **drei Schritten** können folgende Leitfragen hilfreich sein (die aber nicht in jedem Fall „passen“):

Zur Form

1. Welches sind Thema/Erhebungsgegenstand und Zweck (Überschrift, Begleittext) der Tabelle/Grafik?
2. Was ist der Erhebungsraum und Erhebungszeitraum (Momentaufnahme, Entwicklung, Prognose)?
3. Wie und durch wen wurden die Werte ermittelt?
4. Wer hat die Statistik verfasst (verfassen lassen)?
5. Auf welchen Quellen beruht die Tabelle/Grafik?
6. Welche Darstellungsform wurde gewählt (Tabelle, Kurven-/Linien-, Säulen-/Balken-, Kreis-, Flächen-, Block- und Figuren-Diagramm)?
7. Was sind die Bezugsgrößen: Zahlenarten (absolute Zahlen, Prozentzahlen, Indexzahlen), Zahlenwerte (gerundet, geschätzt, vorläufig), Maßeinheiten und Intervalle?
8. Welche Kategorien werden zueinander in Beziehung gesetzt (z. B. bei Tabellen in Kopfzeile, Spalten und Vorspalten)?
9. Wie ist die grafische Gestaltung: Symbole, Farben, (Hintergrund-)Bilder?

Zum Inhalt
1. Welche Hauptaussagen lassen sich formulieren (Trends, Tendenzen)?
2. Welche Teilaussagen in Bezug auf Einzelaspekte lassen sich machen (Minima, Maxima, Zunahme, Abnahme, Stagnation, Zahlensprünge, Anomalien, Gleichmäßigkeiten und regelhafte Verläufe, unterschiedliche Phasen, Wechselbeziehungen zwischen verschiedenen Variablen/Merkmalen …)?

Ganz allgemein sollten Sie darauf achten, dass eine bloße Verbalisierung der Daten nicht Erfolg versprechend ist, sondern das Signifikante herausgearbeitet werden muss. Bitte achten Sie auch darauf, dass Sie Entwicklungen bei Prozentangaben in der Regel als Änderung in **Prozentpunkten** angeben müssen.

Zur Aussageabsicht, Interpretation und Kritik
1. Welche Antwort gibt die Tabelle/Grafik auf die Fragestellung? Zu welchen Teilbereichen lassen sich keine Aussagen treffen?
2. Welche Aussagen, Empfehlungen oder Handlungen werden durch die Statistik/Grafik nahegelegt?
3. Welche neuen Fragen werden durch die Informationen aufgeworfen?
4. Was sind Ursachen für die der Tabelle/Grafik entnommenen Sachverhalte?
5. Beurteilung der Aussagekraft der Tabelle/Grafik:
   - Sind die Daten repräsentativ und korrekt?
   - Ist die Darstellungsform angemessen?
   - Gibt es Unklarheiten in Bezug auf die Daten, Bezugsgrößen, Quellen …?
   - Fehlen Informationen im Schaubild?
   - Besteht Verdacht auf Interessengebundenheit/Manipulation? (Datenauswahl, Auftraggeber, grafische Darstellung …)

4 Wirtschaft als freiwillige mündliche Zusatzprüfung

Wirtschaft können Sie logischerweise nur als freiwillige mündliche Zusatzprüfung wählen, wenn es ein schriftliches Prüfungsfach ist. Sie entscheiden spätestens einen Tag nach Bekanntgabe der schriftlichen Prüfungsergebnisse (ca. eine Woche vor dem mündlichen Prüfungszeitraum), ob Sie sich in Wirtschaft zusätzlich mündlich prüfen lassen wollen. Diese Entscheidung sollten Sie aber erst nach intensiver Beratung durch Ihre Oberstufenberater treffen. Sie sollten dann bis zum Prüfungstag die Tagespresse und die Nachrichtensendungen verfolgen – oft lässt sich von Lehrer- oder Prüflingsseite der aktuellste Stand zu einem Problem einbauen. Ihr Kursleiter legt dem von einer anderen Schule kommenden Leiter des Fachausschusses mehrere Aufgabenvorschläge vor, wovon dieser einen Vorschlag für Sie auswählt. Die Aufgabenvorschläge können den Inhalten der Lehrplaneinheiten aller vier Semester entnommen sein.

Am Prüfungstag haben Sie vor der Prüfung 20 Minuten **Vorbereitungszeit**. Sie erhalten die Aufgabe meist mit einer bis drei Leitfragen, von denen sich eine, manch-

mal auch zwei auf ein Material beziehen. Das ist meist ein Text, manchmal aber auch eine Tabelle, eine Karikatur, eine Grafik oder eine Mischung daraus. Sie bereiten einen etwa zehnminütigen Kurzvortrag zu den Leitfragen vor. Am besten ist es, zentrale Aspekte nicht nur auf dem Materialblatt farbig zu markieren, sondern auf Konzeptblättern eine übersichtlich gegliederte Stichwortsammlung für jede Leitfrage zu erstellen. Nachdem Sie Ihren Kurzvortrag noch einmal überdacht haben, sollten Sie möglichst noch drei bis vier Minuten im Material und in Ihrer Vortragsübersicht nach möglichen Anknüpfungspunkten zu weiteren Lehrplaneinheiten suchen, denn eine Prüfung weiterer, inhaltlich möglichst zusammenhängender Lehrplaneinheiten wird in der Vorschrift ausdrücklich verlangt.
In den Handreichungen zur Zusatzprüfung wird als Material auch das Grundgesetz aufgeführt. Das heißt, dass für Sie neben dem anderen Material auch ein Grundgesetz im Vorbereitungsraum bereitliegen sollte/kann. Bitte sprechen Sie das bei Ihrem Kursleiter an. Oft ist es hilfreich, wenn Sie in der Vorbereitungszeit noch einen Blick auf einen „passenden" Grundgesetzartikel werfen können.

Im **Prüfungsraum** werden Sie in der Regel eingeladen, sich zu setzen, sodass Sie Ihr Materialblatt und Ihre Stichwortblätter auf dem Tisch gut vor sich unterbringen können. Falls Sie Ihren Kurzvortrag im Stehen halten möchten, bitten Sie den Fachausschussleiter darum. Zu Beginn der Prüfung werden Sie eventuell gefragt, ob Sie ein Verständnisproblem (z. B. ein ungewöhnliches Fremdwort) hatten. Nach solch einer Klärung können Sie mit Ihrem Kurzvortrag zu den Leitfragen beginnen. Dabei empfiehlt es sich wie bei den Teilaufgaben in der schriftlichen Prüfung, die klassische Struktur mit Einleitung, Hauptteil und Schlusssatz zu wählen.

In der **Einleitung** sollten Sie das Thema des Materials oder die Leitfrage (teilweise in eigenen Worten) wiedergeben und kurz die Hauptaspekte Ihrer Antwort benennen. So hinterlassen Sie den souveränen Eindruck, dass Sie „alles im Griff" haben. Diese Hauptaspekte führen Sie dann detailliert im **Hauptteil** aus. Abrunden sollten Sie diesen Teil mit einer **Schlussbemerkung**, die sich zum Beispiel auf die Qualität oder die Intention des Materials beziehen kann oder das Wesentliche nochmals auf den Punkt bringt. Bei der bzw. den anderen Leitfrage(n) verfahren Sie in derselben Weise, und falls dies von der Frage her möglich ist, auch im anschließenden Prüfungsgespräch. Bitte beachten Sie, dass Sie während des Vortrags alle Mitglieder des Prüfungsausschusses anschauen und nur kurz zur Orientierung auf das jeweilige Blatt mit der Stichwortübersicht blicken. Im anschließenden Prüfungsgespräch ist es nur natürlich, wenn Sie Ihren Blick bei der Antwort vor allem auf den Fragesteller richten.

Übungsaufgaben

Schriftliche Abiturprüfung Wirtschaft (Baden-Württemberg)
Übungsaufgabe 1: Grundlagen der BWL

Wettbewerbsdruck in der Schuhbranche
Mit dem rasanten Wachstum des Internethandels sieht sich der klassische Einzelhandel einer immer stärkeren Konkurrenz ausgesetzt. Während die Umsätze des stationären Handels seit einigen Jahren stagnieren, wachsen die Onlinehändler z. T. zweistellig. Auch die Schuhbranche steht durch Anbieter wie Zalando unter einem immer stärkeren Wettbewerbsdruck.

Bei der Bearbeitung der folgenden Aufgaben sind geeignete Materialien in Abhängigkeit von der Aufgabenstellung einzubeziehen und zu belegen.

Aufgaben:

1. Stellen Sie die Situation des deutschen Schuhmarkts dar. — 10 VP
2. Analysieren Sie mithilfe einer SWOT-Analyse die Strategie des Schuhhändlers Dielmann (M 3)

   oder

   die Strategie von Görtz (M 4). — 16 VP
3. Beurteilen Sie die Entscheidung des Fachhändlers Dielmann, kein Onlineangebot zu erstellen (vgl. M 3, Z. 24 f.). — 14 VP
4. Der Schuhhändler Reindl möchte im Rahmen einer Produktdiversifikation Accessoires einführen. Gestalten Sie eine entsprechende Marketingstrategie. — 20 VP

60 VP

M 1 Monatliche Umsatzentwicklung Schuhfacheinzelhandel Januar – Dezember 2013

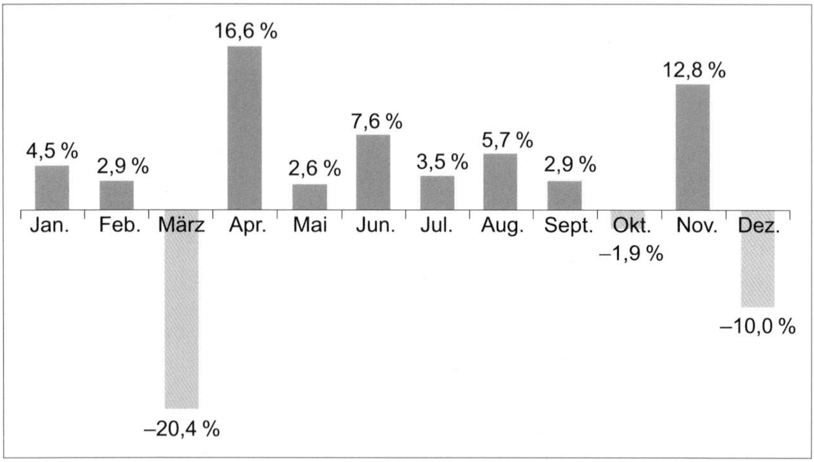

Nach: Bundesverband des Deutschen Schuheinzelhandels e. V., www.bdse.org/bdse/Zahlen-und-Daten/index.php

M 2 Nominale Umsatzentwicklung in % zum Vorjahreszeitraum

	2008	2009	2010	2011	2012	2013
Einzelhandel gesamt	+2,3	–3,7	+2,5	+2,7	+2,0	+1,5
darunter:						
Stationärer Einzelhandel mit überwiegend Schuhen	+2,0	+3,5	+6,5	–0,5	+0,2	+2,3
Kauf- und Warenhäuser	–3,3	–9,8	+0,7	+0,5	–6,1	–1,1
Versandhandel mit Textilien, Bekleidung, Schuhen, Lederwaren	+0,5	+4,0	+9,6	+3,2	+12,0	+12,5

Nach: Bundesverband des Deutschen Schuheinzelhandels e. V., www.bdse.org/bdse/Zahlen-und-Daten/index.php

M 3 Steffen Gerth: Jenseits von Zalando

Es gibt noch stationäre Schuhhändler, die sich trotz der Onlinekonkurrenz behaupten. Dielmann in Darmstadt und Reindl in Rosenheim sind gute Beispiele dafür.

Wenn stationäre Händler über die Onlinekonkurrenz sprechen, dann klagen sie: über Umsätze, die ins Web wandern, oder über den Preiskampf, den die virtuelle Konkurrenz befeuert. Doch wenn der Schuhhändler Karl-Georg Reindl etwa über Zalando spricht, dann ist keine Klage zu vernehmen.

Im Gegenteil. „Zalando hat uns geholfen", sagt der Inhaber von Schuh-Reindl in Rosenheim und kommt aus dem Schwärmen über den Konkurrenten im Schuhhandel nicht heraus. Die TV-Kampagnen des Onlinehändlers „sind die pfiffigsten, die es seit Langem gegeben hat", lobt Reindl.

Denn Zalando setzt nicht auf „geile Preise" – sondern emotionalisiert ausschließlich das Produkt. Der Schuh ist geil, sozusagen. Reindl interpretiert deswegen die schrägen Werbespots, in denen Leute vor Glück schreien, als Imagekampagnen für den gesamten Schuhhandel.

Tatsächlich scheint es, als ob das Produkt neuerdings wieder stark in Mode ist – trotz der Krise bei Görtz und Leiser. Das Kaufhaus Breuninger eröffnet in Stuttgart eine Schuhwelt auf 2 000 Quadratmetern. Genauso groß ist die neue Luxus-Schuhfläche im Berliner KaDeWe.

Auch Mittelständler expandieren: Dielmann aus Darmstadt hat Anfang Oktober in Gelnhausen gar seine 25. Filiale bezogen. [...] Markus Dielmann, der mit seinem Bruder Thomas das Familienunternehmen führt, hält es wie sein bayerischer Kollege Reindl: „Zalando hat uns keine Umsätze weggenommen."

Dielmann und Reindl eint noch eine Ansicht: Beide Unternehmen verzichten auf Onlineshops, nur das stationäre Geschäft zählt. Vor vier Jahren erwogen die Darmstädter den Gang ins Internet und befanden, „dass wir hier mittelfristig nicht den Erfolg haben werden, den wir im stationären Handel haben", wie es Markus Dielmann formuliert.

Einerseits war für ihn die Wirtschaftlichkeit des Webshops nicht planbar, andererseits hätte Dielmann hierfür zu viel Kompetenz an Dienstleister auslagern müssen – und das behagt dem Schuhhaus generell nicht. Dielmann hat sogar den Vertrag mit einer Reinigungsfirma gekündigt und putzt nun die Filialen wieder selbst, weil man dann sicher war, dass alles sauber wurde.

Reindl setzt auf die Identität eines 200 Jahre alten Familienbetriebes. Auch für Markus Dielmann wäre es ausgeschlossen, das Schuhhaus, das er und sein Bruder in der dritten Generation führen, in Investorenhände zu geben. Es ist schon ein spezieller Geist, mit dem die Brüder ihr Unternehmen führen. Ja, man sei konservativ, gibt Markus Dielmann zu. Entscheidungen werden nur dann getroffen, wenn deren Ergebnisse zu überblicken sind.

Dazu passt, dass Dielmann nur im Umkreis von 150 Kilometern um Darmstadt expandiert – jeder Standort ist von den Geschäftsführern in maximal anderthalb Autostunden erreichbar. Dielmann will sich nicht verzetteln oder vom Kerngeschäft ablenken lassen. Die Brüder treten in Darmstadt beispielsweise so gut wie nie als Sponsoren oder öffentliche Personen in Erscheinung. [...] Auch Reindl fährt bei seinen zwei Filialen in Rosenheim auf Sicht. Auch für ihn ist das Internet zu unübersichtlich, die Lagerhaltung zu aufwendig, die Retourenabwicklung für einen Betrieb seiner Größe zu kompliziert. Stattdessen optimiert der oberbayerische Händler seine Läden, wo es nur geht. Er sagt, dass der Textilhändler P & C Düsseldorf vormacht, wie heute Ladenbau zu sein hat. „Daran müssen wir uns messen lassen."

Reindl hat seine Filialen allein in den vergangenen zehn Jahren dreimal umgestaltet und weiß, dass diese Intervalle immer kürzer werden. Der Kunde müsse heute beispielsweise ein gut klimatisiertes Geschäft geboten bekommen, ansprechende Beleuchtung sowie alle Arten von Zahlungsmöglichkeiten.

Markus Dielmann treibt noch ein anderer Anspruch für den stationären Schuhhandel um: die intensivere Zusammenarbeit mit der Industrie. „Wir müssen in der Lage sein, Marken aufzubauen. Der Textilhandel hat uns das vorgemacht." Dabei geht es vor allem um den Ausbau von Eigenmarken, die bei Dielmann bereits 30 Prozent des Sortiments ausmachen.

Steffen Gerth: Jenseits von Zalando, Der Handel vom 21.11.2012, https://etailment.de/news/stories/Jenseits-von-Zalando-14203

M 4 Kristina Läsker:
Erleichterter Patriarch – Schuhhändler Ludwig Görtz findet einen Retter

[...] Der Finanzinvestor Afinum aus München beteiligt sich mit 40 Prozent an der 1875 gegründeten Firma und versorgt sie mit frischem Kapital. Im Norden sind sie darüber erleichtert. „Mit Afinum haben wir einen Partner gewonnen, der das Geschäftsmodell von Görtz nicht nur versteht, sondern auch ganz besonders schätzt", sagt Ludwig Görtz. Bis heute gehört Deutschlands drittgrößte Schuhkette komplett der Familie Görtz. [...] Zuletzt war [diese] stark gefordert. Görtz war in eine Krise geraten und machte zwei Jahre lang hohe Verluste. Die Branche steckte im Umbruch, Online-Rivalen wie Zalando jagen den drei Marktführern Deichmann, HR Group (Reno) und Görtz die Kunden ab. Görtz hatte sich zudem verzettelt mit seiner modischen Linie Görtz 17. Die Familie zog die Notbremse, schmiss den Geschäftsführer raus und leitete einen Sparkurs ein. Läden machten dicht, Tochterfirmen wurden abgestoßen. Von einst 4 000 Beschäftigten sind nur noch 3 200 im Haus. Die Zahl der Geschäfte sank von 240 auf 170. Der Umsatz schrumpfte 2013 auf 365 Millionen Euro. Gesellschafter Görtz hält diese Einschnitte für richtig: „Die Geschäftsführung hat im vergangenen Jahr die richtigen Weichen gestellt." Was ihn aufatmen lässt: Mit Afinum kommt Kapital in die Firma – doch sie gehört weiterhin überwiegend der Familie. [...] Afinum beteilige sich an Mittelständlern mit starken Marken und wolle diese zum Wachsen bringen, sagt Partner Jochen Martin. „Wir bleiben typischerweise vier bis acht Jahre." Die Zeit des Sparens sei vorbei: „Der Turnaround ist geschafft und wir reden nicht mehr über Stellenabbau.“ Gemeinsam wollen Investor und Mittelständler daran feilen, wie sie den Online-Anbietern trotzen können. Dazu sollen die Schuhverkäufe in den Läden, im Internet und per Smartphone besser verzahnt werden.

Erleichterter Patriarch, Kristina Läsker, SZ vom 15.04.2014

M 5 Simon Frost: Warum Zalando so erfolgreich ist

Schuhe, Schuhe, Kleidung, Accessoires. Das ist in Kurzform die Geschäftsbilanz des Berliner Internetversands Zalando für das abgelaufene Geschäftsjahr. Erstmals legte das 2008 gegründete Unternehmen am Donnerstag Umsatzzahlen vor. Der Erlös von 510 Millionen Euro (Vorjahr 150 Millionen) verteile sich zur Hälfte auf das Kerngeschäft mit Schuhen sowie den Absatz der hinzugekommenen Sortimente, in der Masse Bekleidung und Accessoires, sagte Geschäftsführer Robert Gentz. Ob von der halben Milliarde Euro unter dem Strich etwas übrig bleibt, sagte er nicht. […]

Mehr als 100 000 Artikel hat Zalando im Sortiment. Die bestellte Ware wird in Deutschland aus zwei Logistikzentren in Brieselang und Großbeeren bei Berlin verschickt. Anfang kommenden Jahres öffnet ein weiteres, 100 Millionen Euro teures Lager in Erfurt. In zwölf europäischen Ländern hat das Unternehmen inzwischen Online-Shops eröffnet, weitere sollen noch dieses Jahr folgen.

Geschäftsführer Gentz spricht von einem „nachhaltig angelegten Aufbau“. Kritiker bezweifeln genau das. Die Expansion gehe zu schnell, aufwändige Werbung koste viel Geld, ebenso die geschätzt 70-prozentige Retourenquote. Laut dem im Bundesanzeiger veröffentlichten Jahresabschluss 2010 lag der Fehlbetrag damals bei 20 Millionen Euro.

Versand- und Modeexperte Heinick will sich an Spekulationen über die Wirtschaftlichkeit nicht beteiligen. Das Umsatzwachstum bei Zalando sei in dieser Stärke und Geschwindigkeit zwar erstaunlich. Die Ursachen dafür könnten aber durchaus mit dem Versandhandelsmarkt selbst zusammenhängen. „Ausgerechnet im Modebereich, wo es vor Jahren noch sehr wichtig war, die Sachen vor Ort anzuprobieren, funktioniert der Versandhandel über das Internet“, erläutert Heinick. Nach Berechnungen des IFH wurden in Deutschland im vergangenen Jahr Modeartikel im Volumen von 7,3 Milliarden Euro im Internet umgesetzt. Verglichen mit 2010 ist das ein Plus von mehr als einem Viertel. Der Internetumsatz entspricht den Angaben zufolge rund 14 Prozent aller Modemärkte Deutschlands.

Das Berliner Versandhaus stößt mit seinen Produkten in eine Marktlücke. Zalando spreche eine junge, urbane Zielgruppe an, sagt der Handelsexperte. Das entspricht nicht eben der Klientel der klassischen Versandhäuser. Schließlich hätten einige Wettbewerber das Internet-Unternehmen, das der Firmenlegende nach in einem Berliner Keller seinen Ursprung hat, wohl zu lange un-

terschätzt. Die einen hätten nicht folgen wollen, die anderen nicht folgen können: „Versandhändler mit reinem Fokus auf den Internetvertrieb sind flexibler und schneller“, sagt der Experte. […]
Für stationäre Händler sei ein Online-Shop inzwischen ein Muss, sagt Heinick. Zalando kontert: Im April eröffnete ein Outlet in Berlin.

Simon Frost / Der Tagesspiegel, 21. 7. 2012

M 6 Umsatz und Verlust von Zalando 2009–2013 (in Mio. €)

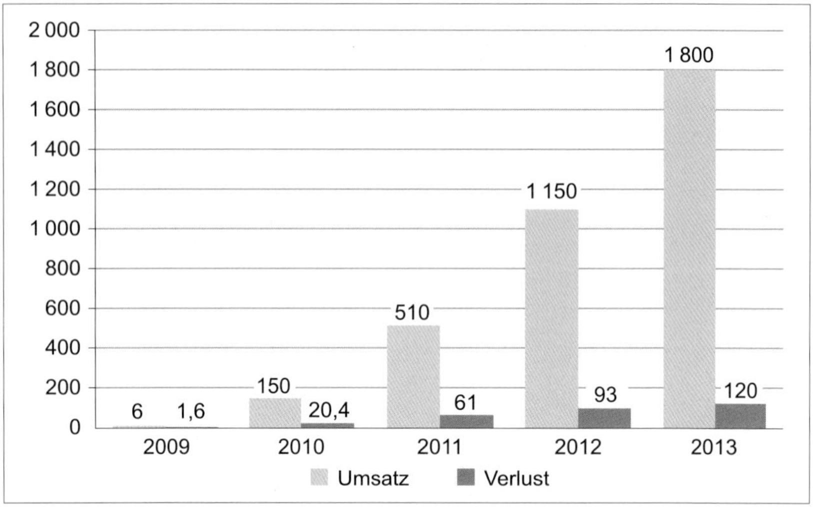

Daten nach Handelsblatt und Hagen Seidel: Schrei vor Glück, S. 7. © 2013 Orell-Füsli-Verlag AG, Zürich.

Lösungsvorschlag

1. *Der Operator „darstellen“ verlangt hier von Ihnen, die Strukturen des deutschen Schuhmarkts zu beschreiben. Sinnvoll ist es, die von Ihnen ausgewählten Quellen zu Beginn der Ausführungen kurz zu charakterisieren.*

   Die Materialien M 1 bis M 6 beschäftigen sich mit der **Situation des deutschen Schuhhandels**. M 1 und M 2, herausgegeben vom Bundesverband des Deutschen Schuheinzelhandels, zeigen die Umsätze des Einzelhandels und des Schuhfacheinzelhandels von 2008 bis 2013. In M 1 ist die monatliche Umsatzentwicklung für das Jahr 2013 dargestellt. Die Texte M 3, erschienen im November 2012 in der Zeitschrift „Der Handel“, und M 4, erschienen am 15. 4. 2014 in der Süddeutschen Zeitung, beschäftigen sich mit drei ausgewählten Schuhhandelsunternehmen. M 5

und M 6 befassen sich mit dem Onlinehändler Zalando. Der im Tagesspiegel am 21. 7. 2012 veröffentlichte Text (M 5) stellt die Strategie des Unternehmens dar, während in M 6 die Umsatz- und Verlustentwicklung des Unternehmens von 2009 bis 2013 dargestellt ist.
In M 2 ist erkennbar, dass der stationäre Schuhhandel im Zeitraum 2008 bis 2013 jährliche Wachstumsraten zwischen –0,5 % und 6,5 % ausweist, während sich der gesamte Einzelhandel zwischen –3,7 % und 2,7 % bewegt. Die **Wachstumsraten des Versandhandels** hingegen, sieht man vom Jahr 2008 ab, **liegen deutlich über denen des Einzelhandels:** 2012 lagen sie um das 6-fache, 2013 sogar um mehr als das 8-fache höher.
Dies zeigt sich auch in der Umsatzentwicklung von Zalando (vgl. M 5 und M 6): Von 2009 bis 2013 nahm der Umsatz von 6 Mio. auf 1,8 Mrd. € zu. Entsprechend veränderte sich auch die Wettbewerbssituation auf dem Markt. So geriet mit Görtz der drittgrößte Filialist in Deutschland in **wirtschaftliche Schwierigkeiten** und konnte nur durch die Beteiligungsfinanzierung eines Investors am Markt bleiben (vgl. M 4). Andererseits gibt es, wie in M 3 beschrieben, auch Beispiele von Unternehmen, die trotz **veränderter Marktsituation** wirtschaftlich erfolgreich sind. Die Quellen lassen keinen Schluss darüber zu, wie das Wachstum des Onlinehandels weitergehen bzw. ob es sich konsolidieren wird.

2. *Bevor eines der beiden Unternehmen systematisch und gezielt untersucht wird, soll kurz die SWOT-Methode erläutert werden. Achten Sie bei der Textarbeit auf die korrekte Zitierweise. Die Auswahl des Unternehmens muss nicht begründet werden. Bei der Analyse dürfen alle Quellen verwendet werden.*
In der Lösung sollen Sie nur eines der Unternehmen untersuchen; zu Übungszwecken werden hier für Sie jedoch beide Möglichkeiten dargestellt.

Die **SWOT-Analyse** ist ein Instrument, mit dessen Hilfe die Stärken (Strengths), Schwächen (Weaknesses), Chancen (Opportunities) und Risiken (Threats) eines Unternehmens oder Produkts ermittelt und bewertet werden können. Dabei wird sowohl die interne (Stärken, Schwächen) als auch die externe Situation betrachtet (Chancen, Risiken). Diese Methode findet grundsätzlich im **strategischen Management** aber auch in der Produktpolitik Verwendung.

SWOT-Analyse Dielmann (M 3)
Stärken: Dielmann ist ein familiengeführtes mittelständisches Unternehmen aus Darmstadt mit inzwischen 25 Filialen (vgl. Z. 21). Dem Unternehmen ist ein überschaubares Wachstum wichtig und daher will es „sich nicht verzetteln oder vom Kerngeschäft ablenken lassen" (Z. 42 f.). Aus diesem Grund liegen alle Geschäfte in einem „Umkreis von 150 Kilometern um Darmstadt" (Z. 40). Das Unternehmen legt viel Wert auf Wirtschaftlichkeit und Planbarkeit und hat daher auf die Eröffnung eines Webshops verzichtet (vgl. Z. 24 ff.). Hingegen intensiviert es die Zusammenarbeit mit der Industrie und baut den Anteil an Eigenmarken aus (vgl. Z. 55 ff.).

Schwächen: Es lässt sich eine geringe Bereitschaft feststellen, ein Risiko einzugehen und sich auf etwas Neues einzulassen. Die Beschränkung auf ein Vertriebsmodell kann sich mittel- bis langfristig als Fehlentscheidung herausstellen.
Chancen: Die Onlinekonkurrenz sorgt für einen Imagegewinn des Produkts Schuh, von dem auch der stationäre Einzelhandel profitiert. Das Konzept eines inhabergeführten, klassischen Einzelhandelsgeschäfts ggf. mit dem Ziel, durch Einkaufsambiente und Beratung die Qualitätsführerschaft zu erreichen, kann zum erfolgreichen Besetzen einer Nische führen. Der Ausbau der Eigenmarken kann ein wichtiges zweites Standbein sein.
Risiken: Generell ist die Branche unter Druck geraten (vgl. M 4, Z. 8). Die Wachstumsraten (vgl. M 1, M 2 und M 6) deuten darauf hin, dass weitere Marktanteile ins Internet abwandern und langfristig nur die Unternehmen am Markt bestehen werden, die hier ein Angebot vorweisen können. Zudem gibt es mit den großen Filialisten wie Deichmann, Reno oder Görtz weiterhin starke Mitbewerber, die ebenfalls versuchen, ihren Marktanteil auszubauen.
Das Unternehmen sollte seine **Stärken beibehalten und ausbauen**. Sinnvoll ist es aber, die **Haltung zum Onlinehandel zu überdenken**, schließlich weist dieser Bereich große Wachstumsraten auf. Möglich wäre es, hier eine Multichannel-Strategie anzuwenden, bei der mehrere Vertriebskanäle bedient werden. So ist es denkbar, Schuhe im Internet auszuwählen und zu bestellen und dann vor Ort in der Filiale anzuprobieren.

SWOT-Analyse Görtz (M 4)
Stärken: Görtz ist ein mittelständisches Unternehmen mit 140-jähriger Erfahrung und aktuell drittgrößte Schuhkette in Deutschland (vgl. Z. 5 f.). Mit den Filialen, der Linie Görtz 17 und dem Onlinegeschäft verfügt sie über verschiedene Vertriebskanäle. Die Firma ist bereit, tiefgreifende Strukturveränderungen durchzuführen und durch die Aufnahme eines Investors die Besitzverhältnisse im Unternehmen zu ändern (vgl. Z. 1 f.).
Schwächen: Strategische Fehlentscheidungen führten zu einer Krise mit hohen Verlusten (vgl. Z. 10 ff.).
Chancen: Frisches Kapital durch einen strategischen Investor ermöglicht es, die notwendigen Strukturreformen durchzuführen und sich den geänderten Marktbedingungen anzupassen. Der Konsolidierungskurs ist abgeschlossen und nach Ansicht der Investoren ist der Turnaround geschafft (vgl. Z. 20 ff.). Durch den Plan, „die Schuhverkäufe in den Läden, im Internet und per Smartphone besser [zu] verzahn[en]" (Z. 23 f.), soll der Onlinekonkurrenz Paroli geboten werden.
Risiken: Es kann sein, dass die Kehrtwende nicht gelingt, weil die Kunden verstärkt im Internet bestellen bzw. mehr Wert auf eine individuelle Beratung in inhabergeführten Fachgeschäften suchen. Ähnlich wie die negative Entwicklung bei Kauf- und Warenhäusern (vgl. M 2) ist ein Rückgang bei großen Filialisten denkbar. Zudem könnte der Investor wieder aussteigen.

Das Unternehmen kann durch **Erfahrung** und eine **große Marktdurchdringung** punkten und ist bereit, nachhaltige Veränderungen durchzuführen. Allerdings bleibt abzuwarten, ob die Neuaufstellung genügt, um gegen die Konkurrenz des On- und Offlinehandels zu bestehen.

3. *Bei dieser Aufgabe sollen stichhaltige Argumente, die für bzw. gegen die Einrichtung eines Onlineshops sprechen, gegenübergestellt und ein daraus resultierendes Fazit formuliert werden. Hilfreich ist es, wenn Bezug zu den Materialien genommen wird.*

Markus und Thomas Dielmann wollen keinen Onlineshop betreiben. Ihrer Ansicht nach ist dessen **Wirtschaftlichkeit nicht planbar** (vgl. M 3, Z. 29) und nicht mit der konservativen Art des Unternehmens zu vereinbaren (vgl. M 3, Z. 37 ff.). Diese Argumente sind vor dem Hintergrund der Glaubwürdigkeit und Authentizität als inhabergeführtes Familienunternehmen nachvollziehbar. Eine unternehmerische Entscheidung kann nur dann erfolgreich sein, wenn die Inhaber hinter der Idee stehen und an deren Umsetzbarkeit und Erfolg glauben. Auch aus ökonomischer Sicht kann es bei der Größe der Firma fraglich sein, ob sich ein Webshop wirtschaftlich betreiben lässt. Insbesondere die mit dem Versandhandel verbundenen **hohen Retourquoten** können ein **unkalkulierbares Risiko** darstellen (vgl. M 3, Z. 46 f.; M 5, Z. 16). Konzentriert man sich auf den Bereich hoher Qualität mit einer ansprechenden Produktpräsentation und einer individuellen, kompetenten Beratung, kann dies als **erfolgreiche Nischenstrategie** funktionieren. Bestärkt wird Dielmann durch seine Umsatzentwicklung, die bislang von Zalando nicht beeinträchtigt wurde (vgl. M 3, Z. 23).
Andererseits zeigt die Marktentwicklung, dass der **Onlinehandel gegenwärtig überdurchschnittlich wächst** (vgl. M 2, M 6) und aktuell gibt es keine Anzeichen für eine Trendwende. So wurden Unternehmen wie Zalando laut Handelsexperten von einigen Wettbewerbern lange unterschätzt (vgl. M 5, Z. 32 ff.). Quelle oder Neckermann sind zwei prominente Beispiele von Traditionsunternehmen, die die Bedeutung des Internets zu spät erkannt haben und Insolvenz anmelden mussten. Viele Marktbeobachter sehen nur für diejenigen Unternehmen einen langfristigen Erfolg, denen es gelingt, eine **Multichannel-Strategie** umzusetzen, d. h. den Kunden unterschiedliche Kommunikations- und Vertriebswege anzubieten (vgl. M 5, Z. 38). Selbst Zalando verlässt sich nicht nur auf einen Absatzkanal und eröffnete bereits ein Outlet (vgl. M 5, Z. 39). Für Unternehmen wie Dielmann, die bislang selbst wenig Erfahrung im Internet haben, besteht die Möglichkeit, sich externes Know-how zu besorgen.
Insgesamt lässt sich sagen, dass die Haltung, auf ein Onlinegeschäft zu verzichten, nachvollziehbar ist und die (Nischen-)Strategie von Dielmann durchaus Erfolg haben kann. Allerdings geht das Wachstum des Onlinehandels weiter und es ist davon auszugehen, dass weitere Unternehmen, die ausschließlich auf den stationären Handel setzen, vom Markt verdrängt werden.

4. *Die Gestaltung einer Marketingstrategie orientiert sich idealerweise an den 4 Ps. Wichtig ist hier die Stimmigkeit und Realisierbarkeit Ihrer Darstellung. Achten Sie auf die korrekte Verwendung der Fachbegriffe.*

Der Schuhhändler Reindl ist ein traditionsreiches Familienunternehmen mit zwei Filialen in Rosenheim. Er möchte sein Angebot durch Accessoires erweitern, mit dem Ziel, den Umsatz zu steigern. Vor dem Hintergrund des Verzichts auf einen Webshop (vgl. M 3, Z. 45 ff.) und des verschärften Wettbewerbs in der Branche (vgl. M 2–M 6) ist eine Produktdiversifikation eine Möglichkeit, die Position im Markt zu sichern und auszubauen. Eine weitergehende Marktanalyse ist mit den vorliegenden Quellen nicht möglich.
Zur Erreichung des **Marketingziels** soll die Strategie mithilfe der Instrumente des **Marketingmix**, der sogenannten 4 Ps (Product, Place, Price, Promotion), umgesetzt werden.
Produktpolitik (Product): Es ist sinnvoll, Accessoires auszuwählen, die mit dem Produkt Schuh in enger Verbindung stehen. So bieten sich Taschen, Schals, Strümpfe/Socken, Modeschmuck für Damen, Gürtel, Socken und Lederwaren wie Geldbeutel oder Schlüsseletuis für Herren an. Dem Kunden kann beim Kauf von Schuhen gleich eine passende Tasche oder ein korrespondierender Gürtel angeboten werden. Wählt man mit Schuhen verwandte Produkte, kann man auf das vorhandene Beratungs- und Verkaufs-Know-how zurückgreifen. Möglicherweise lassen sich beim Einkauf auch Rabatte aushandeln. Art und Umfang der Accessoires sollten so gewählt werden, dass der Schuh bei der Warenpräsentation nach wie vor das dominierende Produkt ist und der Kunde weiß, wo die Kernkompetenz des Unternehmens liegt.
Preispolitik (Price): Bei der Preisgestaltung sollte man sich grundsätzlich im Rahmen des Preisniveaus des Schuhsortiments bewegen. Allerdings kann beispielsweise bei der Einführung zunächst eine **Penetrationsstrategie** angewandt werden, d. h., die Preise liegen anfangs niedrig, um die Kunden zum Kauf anzuregen. Später werden die Preise dann schrittweise erhöht. Denkbar ist es auch, die Accessoires im Rahmen der **Rabattpolitik** einzusetzen. Beispielsweise erhält man beim Kauf zweier Herrenschuhe gratis einen passenden Gürtel.
Distributionspolitik (Place): Da ein Onlinevertrieb keine Option ist, werden die Accessoires ebenso wie die Schuhe direkt über die Filialen vertrieben. Die Lagerlogistik ist mit der der Schuhe vergleichbar, kann also ohne weiteren Aufwand in den Betriebsablauf integriert werden.
Kommunikationspolitik (Promotion): Es empfiehlt sich, die Sortimentserweiterung an prominenter Stelle über die vom Unternehmen bislang verwendeten Kommunikationskanäle wie Prospekte, Onlineauftritt und Zeitungsanzeigen zu kommunizieren. Sinnvoll ist es, die Sortimentserweiterung bei der Laden- und Schaufenstergestaltung werbewirksam hervorzuheben. Hier kann man mit dem **AIDA-Modell** (Attention – Interest – Desire – Action) eine größere Aufmerksamkeit und einen entsprechend höheren Absatz anstreben. Es gilt zudem, die **Corporate Identity** zu stärken und die Angestellten mit den Accessoires auszustatten.

Wirtschaft (Baden-Württemberg)
Übungsaufgabe 2: Grundlagen der Ökonomie – Arbeitsmärkte

Homeoffice – Die neue Normalität der Arbeitswelt von morgen?

Die Corona-Pandemie veränderte seit dem Frühjahr 2020 auch den Arbeitsmarkt tiefgreifend. Um die Ausbreitung des Virus zu bremsen, sah die Corona-Arbeitsschutzverordnung vor, dass Arbeitgeber bei Büro- oder vergleichbaren Tätigkeiten grundsätzlich die Möglichkeit zum Arbeiten im Homeoffice anbieten mussten. Unternehmen sahen diesen Eingriff des Staates teilweise kritisch. Andere Stimmen verweisen darauf, dass das Arbeiten von Zu Hause Teil eines längerfristigen Veränderungsprozesses sei, der bereits vor der Pandemie eingesetzt habe.

Aufgaben:

1. Charakterisieren Sie anhand von M 2a bis M 2d die Bedeutung des Homeoffice während der Corona-Pandemie. — 12 VP
2. Arbeiten Sie aus M 3 die Entwicklung des Konzepts des New Work heraus. — 12 VP
3. „Die Zahl der Jobs ohne Tarifbindung ist laut dem Institut für Arbeitsmarkt- und Berufsforschung zwischen 1998 und 2018 von 24 auf 43 Prozent gestiegen.“ (M 3, Z. 60–62)

   Erörtern Sie Chancen und Risiken der Tarifbindung. — 16 VP
4. Im Kontext der Corona-Pandemie wurde immer wieder eine gesetzliche Homeoffice-Pflicht diskutiert.

   Bewerten Sie die Rolle des Staates bei der Gestaltung des Arbeitsmarktes. — 20 VP

60 VP

M 1 Grundgesetz

M 2a Homeoffice-Nutzung während der Corona-Pandemie

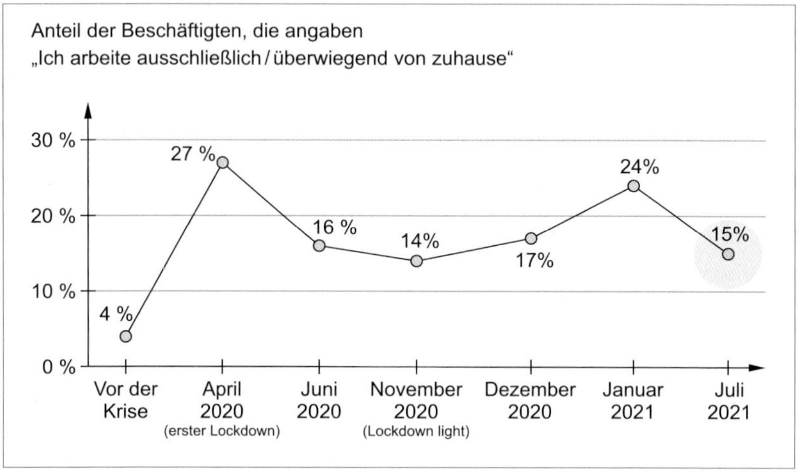

Homeoffice-Nutzung während der Corona-Pandemie, Hans-Böckler-Stiftung – Juli 2021, https://www.boeckler.de/de/auf-einen-blick-17945-Auf-einen-Blick-Studien-zu-Homeoffice-und-mobiler-Arbeit-28040.htm

M 2 b Homeoffice-Präferenz (Befragung von 700 Erwerbstätigen im Jahr 2020)

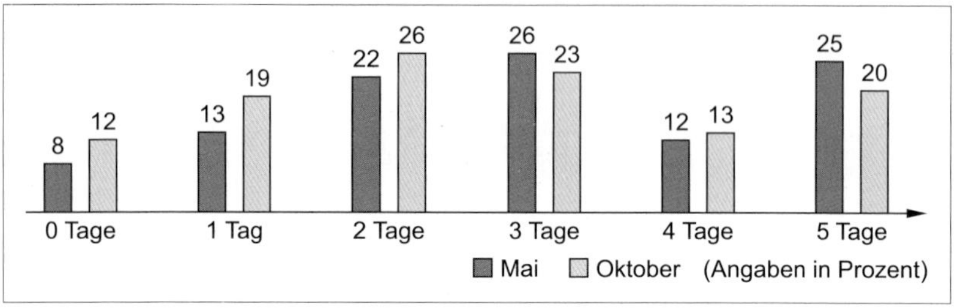

Professor Dr. Florian Kunze: Homeoffice und Mobiles Arbeiten: Worauf sich Arbeitgeber langfristig einstellen sollten – Homeoffice-Präferenz, Bertelsmann Stiftung/Zukunft der Arbeit vom 22.04.2021, https://www.zukunftderarbeit.de/2021/04/22/worauf-sich-arbeitgeber-langfristig-einstellen-sollten/

M 2 c Beschäftigtenbefragung des DGB-Index Gute Arbeit 2020

	Home-office	**Fester Arbeitsplatz**
Können Arbeitszeit selbstständig planen	85 %	65 %
Haben Einfluss auf Gestaltung der Arbeitszeit	78 %	49 %
Unbezahlte Arbeit außerhalb der normalen Arbeitszeit	29 %	10 %
Außerhalb der normalen Arbeitszeit für Arbeitgeber erreichbar	39 %	15 %
Können in der Freizeit nicht richtig abschalten	46 %	34 %

Kerstin Deppe/Sebastian Henneke/Nina Martin/Martina Hesse/Daniel Behnke Beschäftigtenbefragung – DGB-Index Gute Arbeit, Befragung zum Homeoffice: Licht und Schatten für Beschäftigte, DGB vom 29.06.2021, https://www.dgb.de/themen/++co++fc0a0c82-d818-11eb-b017-001a4a160123

M 2 d Struktur der Beschäftigten im Homeoffice (2021)

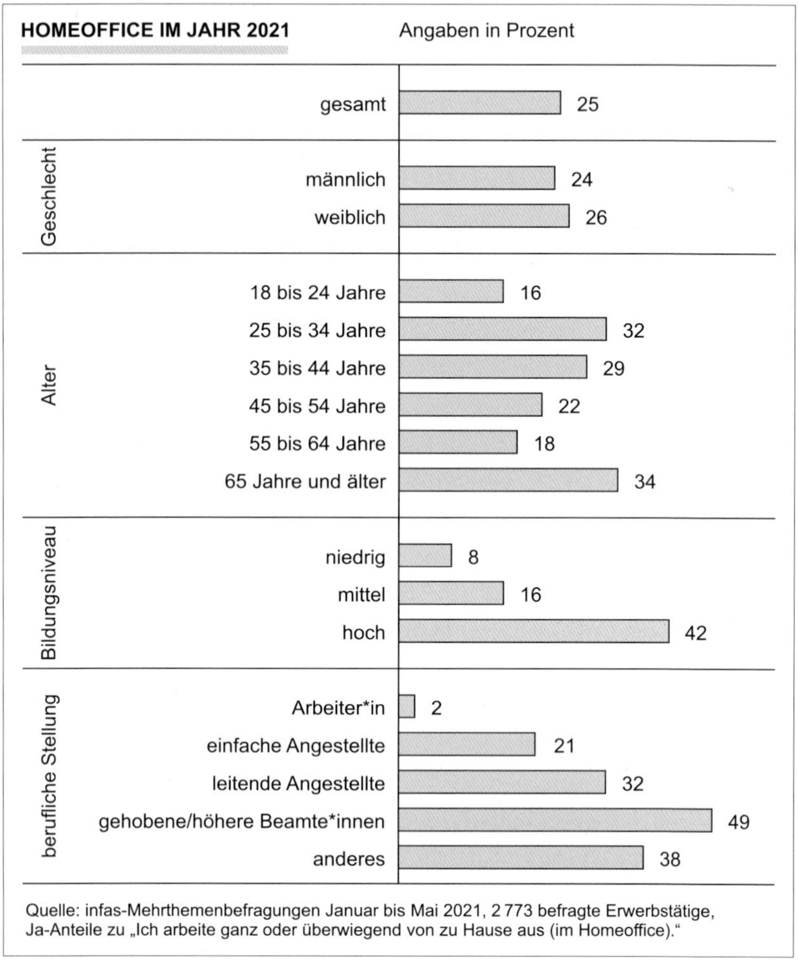

Mischa Frank: Corona Datenplattform (2021): Themenreport 02, Homeoffice im Verlauf der Corona-Pandemie, Ausgabe Juli 2021, Bonn, https://www.bmwi.de/Redaktion/DE/Downloads/I/infas-corona-datenplattform-homeoffice.pdf?__blob=publicationFile&v=4

M 3 Alicia Lindhoff: So arbeiten wir in Zukunft: Flexibel, digital – und prekär?

Immer mehr Menschen arbeiten in Teilzeit. Betraf das 1990 nur gut 14 Prozent, gilt es heute für fast ein Drittel. Zwar treiben vor allem Frauen diesen Wandel voran – fast die Hälfte von ihnen arbeitet in Teilzeit –, aber die Männer, vor allem die jüngeren, holen langsam auf: Immerhin 11,5 Prozent waren 2019 in Teilzeit beschäftigt – gegenüber zwei Prozent Anfang der Neunzigerjahre. Die Abkehr von der 40-Stunden-Woche passt zu zwei weiteren Kennzahlen: Seit 1990 ist die Produktivität jeder Arbeitsstunde um fast die Hälfte gewachsen. Und wir arbeiten im Alter immer länger. Man könnte sagen: Menschen packen immer mehr Leistung in immer weniger Zeit – und sie verteilen ihre Lebensarbeitszeit so um, dass sie das auch jahrzehntelang durchhalten. Dazu gehört auch der Wunsch, weniger Lebenszeit auf Autobahnen und in Pendlerzügen zu verbringen.

Doch meist ist die Arbeit nach wie vor nicht nur an feste (Vollzeit-)Arbeitszeiten gebunden, sondern auch an einen bestimmten Ort. Mit den Möglichkeiten der digitalisierten Arbeitswelt wäre das in vielen Fällen nicht mehr nötig: Dass etwa wechselnde Menschen von ganz verschiedenen Orten aus in der Cloud an einem Projekt arbeiten, ist kein Problem mehr. Schon rufen manche das Ende des klassischen Büros aus.

Die Corona-Zeit hat diesem Wandel einen deutlichen Schub verliehen. „Plötzlich sind notgedrungen auch Führungskräfte offen dafür, etwa Präsenzarbeitszeit und Dienstreisen infrage zu stellen, die früher Stein und Bein geschworen hätten: Das geht bei uns nicht“, sagt Josephine Hofmann. Anders als sie und ihr Team anfangs gedacht hätten, betrifft das Thema New Work keineswegs nur Berliner Start-ups oder Digitalagenturen: Es gilt auch für Unternehmen wie einen badischen Mittelständler mit 500 Angestellten, der Fenster- und Türbeschlagsysteme produziert, sowie eine Traditionsbäckerei.

Als Begründer von „New Work“ gilt der österreichisch-US-amerikanische Philosoph Frithjof Bergmann. Vor rund 40 Jahren entwickelte er seine Theorie zur Zukunft der Arbeit, so „new“ ist sie also gar nicht. Damals begann das fordistische Wirtschaftsmodell in den USA mit seiner Verschränkung von industrieller Produktion, guten Löhnen und Massenkonsum an seine Grenzen zu stoßen. Bergmann sah nicht weniger als das Ende der klassischen Lohnarbeit gekommen. Doch statt als Bedrohung sah er die Umwälzungen als Chance – zu einem Umbau der Arbeitswelt, in der Arbeit nichts Erzwungenes mehr sei, sondern die Menschen Dinge täten, die sie „wirklich, wirklich wollen“. Das ist bis heute die meistzitierte Formulierung aus Bergmanns umfangreichem Ideengebäude – und vermutlich der Hauptgrund, warum es heute so gut bei Gründerinnen und Personalern ankommt: Weil es perfekt zum Wunsch nach Selbstbestimmung und sinnstiftender Arbeit passt, mit dem gerade junge, hoch qualifizierte Menschen heute in die Arbeitswelt eintreten. […]

Überall auf der Welt stehen derzeit Millionen von Menschen vor dem Nichts, weil sie infolge der Corona-Pandemie ihre Jobs verloren haben. Was sich in der Krise einmal mehr gezeigt hat: Gerade jene Berufe, die sinnstiftend sein könnten, weil sie einen unverzichtbaren Beitrag zum gesellschaftlichen Leben leisten, sind oft diejenigen, die in der Realität am weitesten vom „New Work“-Ideal entfernt sind: Pflege, Lebensmittelproduktion, Sozialsektor. In vielen dieser Berufsfelder wären die Beschäftigten froh, wenn ebenjene Standards, von denen sich „New Work“ lösen will, für sie gelten würden, sei es die 40-Stunden-Woche oder eine Festanstellung.

Und schon lange vor der Krise war klar, dass selbst ein Land mit der Wirtschaftskraft und Produktivität Deutschlands weit entfernt davon ist, seinen Bewohner*innen ein Leben ohne Existenzsorgen oder auszehrende Arbeit zu ermöglichen: Die Bundesrepublik hat den größten Niedriglohnsektor in ganz Europa. Fast acht Millionen Menschen im Land – und damit mehr als jede fünfte arbeitende Person – verdienten im Jahr 2018 weniger als 11,40 Euro brutto pro Stunde, die meisten von ihnen Frauen. Viele nehmen mehrere Jobs an oder werden zu „Aufstockern“, um von ihrem Gehalt leben zu können. [...]

Doch waren in den Achtzigerjahren noch mehr als ein Drittel aller deutschen Arbeitnehmer*innen in einer Gewerkschaft organisiert, sind es heute deutlich weniger als 20 Prozent. Die Zahl der Jobs ohne Tarifbindung ist laut dem Institut für Arbeitsmarkt- und Berufsforschung zwischen 1998 und 2018 von 24 auf 43 Prozent gestiegen. Am schwächsten vertreten sind gewerkschaftlich Organisierte gerade dort, wo die schlechtesten Löhne gezahlt werden. Aber auch bei den jungen, gut ausgebildeten Wissensarbeitern und Kreativen der Digitalökonomie haben Arbeitnehmervertretungen keinen guten Stand. Der „New Work“-Trend könne diese Entwicklung sogar noch verstärken, glaubt Josephine Hofmann, weil er es den Beschäftigten unnötig und altmodisch erscheinen lasse, auf die kollektive Aushandlung durch Gewerkschaften zu setzen.

Dabei tun sich selbst für diese Berufsgruppen derzeit neue Risiken auf. „Aus dem Homeoffice kann durchaus auch ein Homesourcing werden“, sagt die Fraunhofer-Forscherin. Wenn Konzernleitungen die Erfahrung machen, dass es im Grunde egal ist, wo ihre Angestellten sitzen, liegt der Gedanke nahe, sie durch Freelancer oder junge, gut ausgebildete Menschen in Ländern wie Rumänien zu ersetzen, wo das Lohnniveau viel niedriger ist. „In schwieriger werdenden Märkten ist das durchaus eine reale Gefahr“, ist Hofmann überzeugt.

Alicia Lindhoff: So arbeiten wir in Zukunft: Flexibel, digital – und prekär?, FR vom 28.08.2020, https://www.fr.de/zukunft/storys/megatrends/arbeit-zukunft-trend-digitalisierung-wandel-new-work-90032832.html

Lösungsvorschlag

1. *Der Operator „charakterisieren“ verlangt hier von Ihnen, anhand der Materialien M 2a bis M 2d typische Merkmale zu beschreiben, die die Bedeutung des Homeoffice während der Corona-Pandemie betreffen. Um eine passende Auswahl und Akzentuierung treffen zu können, ist es hilfreich, wenn Sie Ihre Lösung zunächst stichwortartig auf Konzeptpapier festhalten, um sie dann reflektiert auszuformulieren.*

Während der Corona-Pandemie fand der Begriff des Homeoffice Eingang in die Alltagssprache. Die Bemühungen der Politik, die Zahl der Kontakte zwischen Menschen und so das Risiko von Infektionen zu reduzieren, erstreckten sich auch auf die Arbeitswelt. Die vorliegenden Materialien lassen Rückschlüsse auf die **quantitative und qualitative Dimension** der Arbeit im Homeoffice zu.
Die **quantitative Dimension** ergibt sich aus den Materialien M 2a, 2b und 2d. Das Liniendiagramm M 2a entstammt der Homepage der Hans-Böckler-Stiftung und zeigt prozentual den **Anteil der Beschäftigten**, die ausschließlich oder überwiegend im Homeoffice arbeiteten. Das Diagramm zeichnet gewissermaßen den Verlauf der Pandemie nach, denn die **Höhepunkte der Homeoffice-Nutzung** – im April 2020 (27 Prozent) und im Januar 2021 (24 Prozent) – fallen mit den ersten beiden **Lockdowns** zusammen.
Material 2b entstammt der Homepage Zukunft der Arbeit (April 2021) und zeigt in Form eines Säulendiagramms die **Homeoffice-Präferenz** von 700 befragten Erwerbstätigen. Die Befragungen wurden im Mai und Oktober 2020 durchgeführt, also unmittelbar nach Ende des ersten Lockdowns und kurz vor dem sog. Lockdown light im Herbst. Relativ betrachtet wollen die meisten Menschen **zwei oder drei Tage** im Homeoffice arbeiten. Allerdings ist die Verteilung insgesamt uneinheitlich, wobei die komplette Ablehnung des Homeoffice (acht bzw. zwölf Prozent) gering ausfällt. Die Bevorzugung von 5 Tagen Homeoffice nahm zwischen Mai und Oktober deutlich ab.
Material 2d wurde der Homepage des Bundeswirtschaftsministeriums entnommen und schlüsselt in Form eines Balkendiagramms die **Struktur der Beschäftigten im Homeoffice** für das Jahr 2021 auf. Ein Viertel der Menschen war im Homeoffice tätig. Mit Blick auf die **Altersstruktur** weisen die 25- bis 34-Jährigen sowie Menschen über 65 Jahre mit jeweils etwa einem Drittel die Spitzenwerte auf. Überaus deutlich ist die **Abweichung vom Mittelwert** indes bei der **Analyse des Bildungsniveaus:** Von jenen mit hohem Niveau waren 42 Prozent im Homeoffice tätig, gut zweieinhalbmal so viele wie bei Menschen mit mittlerem Bildungsniveau. Die **berufliche Stellung** weist ebenfalls eine deutliche Differenzierung auf: An der Spitze der Homeoffice-Nutzung stehen **gehobene und höhere Beamte** mit einem Anteil von 49 Prozent, während nur zwei Prozent der Arbeiterinnen und Arbeiter ins Homeoffice ausweichen konnten.
Die **qualitative Dimension** lässt sich anhand von Material 2c ermessen. Tabellarisch werden die Werte einer Befragung für den am 29. 06. 2021 auf der Homepage des Deutschen Gewerkschaftsbunds veröffentlichten DGB-Index „Gute Ar-

beit“ im Corona-Jahr 2020 wiedergegeben. Dabei mussten sich die Befragten jeweils zu der **Situation im Homeoffice bzw. an einem festen Arbeitsplatz** äußern. Erwartungsgemäß lässt sich im Homeoffice die **Arbeit flexibler gestalten**, allerdings ist auch das Risiko, unbezahlte Arbeit außerhalb der normalen Arbeitszeit zu leisten, mit 29 Prozent im Homeoffice beinahe dreimal so hoch. Und fast die Hälfte der Befragten gibt an, in der Freizeit nicht richtig abschalten zu können, wenn sie im Homeoffice tätig sind – zwölf Prozentpunkte mehr als an einem festen Arbeitsplatz.

Die **quantitative Analyse** zeigt einerseits, dass die Konjunkturen der Pandemie und der Homeoffice-Nutzung parallel verlaufen, und andererseits, dass es bei den Beschäftigten signifikante Unterschiede v. a. mit Blick auf den Bildungsgrad und den beruflichen Status gibt. Die **qualitative Dimension** verdeutlicht die **Ambivalenz** der Arbeit im Homeoffice: Ein höheres Maß an Flexibilität der Beschäftigten wird erkauft mit einer intensiveren Belastung, die selbst in die Freizeit nachwirkt.

2. *Bei dieser Aufgabenstellung muss zunächst ein einleitender Hinweis auf Autorin, Quelle und Thematik des Artikels M 3 erfolgen. Im Zuge des Herausarbeitens müssen Sie dem Text Informationen und Sachverhalte akzentuiert entnehmen. Dabei geht es hier um das Konzept des New Work. Die formalen Kriterien der Textarbeit sind für das Erreichen der vollen Punktzahl zu berücksichtigen.*

Alicia Lindhoff thematisiert in ihrem am 28. 08. 2020 auf der Homepage der Frankfurter Rundschau erschienenen Artikel „So arbeiten wir in Zukunft: Flexibel, digital – und prekär?“ das **Konzept des New Work vor dem Hintergrund der Corona-Krise**. Das Konzept selbst wurde bereits vor vier Jahrzehnten von Frithjof Bergmann entfaltet (vgl. M 3, Z. 27 ff.). Bergmanns Ausgangspunkt war die Beobachtung, dass der US-amerikanische **Fordismus** „mit seiner Verschränkung von industrieller Produktion, guten Löhnen und Massenkonsum an seine Grenzen“ (Z. 30 f.) stieß. Fortan sollte – so Bergmanns Hoffnung – Arbeit „nichts Erzwungenes mehr“ (Z. 34) sein, sondern sinnstiftender **Ausdruck der Selbstbestimmung**.

Lindhoff gleicht das Konzept mit der Entwicklung der Arbeitswelt seit den 1990er-Jahren und während der Corona-Pandemie ab, um abschließend Chancen und Grenzen zu erörtern. **Seit 1990** habe sich die **Struktur der Arbeit** bereits tiefgreifend gewandelt: Die Zahl der Menschen, die in **Teilzeit** beschäftigt sind, habe sich mehr als verdoppelt, der Anteil der Männer in Teilzeit versechsfachte sich sogar (vgl. Z. 1 ff.). Mit der **Arbeitszeitverkürzung** ging ein Anstieg der „**Produktivität** jeder Arbeitsstunde um fast die Hälfte“ (Z. 7) und ein späterer Eintritt in den **Ruhestand** einher. Das Bedürfnis nach Flexibilität und nach einer Arbeit, die man „jahrzehntelang durchhalten“ (Z. 10) kann, ist also enorm gestiegen. Allerdings weisen der aktuelle Zustand und die Entwicklung der zurückliegenden Jahrzehnte auch Schattenseiten auf. Lindhoff beklagt die Existenz eines großen **Niedriglohnsektors** in Deutschland: Mehr als jede fünfte Person habe 2018 für weniger als 11,40 Euro die Stunde gearbeitet, sehr häufig Frauen (vgl. Z. 53 ff.). Gleichzeitig und möglicherweise nicht zufällig gebe es immer

mehr **Jobs ohne Tarifbindung** (vgl. Z. 60 ff.), die obendrein schlecht bezahlt seien (vgl. Z. 62 f.).
Infolge der Corona-Pandemie erhielt das Konzept des New Work **Rückenwind**. Plötzlich zeigten sich **Führungskräfte flexibel** und beharrten nicht mehr auf Präsenzarbeit und Dienstreisen (vgl. Z. 19 ff.). Die **Digitalisierung der Arbeitswelt** wurde aufgrund des für die Pandemiebekämpfung essenziellen Distanzgebots forciert. Allerdings gibt es einen Wermutstropfen: Lindhoff charakterisiert die **systemrelevanten Berufe**, z. B. in der Pflege, als jene, die erstens die **wenigsten Berührungspunkte mit New Work** hätten und zweitens ironischerweise am stärksten von Regelungen im Sinne der fordistischen Ära profitieren würden.
Abschließend blickt Lindhoff auf die **Konsequenzen**, die aus einem möglichen „Ende des klassischen Büros" (Z. 18) resultieren könnten. Dass gerade die „jungen, **gut ausgebildeten Wissensarbeiter**[] und Kreativen der Digitalökonomie" (Z. 64 f.) den vermeintlich altmodischen Gewerkschaften den Rücken kehren, sieht sie kritisch und befürchtet sogar eine Befeuerung dieser Entwicklung durch **New Work**. Die Gefahr eines „**Homesourcing**" (Z. 70) – ein Wortspiel auf die Unternehmensstrategie des Outsourcings – könnte dabei zweierlei Gestalt annehmen: die **Ersetzung Festangestellter** durch Freelancer oder durch Arbeitskräfte in Niedriglohnländern (vgl. Z. 71 ff.).
Lindhoff veranschaulicht in ihrem Artikel die **Ambivalenz des New-Work-Konzepts**. In Zeiten der Pandemie sehnten sich gerade Beschäftigte in den Care-Berufen nach Strukturen des Old Work. Und die unter dem Signum von New Work verheißene neue Freiheit und Flexibilität spielen nicht ausschließlich den Arbeiterinnen und Arbeitern in die Karten, sondern erlauben auch den Unternehmen eine Straffung ihres Kostenmanagements.

3. *Die Erörterung erfordert, ausgehend von einer kurzen Darstellung der Tarifbindung im Kontext der Sozialen Marktwirtschaft, ein sorgfältiges Abwägen des Für und Wider der Tarifbindung. Am Ende muss zwingend ein begründetes Urteil stehen. Dabei ist es nicht entscheidend, zu welchem Urteil Sie kommen, sondern wie vertieft und stimmig Sie argumentieren und abwägen. Beim Thema „Tarifbindung" bietet es sich an, dass Sie die Arbeitgeberperspektive und die Arbeitnehmerperspektive getrennt voneinander abarbeiten.*

Die **Tarifbindung** gilt für **Arbeitgeber**, die dem tarifvertragschließenden Arbeitgeberverband angehören oder mit der zuständigen Gewerkschaft einen Firmentarifvertrag abgeschlossen haben, und für sämtliche **Arbeitnehmer**, die Mitglieder der tarifvertragschließenden Gewerkschaft sind. Damit ist die Tarifbindung ein zentrales Element der **Tarifautonomie**, die in **Artikel 9,3 GG** (M 1) verankert ist (**Vereinigungs- und Koalitionsfreiheit**) und das **Recht der eigenständigen Regelung der Arbeits- und Wirtschaftsbedingungen** durch Verbände des Arbeitsmarkts wie Gewerkschaften und Arbeitgebervereinigungen ermöglicht. Es liegt in der Natur der Sache, diese Frage aus **zwei Perspektiven** zu erörtern: der der Arbeitgeberseite und jener der Arbeitnehmerseite.

Aus **Sicht der Arbeitgeber** lässt sich durch kollektive Tarifverträge die **Aushandlung individueller Vereinbarungen** über Arbeitsbedingungen und Entgelte auf Betriebsebene vermeiden. Dies spart nicht nur **Zeit und administrativen Aufwand**, sondern dient neben der besseren **Kalkulierbarkeit** von Lohnkosten auch dem Betriebsfrieden: Tarifkonflikte, die z. B. in Streiks und Aussperrungen münden, werden gewissermaßen **überbetrieblich ausgefochten** und spitzen sich nicht so leicht als Kampf zwischen einem bestimmten Management und einer bestimmten Belegschaft zu. Des Weiteren kann die Mitgliedschaft in einem Arbeitgeberverband und mithin die Bindung an Tarifverträge die Attraktivität eines Unternehmens bei der **Rekrutierung neuer Mitarbeiter** steigern, was gerade in Zeiten des vieldiskutierten **Fachkräftemangels** ein schlagendes Argument sein könnte.

Andererseits belegen die zunehmenden Austritte von Unternehmen aus Arbeitgeberverbänden die Existenz von **Nachteilen einer Tarifbindung**. Sofern Betriebe nicht von **Öffnungsklauseln** Gebrauch machen dürfen, könnten sie **Flächentarifverträge** als Korsett empfinden, das der jeweils spezifischen Lage vor Ort nicht gerecht wird. Dies gilt insbesondere dann, wenn sog. **Pilotabschlüsse in wirtschaftsstarken Regionen** erzielt werden, die dann aber auf das ganze Land und damit auch auf strukturschwächere Gebiete übertragen werden. Viele Unternehmen hegen zudem **Vorbehalte gegen automatische Tariferhöhungen**, da diese aus ihrer Sicht einer leistungsorientierten Bezahlung im Weg stehen.

Aus der **Perspektive der Arbeitnehmerinnen und Arbeitnehmer** dürfte es wenige Einwände gegen die Tarifbindung geben. Allenfalls könnte man individuell monieren, dass Tarifverträge das **freie Aushandeln von Löhnen und Gehältern** unterbindet. Und während der Laufzeit eines Tarifvertrags herrscht eine sog. **Friedenspflicht**, weshalb Mitarbeiter selbst dann nicht in den Ausstand treten dürfen, wenn sie Missstände publik machen wollen. Bisweilen äußern Arbeitnehmer auch Kritik an der Rolle der Gewerkschaften, in denen **betriebsferne Funktionäre** den Ton angeben, die wenig vertraut mit der konkreten Lage vor Ort seien.

Für die Tarifbindung dürfte v. a. der **Schutz vor willkürlichen Änderungen** der Arbeitsbedingungen durch die Unternehmen sprechen. Als Mitglied einer Gewerkschaft haben Arbeitnehmer*innen ferner die Möglichkeit, aktiv an der Ausgestaltung ihrer Arbeitsbedingungen mitzuwirken, z. B. bei Löhnen, Fortbildungsangeboten und Fragen, die den Urlaub betreffen. Arbeitnehmer*innen profitieren obendrein von der **Solidarität** der Kolleginnen und Kollegen, mit denen sich gemeinsam mehr erreichen lässt als in vereinzelten Kämpfen auf Betriebsebene. Schließlich münden Tarifverhandlungen meist in Gehaltserhöhungen, die überdies aufgrund der meist **kurzen Laufzeit von Lohntarifverträgen** regelmäßig auf dem Konto der Beschäftigten eingehen. Diese partizipieren so kontinuierlich am geschäftlichen Erfolg der Unternehmen, der somit nicht ausschließlich den Shareholdern zugutekommt.

Auch wenn die Tarifbindung in Deutschland seit Jahren sinkt, ist zu konstatieren, dass der Gegensatz von Arbeit und Kapital dank der **Tarifpartnerschaft** und der vielfältigen Vorkehrungen im Rahmen der Sozialen Marktwirtschaft immer stärker abgemildert wurde. Deutschland gehört nicht von ungefähr zu den

Industrieländern, die mit am wenigsten Streiktage aufweisen. Allerdings steht die **Zunahme von Niedriglohn- und prekärer Beschäftigung** in den vergangenen zwei Jahrzehnten in einem engen Zusammenhang mit der Flucht vieler Unternehmen der betreffenden Branchen aus der Tarifbindung, um konkurrenzfähig zu bleiben.

4. *Die Rolle des Staates bei der Gestaltung des Arbeitsmarktes zu bewerten, verlangt hier, selbst gewählte Maßnahmen des Staates zu beurteilen, um dann eine persönliche Stellungnahme abzugeben und dabei die eigenen Wertmaßstäbe offenzulegen. Entscheidend ist dabei eine differenzierte, multiperspektivische Auseinandersetzung mit den zur Bewertung herangezogenen Kriterien. Zwei bis drei Kriterien genügen hierfür. Das Drei-Dimensionen-Modell ist zu berücksichtigen. Dies bedeutet, dass Sie beim Lösen der Problemstellung verschiedene Perspektiven einnehmen sollten: Die individuelle Dimension steht für den Einzelnen. Bei der Dimension wirtschaftlicher Beziehungen geht es um Interessen- und Zielkonflikte sowie um mögliche Lösungen. Bei der dritten Dimension „Ordnung und System" stehen Spielregeln, Wirtschaftsordnungen oder Organisationen im Mittelpunkt, die die gegebene Situation beeinflussen könnten.*

Die konkrete Rolle des Staates in der Sozialen Marktwirtschaft auszugestalten, ist prinzipiell Sache des Gesetzgebers. Das Grundgesetz (M 1) selbst macht hierzu keine detaillierten Vorgaben. Als wesentliches **Prinzip der Sozialen Marktwirtschaft** gilt jedoch das der **Marktkonformität**, das verletzt würde, wenn Interventionen des Staates in den Wirtschaftsprozess den Preismechanismus als zentrales Instrument der Koordination von Angebot und Nachfrage aushebeln. Das **Wettbewerbsprinzip** soll sicherstellen, dass Unternehmen um Nachfrager konkurrieren müssen und somit den Konsumentinnen und Konsumenten eine Möglichkeit zur Wahl eröffnen. Das **Sozialprinzip** wiederum verlangt staatliche Eingriffe, sofern das freie Spiel der Kräfte Marktversagen hervorruft. Die Pläne der Bundesregierung zur **Erhöhung des Mindestlohns** auf 12 Euro und die Kontroverse um die 2018 verabschiedete europäische **Entsenderichtlinie** sind neben der Homeoffice-Pflicht Beispiele für **Kollisionen** zwischen den drei Prinzipien. Anhand der **Kriterien Effizienz, Gerechtigkeit und Legitimität** wird die Rolle des Staates bei der Gestaltung des Arbeitsmarktes im Folgenden bewertet.
Die europäische Entsenderichtlinie, die im Sommer 2020 auch in Deutschland in Kraft trat, verhilft dem Prinzip **„gleicher Lohn für gleiche Arbeit am gleichen Ort"** zum Durchbruch: Alle in einem Gesetz oder in einem allgemein verbindlichen Tarifvertrag geregelten Lohnbestandteile gelten auch für Arbeitnehmer, die von einem in einem EU-Mitgliedsstaat ansässigen Arbeitgeber zur Erbringung von Dienstleistungen in einen anderen Mitgliedsstaat entsendet werden, was **Lohndumping** unterbinden soll.
Mit Blick auf die **Effizienz** könnte man die Entsenderichtlinie als **Einschränkung der Freizügigkeit** im Europäischen Binnenmarkt werten. Denn sie beschneidet aus **Perspektive der Unternehmen** durch zahlreiche Vorschriften den **Wettbewerb** und bürdet den Unternehmen höhere **Verwaltungskosten** auf. Die positiven

Effekte der Dienstleistungsexporte auf Jobs und Wohlstand werden somit aufs Spiel gesetzt. Dass gerade westliche Mitgliedsstaaten der EU auf eine Verschärfung der Entsenderichtlinie drängten, verweist auf Partikularinteressen der ohnehin starken Volkswirtschaften, die mithilfe der Richtlinie den **Lohnkostenvorteil** vieler Staaten in Osteuropa durchkreuzen wollten, während der vorgebliche **Kampf gegen Sozialdumping** in den Zielländern eher als Lippenbekenntnis interpretiert werden kann. Und gerade im Kontext der Corona-Pandemie hat sich auf drastische Weise gezeigt, wie essenziell ein reibungsloses Funktionieren der Freizügigkeit innerhalb Europas insbesondere im Dienstleistungssektor ist.

Andererseits ist es ein Gebot der **Leistungsgerechtigkeit**, dass unabhängig vom Herkunftsland gleiche Arbeit gleich entlohnt wird. Es ist nicht einzusehen und im Übrigen ein herber Schlag gegen das **Sozialprinzip**, wenn rumänische Arbeiter auf deutschen Baustellen halb so viel verdienen wie ihre einheimischen Kollegen. Es soll auch Briefkastenfirmen mit Sitz in Mitgliedsstaaten mit geringeren Lohnkosten gegeben haben, um vor allem in Deutschland Tarif- und Mindestlöhne zu umgehen. Es ist also sowohl für den in den Westen entsandten Arbeiter als auch für dessen Kollegen im Sinne der **Solidarität** von Vorteil, wenn sie nicht gegeneinander ausgespielt werden können.

Auch am Beispiel der Diskussion über eine **Erhöhung des Mindestlohns** auf 12 Euro lässt sich die Rolle des Staates bei der Gestaltung des Arbeitsmarktes aus verschiedenen Blickwinkeln bewerten. Aus Sicht der **Befürworter** dieser politischen Festlegung eines höheren Mindestlohns ist der aktuelle Mindestlohn weit entfernt davon, selbst bei einer durchgängigen Vollzeiterwerbstätigkeit einen **Rentenanspruch** oberhalb der Grundsicherung zu ermöglichen, was dem Sozialprinzip zuwiderläuft und deshalb **ungerecht** ist. Ferner erfordere die geringe Tarifbindung im **Niedriglohnsektor** eine kräftige Anhebung des Mindestlohns, da ansonsten die betroffenen Beschäftigten ohne jeglichen Lohnschutz ausgestattet wären. Gerade Beschäftigte im Niedriglohnsektor sind infolge häufig geringfügiger bzw. unregelmäßiger Arbeitszeiten, befristeter Arbeitsverträge und einer hohen Fluktuation nur schwierig für gewerkschaftliche Organisationsbemühungen zu gewinnen.

Allerdings untergräbt ein staatlich festgelegter Mindestlohn die **Legitimität** der grundgesetzlich verankerten **Tarifautonomie** und bremst überdies die mit Repräsentanten von Arbeitgebern und Gewerkschaften besetzte **Mindestlohnkommission** aus. Wenn immer häufiger – wie auch mit Blick auf den von Teilen der Gewerkschaften geforderten Rechtsanspruch auf **Homeoffice** – der Staat anstelle der Tarifpartner zur Ausgestaltung der Arbeitsbedingungen gerufen wird, dürfte sich die **Flucht aus Flächentarifverträgen** intensivieren und die Attraktivität einer Gewerkschaftsmitgliedschaft weiter abschwächen. Aus **systemischer Perspektive** handelte es sich also um einen Bruch mit hergebrachten Normen der Tarifautonomie.

Die Rolle des Staates bei der Gestaltung des Arbeitsmarktes muss sich einerseits an den **Prinzipien der Sozialen Marktwirtschaft** orientieren, die bereits in einem gewissen **Spannungsverhältnis** zueinander stehen. Bewertet man einzelne Maßnahmen zudem anhand unterschiedlicher Kriterien, werden weitere Bruchlinien sichtbar: Was – wie die Erhöhung des Mindestlohns – aus der Perspektive der betroffenen Beschäftigten und bezogen auf das Sozialprinzip uneingeschränkt zu begrüßen ist, erweist sich in Sachen Legitimität und auf der Ebene des Sozialsystems als problematisch.

Wirtschaft (Baden-Württemberg)
Übungsaufgabe 3: Grundlagen der Ökonomie – Arbeitsmärkte

Pflegenotstand in der Corona-Krise – Markt- oder Politikversagen?
Seit Ausbruch der Corona-Pandemie rückte die Lage der Krankenpflege immer wieder ins Blickfeld der Öffentlichkeit: Die angespannte Personalsituation in diesem Bereich hatte und hat weitreichende Folgen. Unter anderem wurde der Lockdown damit begründet und die Zahl der zur Verfügung stehenden Intensivbetten sogar reduziert, da es an Intensivpflegekräften mangelte.
Ursachen und Lösungsmöglichkeiten für dieses Arbeitsmarktsegment werden in Politik und Öffentlichkeit kontrovers diskutiert.

Aufgaben:

1.	Analysieren Sie anhand von M 1 a – M 1 d den Arbeitsmarkt für Krankenpflegekräfte in Deutschland.	14 VP
2.	Erläutern Sie unter Berücksichtigung des Beispiels der Krankenpflege und von M 2, welche Faktoren die Höhe des Arbeitslohns in der Sozialen Marktwirtschaft Deutschland maßgeblich beeinflussen.	14 VP
3.	Erörtern Sie, ob auf dem Arbeitsmarkt für Pflegekräfte ein Marktversagen vorliegt.	16 VP
4.	Bewerten Sie ausgehend von M 3 drei wirtschaftspolitische Maßnahmen Ihrer Wahl, den Mangel an Krankenpflegekräften abzubauen.	16 VP
		60 VP

M 1 a Lohnniveau (brutto) in der Krankenpflege im Vergleich zum Lohnniveau in Deutschland insgesamt

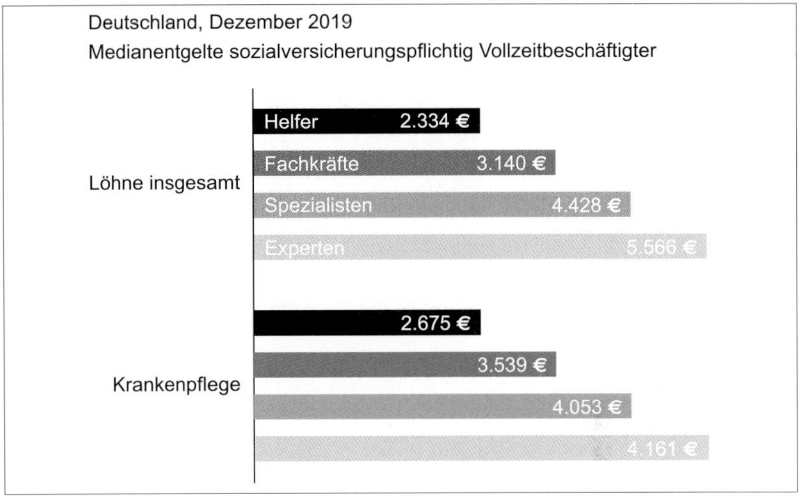

eigene Darstellung, Daten nach Bundesagentur für Arbeit

M 1 b Entwicklung der Beschäftigtenzahlen (Sozialversicherungspflichtige Krankenpflegekräfte)

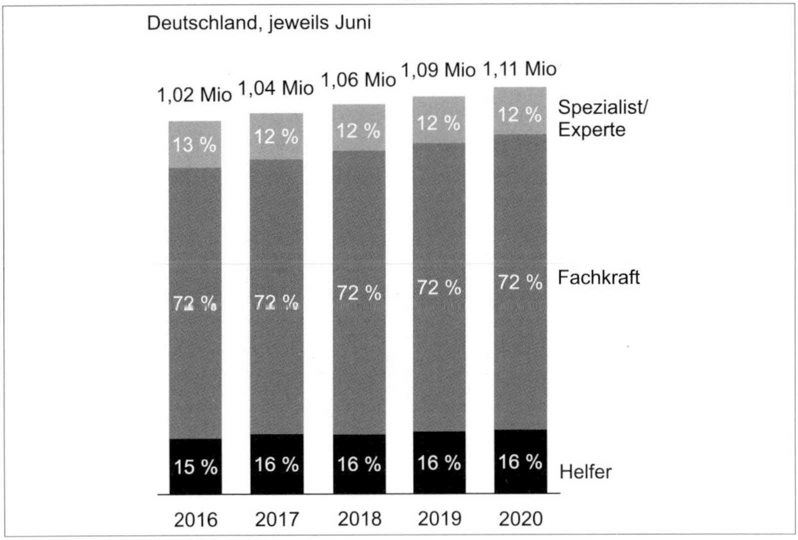

Statistik der Bundesagentur für Arbeit Berichte: Blickpunkt Arbeitsmarkt – Arbeitsmarktsituation im Pflegebereich, Nürnberg, Mai 2022

M 1 c Krankenhäuser mit Stellenbesetzungsproblemen in der Intensivpflege (Krankenhäuser in %)

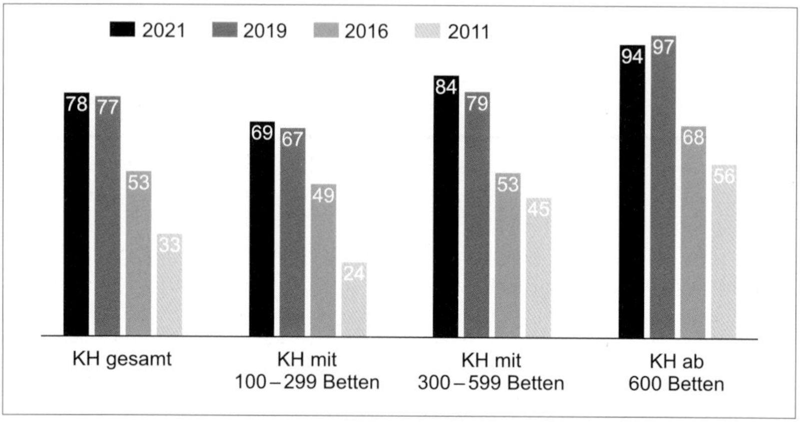

Deutsches Krankenhausinstitut – Krankenhaus Barometer Umfrage 2021, S. 30, https://www.dki.de/sites/default/files/2021-12/20211221_Final_KH-Barometer-komprimiert.pdf

M 1 d Gründe für den Mangel an Pflegekräften (Krankenhäuser mit negativer Stellenprognose in %)

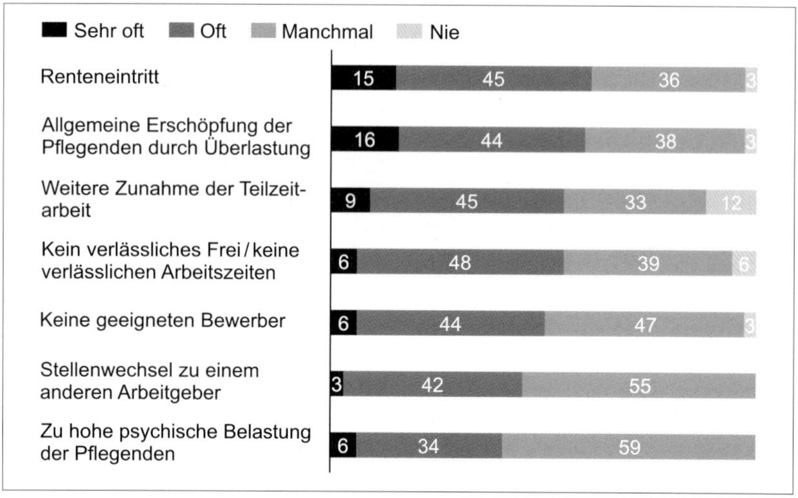

Deutsches Krankenhausinstitut – Krankenhaus Barometer Umfrage 2021, S. 37, https://www.dki.de/sites/default/files/2021-12/20211221_Final_KH-Barometer-komprimiert.pdf

M 2 Den gerechten Lohn kann es nicht geben – Kommentar von Nikolaus Piper

Gut drei Viertel der Deutschen finden, dass sie nicht gerecht bezahlt werden. Die Online-Umfrage der ARD […] ist nicht repräsentativ, aber sie trifft die Stimmung im Lande: Die meisten Deutschen glauben, dass die Löhne normaler Leute zu niedrig sind, besonders wenn man sie mit den Bezügen von […] Spitzenmanagern vergleicht. Aber welcher Lohn ist gerecht? […]

Tatsächlich gibt es einen „gerechten“ Lohn nicht und kann ihn auch nicht geben. Löhne werden in einer arbeitsteiligen Wirtschaft von der Leistung des Einzelnen, aber eben immer auch von den Verhältnissen bestimmt, vor allem von der Produktivität des Betriebes, in dem er arbeitet, von der Qualität des Managements, von den Weltmärkten, der Wirtschaftspolitik der Regierung. Eine Näherin, die in Vietnam Hemden produziert, arbeitet vermutlich ungleich härter als ein Lokomotivführer in Bayern. Ist das ungerecht? Nein, natürlich nicht – die Vietnamesin lebt in einem Land mit ganz anderer Geschichte und einer viel geringeren Kapitalausstattung. Die beiden Löhne sind nicht vergleichbar. Auch die Arbeit eines Müllwerkers ist im Zweifel viel härter als die eines Web-Designers. Trotzdem dürfte Letzterer in der Regel mehr Geld verdienen, weil sein Können im Vergleich gefragter ist.

Oder die Erzieherinnen in den Kitas. Sind 2 200 Euro im Monat gerecht oder ungerecht? Der Lohntrend einer Gesellschaft wird vom produzierenden Gewerbe und dessen Produktivitätsfortschritt bestimmt. Bei Berufen wie Erziehern, Lehrern, Polizisten oder Richtern gibt es keine steigende Produktivität wie in der Industrie. Wenn Erzieherinnen streiken, dann streiken sie für einen höheren Anteil am Geld der Steuerzahler – zu Lasten anderer Verwendungen, der Polizei etwa, der Infrastruktur, der Flüchtlingshilfe. Die Erzieherinnen haben alles Recht der Welt, dies zu tun. Es mag auch richtig sein, im Verhältnis mehr für Kitas und weniger für Radwege auszugeben. Nur mit Gerechtigkeit hat das nichts zu tun, sondern mit Interessenvertretung. Beim Lohn geht es auch immer um die Leistungsfähigkeit dessen, der die Löhne zahlen soll – des Unternehmers oder des Staates. Bisher haben die Gewerkschaften in Deutschland meist Vernunft gezeigt und es vermieden, Arbeitgeber kaputt zu streiken. […]

Den gerechten Lohn kann es nicht geben, Nikolaus Piper, SZ.de vom 06.05.2015

M 3 „Plump“: Politiker der Ampelkoalition kritisieren Söders Forderung, die Gehälter von Intensivpflegekräften zu verdoppeln.

Gesundheitspolitiker der Ampelkoalition sind verärgert über den Vorstoß Bayerns, das Gehalt von Intensivpflegekräften verdoppeln zu wollen. Grünengesundheitsexperte Janosch Dahmen sagt dem SPIEGEL: „Acht Jahre hat die Union das Bundesgesundheitsministerium geführt. Am Tag eins der neuen Regierung vorzuschlagen, man könne einfach und schnell eine Gehaltserhöhung in einem derartigen Umfang beschließen, ist plump.“ Zudem seien die

Gehaltslücken in der Langzeitpflege deutlich höher als in der Fachkrankenpflege. Die Ampel wolle deshalb die Arbeitsbedingungen durch finanzielle und strukturelle Maßnahmen verbessern, so Dahmen. Die Parlamentarische Geschäftsführerin der FDP, Christine Aschenberg-Dugnu, sagt, es werde zeitnah eine Prämie für Pflegekräfte geben. „Es war ein Wunsch der Verbände, dass wir uns für den Pflegebonus Zeit nehmen, um zu gewährleisten, dass ihn auch die Richtigen erhalten." Mit Verweis auf die Belastungen durch die Pandemie hatte Bayern angekündigt, eine Bundesratsinitiative für die Erhöhung des Gehalts von Intensivpflegekräften auf den Weg bringen zu wollen. „2022 sollte es eine zeitweise Lohnsteuerbefreiung und eine erweiterte Pflegeprämie geben", teilte Markus Söder mit. Einen entsprechenden Vorschlag hat seine Regierung bislang nicht vorgelegt. Aus Sachsen-Anhalt kann Bayern keine Unterstützung erwarten: Dort heißt es aus dem Gesundheitsministerium, Intensivpflegekräfte hätten ihren Beruf aus anderen Gründen als Geld aufgegeben.

Anna Clauß, Milena Hassenkamp, Peter Maxwill, DER SPIEGEL 50/2021, Seite 22, https://www.spiegel.de/politik/deutschland/plump-politiker-der-ampelkoalition-kritisieren-soeders-gehaltsidee-fuer-pflegekraefte-a-1d07d8ef-5f48-40b6-bafa-837f0c014fc0

Lösungsvorschlag

1. *Analysieren verlangt das Herausarbeiten und Zusammenstellen der zentralen Aussagen der Materialien zum in der Aufgabenstellung genannten Thema, hier also zum „Arbeitsmarkt für Pflegekräfte in Deutschland". Diese Aussagen sind zu bündeln und zu gewichten – d. h., eine komplett additive Verbalisierung bzw. Nacherzählung aller in den Materialien enthaltenen Informationen verfehlt das Thema.*

M 1 a, eine Statistik nach Daten der Bundesagentur für Arbeit, vergleicht das deutsche Lohnniveau insgesamt mit dem der Krankenpflegekräfte anhand des Medianentgelts, d. h. des Wertes, von dem aus betrachtet es genauso viele niedrigere wie höhere Einkommen gibt. Das Durchschnittseinkommen würde im Vergleich höher liegen. Dabei wird in vier Beschäftigten-Niveaus unterteilt, von Helfern bis hin zu Experten. Das **Lohnniveau** in der Krankenpflege lag bereits vor der Corona-Pandemie bei den Helfern und Fachkräften über dem Lohnniveau in Deutschland insgesamt. Diesen beiden Klassifizierungen sind, wie in M 1 b zu sehen, 88 % der Krankenpflegekräfte zuzuordnen. Lediglich im Spitzenbereich der Lohnstaffelung, bei den zahlenmäßig deutlich selteneren (M 1 b: 12 %) Spezialisten und Experten, liegt die Krankenpflege deutlich unter dem Medianentgelt anderer Berufssparten. D. h. ein signifikantes Entlohnungsproblem etwa in Form einer Unterbezahlung ist anhand der Statistik, anders als in der öffentlichen Debatte wiederholt angeklungen, nicht auszumachen.
Diese Beobachtung findet eine Ergänzung in Material M 1 b, das im Unterschied zu M 1 a einen Zeitraum abbildet und ebenfalls von der Bundesagentur für Arbeit stammt. Dort ist zu erkennen, dass die **Zahl der sozialversicherungspflichtig beschäftigten Krankenpflegekräfte** seit 2016 kontinuierlich gewachsen ist und bei deutlich über 1 Million Beschäftigten steht. Diese Zunahme, die in nahezu allen 4 Qualifikationsniveaus gleichmäßig erfolgte, ist sowohl vor als auch während der Krise 2020 zu erkennen.
Die Zunahme reicht allerdings bei Weitem nicht aus, um den steigenden **Bedarf** zu decken: M 1 c zeigt wachsende Besetzungsprobleme für die Intensiv-Fachkräfte auf. Die Zahlen beziehen sich auf die Jahre 2011 bis 2021 und entstammen der „Krankenhaus-Barometer-Umfrage". Bereits 2016 waren es über die Hälfte der Krankenhäuser, die über **Fachkräftemangel** klagten; nur 3 Jahre später, im Jahr 2019, d. h. schon vor der Corona-Krise, waren noch einmal deutlich mehr Krankenhäuser in Deutschland vom Fachkräftemängel betroffen. Die Stellenbesetzungsprobleme betreffen größere Krankenhäuser deutlich mehr (bei KKH ab 600 Betten über 90 % – Krankenhäuser zwischen 100 und 299 Betten zu knapp 70 %). Allerdings konnten die größeren Krankenhäuser seit Beginn der Pandemie offenbar ein wenig mehr Stellen besetzen (Rückgang von 97 % (2019) auf 94 % in 2021), während in den kleinen und mittleren Krankenhäusern der Fachkräftemangel spürbarer wurde, vor allem bei den mittelgroßen KKH zwischen 300 und 599 Betten (Zunahme von 79 % auf 84 % i. J. 2021).

Dieselbe Befragung von Krankenhäusern ergab, dass als Gründe **für die negative Stellenprognose** vor allem Aspekte der hohen Belastung genannt wurden (M 1 d). Viele Krankenpfleger fühlen sich überlastet durch das hohe Pensum der Arbeit und die Arbeitszeiten, aber auch durch die besondere psychische Belastung (vgl. Punkt 2/7). Eine ähnliche Begründung findet sich auch auf Platz 4, wo der Mangel an verlässlichen Arbeitszeiten bzw. an freier Zeit für den Fachkräftemangel verantwortlich gemacht wird. Auch der Aspekt der zunehmenden Teilzeitarbeit stützt diese Annahme: Pflegekräfte reduzieren offenbar ihre Arbeitszeit, um Überlastung und Erschöpfung zu entgehen und mehr Zeit für sich und ihre Familie zu haben.

2. *Erläutern erfordert eine Erklärung mit Veranschaulichungen und Beispielen, hier auf jeden Fall auch mit Bezug auf den Arbeitsmarkt für Krankenpflegekräfte in Deutschland. Auch die für die Aufgabenstellung relevanten Inhalte von M 2 müssen Sie bei der Lösung berücksichtigen. Um Ihre Erklärung zu veranschaulichen, könnten Sie beispielsweise auch ein Preis-Mengen-Diagramm verwenden. Das 3-Dimensionen-Modell eröffnet Ihnen für die Lösung der Aufgabe zudem hilfreiche Perspektiven: Das Lohnniveau bildet sich in einem Aushandlungsprozess zwischen verschiedenen Akteuren wie Unternehmen, staatlichen Arbeitgebern, Gewerkschaften (1./2. Dimension), findet allerdings in einem Rahmen statt, der vom System vorgegeben ist – wobei dieser Rahmen durch die Aushandlungsprozesse Veränderungen erfahren kann (3. Dimension).*
Sie müssen die Aufgabe in erster Linie auf Basis eigener Kenntnisse zur Preisbildung lösen (vgl. „Grundlagen der Ökonomie“: Standard 4). Wenn in einer Aufgabe ein Fachbegriff wie hier die „Soziale Marktwirtschaft“ genannt wird, müssen Sie die für die Lösung relevanten Aspekte ausführen; empfehlenswert ist dies am Anfang der Lösung.

Die **Soziale Marktwirtschaft** ist eine Wirtschaftsordnung, in der die Preise durch das Aufeinandertreffen von **Angebot** und **Nachfrage** bestimmt werden. Auf den **Arbeitsmärkten** treten, im Unterschied zu den Gütermärkten, die privaten Haushalte als Anbieter ihrer Arbeitskraft und -zeit auf und treffen auf die Nachfrage der Unternehmen und des Staates. Im Rahmen der **Sozialen** Marktwirtschaft sind zudem **sozialstaatliche Regelungen** wie die Sozialversicherungen an die Arbeit gebunden, welche die Lohnhöhe beeinflussen. **Gesellschaftlich** stellt die Arbeit in der Sozialen Marktwirtschaft die zentrale Quelle für **Einkommen, Status und Identität** der meisten Menschen dar – auch das macht den Faktormarkt Arbeit zu einem besonderen Markt.
Um die Bestimmungsfaktoren zu identifizieren, macht es also zunächst Sinn, die beiden Seiten Angebot und Nachfrage näher unter die Lupe zu nehmen: Das **Angebot** wird zum einen bestimmt von der **Bevölkerungsentwicklung** sowie von der **Beteiligung der Bevölkerung am Arbeitsmarkt**. So kann auf dem deutschen Arbeitsmarkt seit 1970 eine erhebliche Zunahme der Erwerbsbeteiligung von Frauen beobachtet werden. Zum anderen wird das Angebot in den jeweiligen

Berufen bzw. Branchen von den **Präferenzen der Menschen** geprägt, auch etwa in Bezug auf Freizeit und Teilzeit.
Ein wesentlicher Faktor, der die **Nachfrageseite** konstituiert, ist die welt- bzw. volkswirtschaftliche **Konjunkturlage:** Im Aufschwung und Boom besteht eine höhere Nachfrage vonseiten der Unternehmen als in Rezession und Depression. Diese Arbeitsnachfrage unterscheidet sich von Branche zu Branche teilweise erheblich. Beeinflusst wird die Nachfrage nach Arbeit auch durch die Rahmenbedingungen der Sozialen Marktwirtschaft, wie die Lohnnebenkosten, arbeitsrechtliche Regelungen oder die betriebliche Mitbestimmung.
Etwas anders gelagert sind die Bestimmungsfaktoren der **staatlichen Nachfrage:** Die **öffentlichen Haushalte** entscheiden sich bisweilen ausdrücklich für eine **antizyklische Wirtschaftspolitik** und stellen in schwierigen Konjunkturphasen vermehrt ein. Auch wenn in den vergangenen Jahrzehnten ein immer größerer Anteil der Krankenhäuser privatisiert wurde, fungiert der Staat in diesem Bereich teilweise noch als Arbeitgeber. Gerade im Hinblick auf die demografische Entwicklung in Deutschland sowie die aktuellen Anforderungen der Corona-Pandemie könnte dies demnach ein Erklärungsansatz für vergleichsweise hohe Lohnzahlungen in der Pflege sein (vgl. M 1 a).
Ein weiterer Bestimmungsfaktor für die Höhe der Löhne in der Sozialen Marktwirtschaft ist die aufgrund von Art. 9 GG garantierte **Tarifautonomie:** Das Lohnniveau wird wesentlich von den **Tarifparteien**, d. h. Gewerkschaften und Arbeitgebervertretern, mitbestimmt. Hier fließen zentrale wirtschaftliche Parameter wie etwa die **Inflationsrate** ein. Zudem spielen **Produktivitätszuwächse**, die die Zahlungsfähigkeit der Arbeitgeber bestimmen, eine entscheidende Rolle. Naturgemäß können Arbeitsnehmer außerhalb der Industrie, wie beispielsweise Erzieher, dieses Argument nicht vorbringen, um höhere Löhne zu verhandeln (vgl. Kommentar von Nikolaus Piper, M 2 Z. 20–22). Sie bringen unter anderem **folgende Argumente** auf den Verhandlungstisch: Verantwortung im Beruf, Arbeitszeiten, physische und psychische Belastung, Qualifikation, Knappheit bzw. Nachfrage. Inwieweit die Ergebnisse den Marktverhältnissen von Angebot und Nachfrage entsprechen oder eher der jeweiligen **Verhandlungsmacht und Durchsetzungsfähigkeit** der Tarifpartner, ist nicht mit letzter Konsequenz zu klären. Das „zweite deutsche Wirtschaftswunder“, also der signifikante Abbau der Arbeitslosigkeit nach 2005, wird u. a. auf die Lohnzurückhaltung der Gewerkschaften in den Tarifverhandlungen zurückgeführt (vgl. M 2, Z. 30 f.).
Ein sehr direkter Bestimmungsfaktor der Löhne ist der **Mindestlohn:** Seit dem 01.01.2015 besteht sozusagen ein staatlich festgelegter Deckel nach unten. Der Mindestlohn, dessen Höhe regelmäßig durch die Mindestlohnkommission festgelegt und angepasst wird, schiebt insbesondere den unteren Bereich des gesamten Lohngefüges nach oben. Auch das **Lohnniveau in anderen EU-Arbeitsmärkten** kann seit der Einführung der Freizügigkeit der Arbeitskräfte innerhalb der EU Auswirkungen auf das Lohnniveau in Deutschland haben.

3. *Definieren Sie zunächst den in der Aufgabenstellung genannten Fachbegriff „Marktversagen".*
Die Lösung dieser Aufgabe basiert vollständig auf dem eigenen ökonomischen Können und Wissen – wie dies im Abitur in der Regel bei mindestens einer Aufgabe der Fall ist. Die erforderlichen Kenntnisse stammen aus dem Kapitel „Grundlagen der Ökonomie", Standard 5. Beim Operator „erörtern" müssen Sie unbedingt sowohl Pro- als auch Kontra-Argumente sammeln, gegenüberstellen und zu einem begründeten Fazit kommen.

In der Theorie der Marktwirtschaft führt das freie Spiel von Angebot und Nachfrage über den Preismechanismus zu den bestmöglichen Ergebnissen. **Marktversagen** liegt hingegen dann vor, wenn die Ergebnisse des Preismechanismus, d. h. des Aufeinandertreffens von Angebot und Nachfrage, zu gesellschaftlich bzw. volkswirtschaftlich unerwünschten Folgen führen bzw. die tatsächlichen Kosten nicht im Preis enthalten sind.
Gegen die Annahme eines Marktversagens auf dem Arbeitsmarkt für Krankenpflegekräfte können einige Argumente vorgebracht werden: Zunächst gibt es Zweifel daran, **ob auf diesem Markt tatsächlich von einem frei funktionierenden Preismechanismus ausgegangen werden kann**. So herrscht auf Arbeitsmärkten eine besondere staatliche Regulierungsdichte (z. B. Kündigungsschutz). Die Tarifverhandlungen haben entscheidenden Einfluss auf das Lohnniveau und damit auf die Preisbildung. Auf Arbeitsmärkten bieten nicht zuletzt Menschen ihr Können, ihre Zeit und ihre Energie gegen Entlohnung an.
Die überdurchschnittlichen Löhne im Pflegebereich (vgl. M 1 a) in Reaktion auf den steigenden Bedarf sowie die immerhin wachsende Zahl an Arbeitskräften im Krankenpflegebereich (M 1 b) deuten gleichzeitig durchaus darauf hin, dass der **Preismechanismus nicht völlig ausgesetzt** ist. Auch die **Abwanderungsbewegungen** von Pflegekräften hin zu anderen, attraktiveren (z. B. aufgrund ihrer Arbeitszeiten) Arbeitsmärkten können als Hinweis auf funktionierende Marktkräfte gedeutet werden.
Für die Annahme eines Marktversagens auf dem Arbeitsmarkt für Krankenpflegekräfte sprechen ganz vordergründig die Fakten: Auf diesem nicht etwa planwirtschaftlich regulierten Markt herrscht ein **beachtlicher und zunehmender Mangel an Arbeitskräften**. Die Nachfrage übertrifft das Angebot in wachsendem Maße. Und es kommt trotz hoher gesellschaftlicher Bedeutung der Branche nicht zu einem Gleichgewicht bzw. Ausgleich zwischen Angebot und Nachfrage. Im Modell müsste der Preis so lange steigen, bis Angebot und Nachfrage stärker im Gleichgewicht sind.
Unwillkürlich fragt man sich, wo der **Wettbewerb der Nachfrager**, also der Arbeitgeber, um die Arbeitskräfte bleibt: Dieser könnte beispielsweise darin bestehen, dass attraktivere Konditionen geboten würden, da die Arbeitnehmer unter (zu) hohen Belastungen leiden. Diese Beobachtungen legen den Verdacht eines „Nachfragekartells" nahe: Das würde bedeuten, dass Pflegekräfte aufgrund – auch unausgesprochener – Übereinkünfte vonseiten der Kliniken und Ärzte nicht eingestellt werden bzw. nirgends bessere Konditionen erhalten. Dabei dürfte es

eine Rolle spielen, dass es neben öffentlichen Krankenhäusern auch viele gibt, die in privater oder kirchlicher Trägerschaft liegen.
Insgesamt scheinen die **Hinweise auf ein Marktversagen** zu **überwiegen**. Obwohl beispielsweise über das Lohnniveau gewisse Anreize vorliegen, durch welche das Fachkräftedefizit reduziert werden könnte, spitzt sich der Mangel an Pflegekräften eher zu. Die Allokationsfunktion des Preises greift offenbar auf diesem Markt nur schwach.

4. *Bei dieser Aufgabe müssen Sie zunächst drei wirtschaftspolitische Maßnahmen finden, die dazu beitragen können, den Pflegenotstand zu mildern. Auch hier hilft Ihnen als Ausgangspunkt für die Lösung das 3-Dimensionen-Modell: Wenn Sie das Problem des Pflegenotstands sowohl aus systemischer als auch aus je individueller Ebene von Haushalten bzw. Unternehmen/Arbeitgebern und im Wechselspiel der verschiedenen Dimensionen betrachten, verleiht das Ihren Überlegungen und Ihrer Lösung die ökonomische Tiefe.*
Am besten, Sie beginnen mit Maßnahmen, die sich aus M 3 herausarbeiten lassen und ergänzen Ihre Bewertung durch selbst überlegte Maßnahmen. Diese sollten in ihrer Wirkung vorgestellt und entwickelt werden. Für die Abi-Vorbereitung ist es unbedingt ratsam, ein ganzes „Arsenal" an grundsätzlichen wirtschaftspolitischen Instrumenten parat zu haben (Ver-/Gebot; Anreize z. B. über finanzielle Vor-/Nachteile; Überzeugung/Kampagne usw.). Vergessen Sie nicht, die Maßnahmen zu bewerten und die angewandten Wertmaßstäbe ausdrücklich zu nennen.

Im Artikel M 3, der am 10.12.2021 im SPIEGEL veröffentlicht wurde, wird vor allem der Vorschlag von Bayerns Ministerpräsident Markus Söder thematisiert. Dieser fordert u. a. eine **Gehaltsverdoppelung für Intensivpflegekräfte** (vgl. M 3, Z. 1 ff.). Eine bessere Bezahlung soll durch eine Gesetzesinitiative auf den Weg gebracht werden. Wie genau das aussehen soll, wird nicht beschrieben. Denkbar wäre eine deutliche Erhöhung des Mindestlohns für Fachpflegekräfte bzw. eine Lohnfestlegung für die im öffentlichen Dienst beschäftigten Krankenpfleger.
Diese Maßnahme könnte durchaus ein starker, **effektiver** Anreiz sein, sich für die Krankenpflege zu entscheiden. Nicht zuletzt könnten dadurch auch Arbeitskräfte aus dem EU Ausland angeworben werden (diese stellen bereits ca. 10 % der Hilfskräfte im Pflegebereich). Bereits in wenigen Jahren, also nach Ende der erforderlichen Ausbildung für diese Berufe, könnte somit eine spürbare Entlastung auf diesem Arbeitsmarkt erreicht werden.
Allerdings müssen diese erhöhten bzw. gar verdoppelten Löhne auch bezahlt werden. Dafür kommen entweder Steuergelder infrage, die dazu erhöht oder von anderen Budgets der öffentlichen Haushalte abgezogen werden müssten. Oder aber die Sozialversicherungsbeiträge für die Krankenversicherung müssten weiter angehoben werden. Beides sind Maßnahmen, die die internationale **Wettbewerbsfähigkeit** der deutschen Volkswirtschaft negativ beeinflussen. In privatisierten Krankenhäusern würden die Betreiber ebenfalls versuchen, die

gestiegenen Kosten durch höhere Einnahmen zu kompensieren. Ein größerer Anteil an privat gezahlten Leistungen kann hier beispielsweise ein angestrebtes Ziel sein. In jedem Fall wäre bei diesem Weg eine erhöhte Regulierung des Arbeitsmarktes die Folge und der wirtschaftliche **Anreiz für Neueinstellungen würde tendenziell sinken**.

Im Text wird zudem die Möglichkeit angedeutet, **attraktivere Arbeitsbedingungen** zu schaffen (vgl. M 3, Z. 8 f.). Darunter wären insbesondere kürzere und/oder verlässlichere, stetigere Arbeitszeiten zu zählen. Auch hier sind gesetzliche Regelungen denkbar. Welche Rolle dabei die Tarifparteien spielen könnten, bleibt unklar (Frage der **Legitimität**).

Auch bei diesen Maßnahmen stellt sich allerdings die Frage der **Finanzierung**. Kürzere Arbeitszeiten bei gleichem Lohn bedeuten naturgemäß höhere Kosten für die privaten und öffentlichen Arbeitgeber. Vorstellbar wäre allerdings auch eine deutliche Erhöhung des Personalschlüssels an den Kliniken bei geringerer Bezahlung. Sogar in diesem Fall könnte die Zufriedenheit der Mitarbeiter steigen, da die Situation als **gerechter** empfunden würde. Der Preismechanismus bliebe bei dieser Regelung intakt **(Marktkonformität)**.

Einen ganz anderen Weg schlägt folgende wirtschaftspolitische Maßnahme ein: Da die Nachfrage nach Pflegeleistungen das Angebot deutlich übersteigt, könnte man statt an einer Angebotssteigerung auch an einer **Nachfragesenkung** ansetzen. Diese könnte z. B. so aussehen, dass die **von den Kassen bezahlten Leistungen im Krankenhaus reduziert würden**. Dieser Vorschlag verspricht **Kostenneutralität** für die öffentlichen Kassen und Sozialversicherungssysteme. Er ist zudem vollständig **marktkonform**, da der Preismechanismus nicht einmal tangiert wird. Da die Nachfrage nach Leistungen vermutlich stark sinken würden, wenn die Patienten die Kosten teilweise selbst tragen müssen, könnten mit einer solchen Maßnahme nachhaltige Effekte erzielt werden. Allerdings gibt es aus menschlicher Sicht große Einwände: Es ist zu befürchten, dass finanzschwächere Glieder der Gesellschaft auf möglicherweise wichtige Leistungen des Gesundheitssystems verzichten müssten – damit stellt sich die Frage der **Gerechtigkeit bzw. Solidarität** dieses Vorschlags.

Abschließend kann festgehalten werden, dass wohl nur strukturelle Veränderungen **nachhaltig** Erfolg versprechend sind. Insbesondere dürften Verbesserungen der in M 1d beklagten Arbeitsbedingungen, und dabei vor allem der Arbeitszeiten, eine Trendwende in der Pflegebranche bringen. Bei kürzeren, flexibleren und gleichzeitig planbareren Arbeitszeiten, die leichter mit einem Familienleben vereinbar wären, dürften sich deutlich mehr Menschen für einen derartigen Beruf entscheiden. Leichter umsetzbar, allerdings **sozial deutlich weniger attraktiv** wäre eine an **Effizienz ausgerichtete** Kürzung der Krankenhaus- (und Versicherungs-)leistungen. Ein solcher Schritt wäre zweifellos **ökonomisch attraktiv** für Kassen und Unternehmen, könnte aber erhebliche **Qualitätseinbußen** im Gesundheitswesen nach sich ziehen.

Wirtschaft (Baden-Württemberg)
Übungsaufgabe 4: Grundlagen der Ökonomie und BWL

Hinweis: In der folgenden Aufgabe stehen reale Unternehmensdaten und -informationen im Fokus. Dabei muss immer darauf geachtet werden, dass gerade Aussagen von Unternehmensinhabern/-mitarbeitern stark subjektiv sind. Im Folgenden soll keinerlei Werbung für ein bestimmtes Unternehmen gemacht werden, sondern es steht die Analyse authentischer Daten im Vordergrund.

Unternehmen der Outdoor-Branche – Gewinner des gesellschaftlichen Wandels?

Eine große Herausforderung für Unternehmerinnen und Unternehmer besteht darin, ihre Geschäftsmodelle an sich wandelnde Präferenzen der Kunden und an neue gesellschaftliche Trends anzupassen. Der Spagat zwischen möglicherweise bewährten Geschäftspraktiken und sich ändernden Ansprüchen der Stakeholder eines Unternehmens kann schmerzhaft sein. Einer überzeugenden und tragfähigen Strategie, mit der dem Wandel begegnet wird, kommt deshalb eine besondere Bedeutung zu.

Aufgaben:

1. Analysieren Sie anhand von M 2a bis M 2d den Markt für Outdoor-Artikel. — 12 VP

2. Charakterisieren Sie die strategischen Entscheidungen Antje von Dewitz' in ihrem Unternehmen (M 3). — 16 VP

3. „Es ist natürlich teurer, weil ich all das an Kosten übernehme, was andere Unternehmen einfach externalisieren.“ (M 3, Z. 72 f.)

   Erklären Sie mithilfe eines Preis-Mengen-Diagramms die Wirkung externer Effekte. — 12 VP

4. „Bei Vaude kann ich mehr bewirken als in einer NGO.“ (M 3, Z. 29)

   Bewerten Sie die Aussage Antje von Dewitz'. — 20 VP

60 VP

M 1 Grundgesetz

M 2a Die Outdoor-Branche in der Corona-Pandemie

Aussagen der Unternehmen (168 Unternehmen im Frühjahr 2020)	Anteil der Befragten (in Prozent)
Mussten Mitarbeiter in Kurzarbeit schicken.	55 %
Mussten Mitarbeiter entlassen.	28 %
Mussten das Angebot zeitweise (nahezu) komplett einstellen.	57 %
Hatten keinen Rückgang zu verzeichnen.	3 %
Haben Soforthilfe beantragt.	72 %
Sind äußerst besorgt um den Fortbestand des Unternehmens.	33 %
Fühlen sich von Politik und Behörden gut informiert.	25 %

Manuel Sand und Sven Groß: Corona-Pandemie trifft die Outdoor-Branche besonders hart – Studie der HS Harz und der HS für angewandtes Management, Allgemeine Auswirkungen der Krise, Wissenschaft-Thurm/Clevere Aussichten vom 25.06.2020, https://wissenschafts-thurm.de/corona-pandemie-trifft-die-outdoorbranche-besonders-hart-studie-der-hs-harz-und-der-hs-fuer-angewandtes-management/

M 2b Ranking ausgewählter Outdoorhersteller nach Umsatz im Jahr 2020

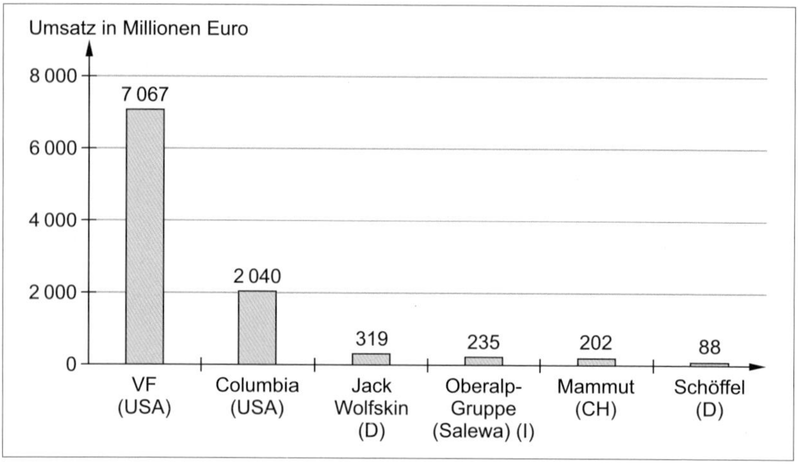

© Statista 2022

M 2 c Sport- und Outdoormarkt – online

Matthias Janson: Der Sport- und Outdoor-Markt wächst online kontinuierlich, CC BY-ND 4.0, https://de.statista.com/infografik/12141/online-umsatz-outdoor-und-sport/

M 2 d YouGov-Umfrage im Auftrag des Outdoor-Spezialisten Schöffel (2021)

Der stationäre Handel wird für viele Kunden beim Kauf von Outdoor-Produkten auch künftig eine zentrale Rolle spielen. Das geht aus einer repräsentativen Umfrage des Outdoor-Spezialisten Schöffel mit dem Marktforschungsinstitut YouGov hervor. Befragt wurden rund 2 000 Personen, die Outdoor-Aktivitäten ausüben.

40 % der Befragten gaben an, nach dem Ende der Pandemie eher stationär einkaufen zu wollen, weitere 31 % wollen on- und offline shoppen. 18 % bevorzugen eher den Online-Handel, 11 % machten keine Angaben.

Als Vorteile des Shoppings vor Ort nannten 75 % die Möglichkeit, die Outdoor-Produkte anprobieren zu können. 51 % schätzen die Beratung durch Fachkräfte, 43 % das leichtere Vergleichen und Auswählen im Geschäft und 38 % das „schönere Einkaufserlebnis“. Als wichtigste Stärken der Online-Bestellung wurden der geringere Stresslevel (52 %), die Unkompliziertheit des Einkaufens und die größere Auswahl des Angebots (jeweils 49 %) genannt.

Mara Javorovic: Outdoor-Kunden wollen auch in Zukunft stationär einkaufen, Textilwirtschaft vom 23.04.2021, https://www.textilwirtschaft.de/business/sports/repraesentative-yougov-umfrage-von-schoeffel-outdoor-kunden-wollen-auch-in-zukunft-stationaer-einkaufen-230426

M 3 Wolfgang Hirn: Die Verwandlung des Outdoor-Profis Vaude

Kürzlich war sie eine Woche in den Dolomiten wandern. Zu Hause im schwäbischen Allgäu – den nahen Bodensee vor Augen – kann sie keine Gipfel stürmen, aber auch dort verlässt sie öfter ihren alten Bauernhof, um zu Fuß oder per Rad die sanfte Hügellandschaft zu erkunden. Im Winter schnallt sie dort auch die Skier unter. So macht sie auch Werbung in eigener Sache, denn natürlich trägt Antje von Dewitz (49) immer die passende Funktionskleidung von Vaude.

Kaum jemand verkörpert die Zielgruppe ihrer Firma besser als die Mitinhaberin und Geschäftsführerin des Outdoor-Bekleidungsherstellers Vaude in Obereisenbach bei Tettnang. Sie sagt: „Ich bin ein Outdoor-Mensch." Sie ist freilich viel mehr als nur das Model ihrer eigenen Produkte. Sie will mit ihrer Kleidung, den Rucksäcken, den Schuhen und Taschen auch eine Idee verkaufen: Dass nachhaltiges Wirtschaften in unserem System möglich ist, dass Ökonomie und Ökologie keine Gegensätze sind und sich in einem Unternehmen durchaus vereinen lassen. Sie war dabei dem Zeitgeist immer ein paar Jahre voraus. Homeoffice, Klimaneutralität und Nachhaltigkeit – die aktuellen Schlagworte hat sie beherzigt, seit sie 2009 das elterliche Unternehmen übernahm.

Es war für sie kein geradliniger Weg an die Spitze. Antje von Dewitz studierte in Passau Wirtschafts- und Kulturraumstudien. Danach schaute sie sich unter anderem in der NGO-Szene um. Das elterliche Unternehmen betrachtete sie zunächst aus kritischer Distanz: „Betriebswirte waren für mich die Nerds mit Aktenkoffern, und was mein Vater als Unternehmer genau da machte, das war für mich wenig greifbar."

Ihr Vater Albrecht von Dewitz hatte Vaude 1974 gegründet. Zuvor war er Geschäftsführer bei einem Sporthändler und zudem bergsportbegeistert, so kombinierte er in Form seines Unternehmens Beruf und Hobby. Die Tochter beobachtete ihn zunächst von der Seitenlinie. Erst ein Praktikum bei Vaude öffnete ihr die Augen: „Bei Vaude kann ich mehr bewirken als in einer NGO." Die mittlere von drei Töchtern stieg 2005 endgültig ins väterliche Unternehmen ein. Erst leitete sie dort die Öffentlichkeitsarbeit, dann das Marketing. Vier Jahre arbeitete sie eng mit ihrem Vater zusammen, dann übergab er 2009 an sie.

Mit der Tochter kam der Kulturwandel, für manche war es auch ein Kulturschock. Nachhaltigkeit war von da an nicht mehr nur ein Nice-to-have, sondern wurde zur Unternehmensstrategie erklärt. Sie, die zuvor noch ihren Doktor am Lehrstuhl für Entrepreneurship an der Universität Stuttgart-Hohenheim gemacht hatte, krempelte deshalb fast alles um: Forschung und Entwicklung, Produktion, Vertrieb – die gesamte Wertschöpfungskette.

Von Dewitz wollte faire Arbeitsbedingungen in den asiatischen Fabriken, aber auch eine ausgeglichenere Work-Life-Balance für die Beschäftigten in der Hauptverwaltung. „Ich möchte nicht, dass bis spätabends gearbeitet wird", verkündete sie zu Beginn ihrer Amtszeit. Deshalb verschwand die vierfache Mutter selbst öfter früher. Schon zeitig führte sie flexible Arbeitszeitmodelle ein, ein eigener Kindergarten wurde etabliert. Die Folgen: 60 Prozent der heute 530 Mitarbeiter und Mitarbeiterinnen sind inzwischen weiblich, 43 Prozent der Führungskräfte Frauen.

Antje von Dewitz führt auch anders als ihr Vater, nämlich partizipativer. Sie erinnert sich: „In der Übergangsphase war es häufig so, dass Mitarbeiter oder Führungskräfte kamen und gesagt haben, Antje, entscheid mal." Aber Antje hat nicht entschieden, Antje hat delegiert. „Eine Kultur der Mitverantwortung" nennt sie das und konzediert: „Das war schon ein schwieriger und auch ein sehr langwieriger Weg. In der ersten Zeit haben die Entscheidungen auch länger gebraucht, weil der Prozess erst einmal eingeübt werden musste."

Gedauert hat auch die Umstellung des Produktionsprozesses. Rund 50 Produktionspartner hat Vaude – vor allem in China, Südkorea, Taiwan und Vietnam. Vier von fünf Produkten werden in Asien gefertigt. Sie selbst ist einmal im Jahr auf Asien-Tour. Die Inspektionen machen aber Teams vor Ort. Alle Fabriken müssen von der unabhängigen Organisation Fair Wear auditiert und zertifiziert werden. Vaude schreibt den Produzenten zudem auch vor, welche Materialien sie zu verwenden haben. Denn auch diese sollen zertifiziert sein, damit die gesamte Lieferkette nachhaltig ist. Damit die asiatischen Partner Philosophie und Wünsche von Vaude besser verstehen, werden sie einmal im Jahr nach Obereisenbach eingeladen. Außerdem sind sie in Onlinechatgruppen miteinander vernetzt, um dort ihre Erfahrungen auszutauschen und voneinander in Sachen Nachhaltigkeit und Sozialstandards zu lernen.

Seit einem halben Jahr kann auch der Kunde nachvollziehen, wo Vaude welchen Artikel unter welchen Bedingungen produziert. Auf der Homepage kann man beim jeweiligen Produkt „Wo hergestellt?" anklicken und erfährt in Wort und Bild Näheres über die Fabrik vor Ort.

All dies kostet Geld. Nachhaltigkeit gibt es nicht zum Nulltarif. Antje von Dewitz sagt: „Es ist natürlich teurer, weil ich all das an Kosten übernehme, was andere Unternehmen einfach externalisieren." Am Anfang habe Vaude die Mehrkosten – zum Beispiel für eine umweltfreundliche Produktion – komplett allein schultern müssen. Inzwischen sei es besser, weil sich auch die Produzenten beteiligen.

Damit Unternehmen wie Vaude, die sich um Nachhaltigkeit bemühen, nicht gegenüber Wettbewerbern benachteiligt werden, hat sich Antje von Dewitz stark für das jüngst verabschiedete Lieferkettengesetz[1] eingesetzt, inklusive gemeinsamer Auftritte mit Gerd Müller, Bundesminister für wirtschaftliche Zusammenarbeit und Entwicklung.

Vaude nimmt aber nicht nur die Produzenten in die Pflicht, sozial und ökologisch zu wirtschaften. Auch in der gläsernen Zentrale in Obereisenbach sollen die Entwickler und Entwicklerinnen nachhaltig denken und forschen. „Nachhaltigkeit ist für uns über die Jahre zu einem ganz wesentlichen Innovationstreiber geworden", sagt Antje von Dewitz.

Ein achtköpfiges Innovationsteam – darunter Experten für Biokunststoffe und Naturfasern – sucht ständig nach Ersatzlösungen für umweltschädliche Materialien. Ergebnisse sind zum Beispiel Fleecejacken aus Holzfasern oder Funktionshosen aus Altreifen.

Aber wollen die Kunden überhaupt solche Produkte, honorieren sie diese Bemühungen? „Am Anfang haben sich nur wenige Kunden für Nachhaltigkeit interessiert", sagt von Dewitz über ihre ersten Jahre als Vaude-Chefin. Heute wird den Menschen immer mehr bewusst, dass ihre Kaufentscheidungen auch darüber mitentscheiden, in welcher Welt wir leben. Sie weiß natürlich, dass sich ihre Bekleidung, Schuhe und Taschen nicht nur deshalb verkaufen, weil sie das Siegel der Nachhaltigkeit tragen. Sie müssen auch funktional sein und gut aussehen.

Offensichtlich ist dem Unternehmen aus Oberschwaben der Mix aus schick und öko ganz gut gelungen. Im Wettbewerb mit Deuter, Jack Wolfskin, Mammut, Patagonia und Schöffel kann sich Vaude gut behaupten. 2020 wurde ein Umsatz von rund 110 Millionen Euro erzielt. Für dieses Jahr wird ein Umsatzplus von 13 oder 14 Prozent erwartet. Rund 60 Prozent des Umsatzes wird noch in Deutschland erzielt, aber nun will von Dewitz die Internationalisierung vorantreiben.

Unter deutschen Händlern hat Vaude eine gute Position. „Wir hatten – gerade auch in den Krisenzeiten von Corona – so gut wie keine Stornos, was sicher mit unserer Kultur zu tun hat", sagt von Dewitz, die auf eine gute Partnerschaft setzt. Das war nicht immer so. Sie erinnert sich noch an ihre ersten Jahre bei Vaude: „Da hörte ich vom Handel oft: Nett, was ihr da macht. Aber euch muss bewusst sein, es fragt kein Kunde danach." Das habe sich dann aber im Laufe der Jahre geändert. Antje von Dewitz: „Wenn Leute in den Laden kommen, Fragen haben und Ansprüche stellen, möchte ich die als guter Händler ja beantworten können." […]

Wolfgang Hirn, manager-magazin.de, 04.12.2021, https://www.manager-magazin.de/unternehmen/die-entrepreneure-des-jahres-vaude-outdoor-ausruestung-a-6f17eb36-29cf-4f39-badd-2202c7093959

Anmerkung

1 Das im Juli 2022 verabschiedete Lieferkettengesetz soll die internationale Menschenrechtslage verbessern, indem es Anforderungen an ein verantwortliches Management von Lieferketten für Unternehmen festlegt.

Lösungsvorschlag

1. *Die Materialien M 2 a bis d zu analysieren, erfordert hier, diese systematisch zu untersuchen und auszuwerten. Beachten Sie die formalen Regeln der Materialarbeit. Das heißt, Sie müssen die zu verwendenden Materialien zunächst kurz vorstellen sowie den Inhalt möglichst in einem Satz auf den Punkt bringen.*

   Der Markt für Outdoor-Artikel wird anhand von vier Materialien analysiert, die unterschiedliche Aspekte des Marktsegments widerspiegeln.
   Material 2 a stellt in tabellarischer Form die Antworten auf eine **Umfrage unter 168 Unternehmen der Outdoor-Branche** während der Corona-Pandemie im Frühjahr 2020 zusammen und wurde auf der Homepage von Wissenschafts-Thurm im Juni 2020 veröffentlicht. Nur drei Prozent der Befragten hatten **keinen Rückgang** infolge der Pandemie zu verzeichnen, und lediglich ein Viertel der Unternehmen fühlte sich **von Politik und Behörden gut informiert**. Ansonsten überwiegen Einschränkungen der Geschäftstätigkeit: Fast drei Viertel der Unternehmen hat **Soforthilfen** beantragt. Über die Hälfte der Befragten mussten ihr Angebot temporär fast vollständig einstellen (57 Prozent) bzw. Mitarbeiter in **Kurzarbeit** schicken (55 Prozent).
   In Form eines Säulendiagramms veranschaulicht Material 2 b das **Umsatz-Ranking ausgewählter Outdoorhersteller im Jahr 2020**. Das Diagramm stammt von Statista. Dominiert wird der Markt von zwei US-amerikanischen Anbietern – VF und Columbia –, wobei VF fast dreieinhalb Mal so viel umsetzt (gut sieben Milliarden Euro) wie die Nummer zwei. Mit deutlichem Abstand folgen die vier weiteren Unternehmen, die allesamt weniger als ein Sechstel des Umsatzes des Zweitplatzierten generieren und von denen zwei – Jack Wolfskin und Schöffel – in Deutschland angesiedelt sind.
   Material 2 c ist ebenfalls der Website von Statista entnommen und zeigt in Form eines Säulendiagramms den **Umsatz im deutschen Sport- und Outdoor-Markt im Segment E-Commerce**, und zwar in den Jahren von 2017 bis 2022. Es wird ein kontinuierliches jährliches Wachstum von 100 bis 200 Millionen Euro veranschlagt. Da es sich jedoch samt und sonders um **Prognosen** handelt, muss die Aussagekraft der Statistik hinter der von aktuellen Angaben zurückstehen.
   Besonders augenfällig wird dies bei Betrachtung von Material 2 d, das am 23. 04. 2021 auf der Homepage von Textilwirtschaft veröffentlicht wurde: In Textform werden die Werte einer **YouGov-Umfrage** unter 2 000 Personen referiert, „die Outdoor-Aktivitäten ausüben“ (M 2 d, Z. 4 f.). Die Kernaussage lautet, dass der stationäre Handel auch weiter „eine **zentrale Rolle**“ (Z. 2) für Konsumenten spielen wird, denn nur knapp ein Fünftel der Befragten präferiert den Online-Handel, während zwei Fünftel „eher stationär einkaufen“ (Z. 6 f.) wollen. Begründet wird diese Tendenz u. a. mit der Möglichkeit, Produkte anzuprobieren, und der Beratung im Laden (vgl. Z. 9 ff.). Menschen, die das Online-Shopping bevorzugen, argumentieren ihrerseits mit einem „geringere[n] Stresslevel“ (Z. 13) und einem unkomplizierten Kaufvorgang (vgl. Z. 13).

2. *Bei dieser Aufgabe müssen Sie anhand des Materials M 3 typische Merkmale der strategischen Entscheidungen Antje von Dewitz' in ihrem Unternehmen beschreiben. Um keine wichtigen Aspekte des Textes zu vergessen, macht es Sinn, diesen zunächst eingehend unter die Lupe zu nehmen und wichtige Aussagen bzw. Abschnitte, die sich auf die strategischen Entscheidungen beziehen, zu identifizieren. Am Ende soll es keine einfache Textzusammenfassung sein, sondern Sie sollen eine gezielte Auswahl und Akzentuierung vornehmen.*

Wolfgang Hirn beschreibt in seinem am 04. 12. 2021 auf der Homepage des Manager-Magazins erschienenen Unternehmensporträt „Die Verwandlung des Outdoor-Profis Vaude" (M 3) die **strategischen Entscheidungen**, die Antje von Dewitz als Mitinhaberin und Geschäftsführerin des Outdoor-Spezialisten Vaude getroffen hat. Um diese Entscheidungen präziser charakterisieren zu können, soll die sog. **Ansoff-Matrix** herangezogen werden. Diese Marktfeldstrategie geht davon aus, dass Unternehmen prinzipiell bestrebt sind, ihr **Wachstum** zu steigern. Da Vaude für das Jahr 2021 „ein Umsatzplus von 13 oder 14 Prozent erwartet" (Z. 103 f.) und von Dewitz seit ihrem Amtsantritt dem Unternehmen einen „Kulturwandel" (Z. 34) verordnet hatte, ist von einer auf einer grundlegenden Neuausrichtung basierenden **Wachstumsstrategie** auszugehen.

Aus der Matrix nach Ansoff erscheinen zwei der vier Komponenten besonders geeignet, um die Entscheidungen von Dewitz' zu charakterisieren, für die die **Ausrichtung am Ziel der Nachhaltigkeit** (vgl. Z. 35 f.) elementar war.

Erstens: **Produktentwicklung**. Mithilfe von **Produktinnovationen** soll das bestehende Sortiment erweitert werden. Antje von Dewitz hat zu diesem Zweck den Produktionsprozess verändert, um sicherzustellen, dass nur Materialien Verwendung finden, die dem Gebot der Nachhaltigkeit genügen (vgl. Z. 60 ff.). **Inspektionsteams** überprüfen vor Ort – achtzig Prozent der Produkte werden in Asien gefertigt – die **Zertifizierung** durch die Organisation Fair Wear (vgl. Z. 57 ff.). So soll gewährleistet werden, dass entlang der gesamten **Lieferkette** nachhaltig produziert wird. In der Unternehmenszentrale in Oberschwaben treffen sich einmal im Jahr die Geschäftspartner aus Asien, um mit der **Vaude-Philosophie** vertraut zu werden (vgl. Z. 62 ff.). Kundinnen und Kunden können diese Innovationen „in Sachen Nachhaltigkeit und Sozialstandards" (Z. 65 f.) online nachvollziehen. In diesem Sinne avancierte das Konzept der Nachhaltigkeit „zu einem ganz wesentlichen **Innovationstreiber**" (Z. 85 f.).

Zweitens: **Marktentwicklung**. Mit ihrer Hilfe sollen **neue Zielgruppen** für die Produkte eines Unternehmens erschlossen werden. Wolfgang Hirn attestiert von Dewitz viel Geschick bei dem Bemühen, ihre zentrale Idee zu verkaufen, nämlich, „dass Ökonomie und Ökologie keine Gegensätze sind" (Z. 13 f.), womit die Geschäftsführerin „dem **Zeitgeist** immer ein paar Jahre voraus" (Z. 15 f.) gewesen sei. Sie setzte erfolgreich auf einen Trend, demzufolge eine wachsende Zahl an Kunden in dem Bewusstsein handele, „dass ihre Kaufentscheidungen auch darüber mitentscheiden, in welcher Welt wir leben" (Z. 95 f.). Dieser Wandel im Konsumverhalten kam Vaude gelegen, denn das Unternehmen vermochte mit dem „**Mix aus schick und öko**" (Z. 99 f.) im Wettbewerb zu bestehen. Antje

von Dewitz ist es also gelungen, einen neuen Kundenstamm zu akquirieren, nämlich die Kunden, die sich beim Kauf über Nachhaltigkeit informieren und sich aufgrund dessen für Vaude entscheiden. In Zukunft möchte die Geschäftsführerin auch ausländische Märkte stärker ins Blickfeld rücken (vgl. Z. 104 f.).
Schließlich kann noch ein weiterer Aspekt, der bereits kurz angeklungen ist, zur Charakterisierung der Unternehmensstrategie von Dewitz' dienen: der **Marketing-Mix** und hierbei insbesondere die **Kommunikationspolitik**. Hirn hebt die ausgeprägte Fähigkeit der Geschäftsführerin hervor, ihr Nachhaltigkeitskonzept im Sinne einer **Corporate Identity** in die Öffentlichkeit zu tragen und beispielsweise durch entsprechende Freizeitaktivitäten, die im Zusammenhang mit den Produkten ihres Unternehmens stehen, „Werbung in eigener Sache" (Z. 5) zu machen. Sie repräsentiert die **Zielgruppe** von Vaude praktisch selbst. Dass von Dewitz nach dem Einstieg in das Unternehmen ihres Vaters zunächst die Öffentlichkeitsarbeit und dann das Marketing verantwortete (vgl. Z. 31), fügt sich ebenso nahtlos in dieses Bild eines auf Außenwirkung abzielenden Vorzeigeunternehmens wie der Anspruch der **partizipativen Führung** (vgl. Z. 48) in einer „gläsernen Zentrale" (Z. 83), in der „eine ausgeglichenere **Work-Life-Balance** für die Beschäftigten" (Z. 41) propagiert wird.
Resümierend lässt sich festhalten, dass die Unternehmensstrategie erfolgreich auf einen Aspekt des **gesellschaftlichen Wandels** reagiert, der sich in einem wachsenden Nachhaltigkeitsbewusstsein manifestiert. Indem gleichzeitig die **Unternehmenskultur** entlang der gesamten Wertschöpfungskette auf diesen Wandel abgestimmt wird, werden die angestoßenen Veränderungen im Bereich der Produkt- und Marktentwicklung glaubwürdig nach außen gespiegelt.

3. *Bei dieser Aufgabe müssen Sie die Wirkung externer Effekte zwingend mithilfe eines Preis-Mengen-Diagramms verständlich machen. Dazu ist es erforderlich, die zeichnerische Lösung um schriftliche Erläuterungen zu ergänzen. Achten Sie beim Preis-Mengen-Diagramm darauf, es vollständig zu beschriften und bei der Erläuterung auf diese Angaben Bezug zu nehmen.*

Allgemein spricht man von **externen Effekten**, wenn sich Handlungen eines Wirtschaftssubjekts auf den Nutzen oder die Produktion eines anderen Wirtschaftssubjekts, z. B. eines Unternehmens, auswirken. Von **negativen externen Effekten** bzw. Externalitäten spricht man, sofern die Auswirkungen ökonomischer Aktivitäten den Nutzen oder das Produktionsniveau anderer Wirtschaftssubjekte reduzieren. In den Preisen vieler Güter sind demnach nicht alle **tatsächlichen Kosten**, die der Gesellschaft z. B. durch Umweltverschmutzung oder exzessiven Ressourcenverbrauch entstehen, enthalten. Die **sozialen Kosten** sind also höher als die **privaten Kosten**, die z. B. eine Unternehmerin zu tragen hat.
Antje von Dewitz spielt mit ihrer Aussage auf diesen Sachverhalt an: Sie habe mit ihrem Unternehmen Mehrkosten, „zum Beispiel für eine umweltfreundliche Produktion" (M 3, Z. 74), übernommen bzw. **internalisiert**, während Wettbewerber diese Mehrkosten externalisierten und sich damit einen Preisvorteil verschafften.

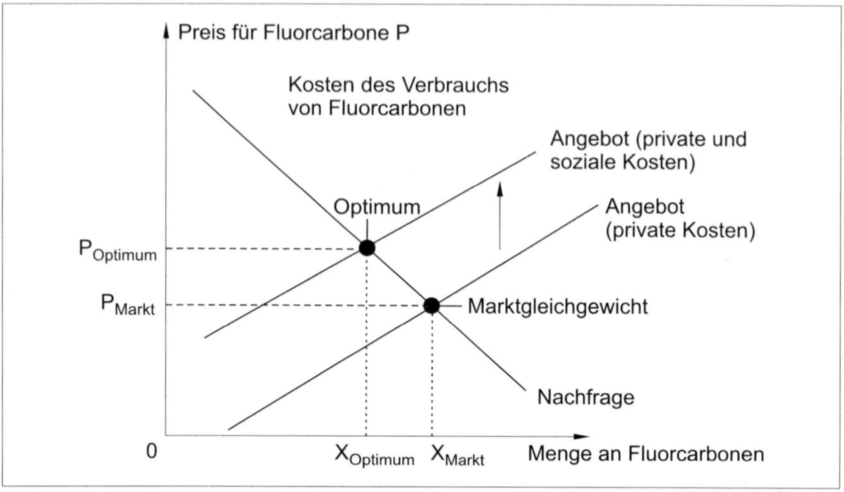

Anhand des **Preis-Mengen-Diagramms** lässt sich dies wie folgt erklären: Der **gesamtwirtschaftlich optimale Preis** für z. B. umweltschädliche Fluorcarbone ($P_{Optimum}$) liegt über dem Preis für Fluorcarbone im Gleichgewicht (P_{Markt}) und beinhaltet in monetarisierter Form die bei der Produktion sowie Verwendung von Fluorcarbonen anfallenden Umweltbelastungen. Die Kosten des umweltschädlichen Verbrauchs von Fluorcarbonen werden von der Allgemeinheit übernommen (soziale Kosten), das heißt, sie werden vom Unternehmen externalisiert, was ihm einen Wettbewerbsvorteil verschafft und somit zu einem **Marktversagen** führt, das Vaude nach Aussage von Antje von Dewitz selbst korrigiert hat.

4. *Die Aussage Antje von Dewitz' zu bewerten, verlangt hier, die Aussage zunächst kurz zu erläutern, anschließend zu beurteilen, um dann eine persönliche Stellungnahme abzugeben und dabei die eigenen Wertmaßstäbe offenzulegen. Nach dem neuen Lehrplan sollen Sie das Drei-Dimensionen-Modell berücksichtigen (vgl. Fazit).*

Antje von Dewitz begründet den Wechsel in das Unternehmen ihres Vaters folgendermaßen: „Bei Vaude kann ich mehr bewirken als in einer NGO.“ (M 3, Z. 29). Sie will damit zum Ausdruck bringen, dass ihr früheres Engagement für **Nichtregierungsorganisationen** (vgl. Z. 20 f.) nicht dieselbe positive Wirkung entfalte wie ihre Tätigkeit als Unternehmerin. NGOs verfolgen das Ziel, **unabhängig von der Beeinflussung durch Regierungen und nicht gewinnorientiert** wichtigen gesellschaftlichen Interessen wie z. B. dem Umweltschutz oder dem Kampf gegen Menschenrechtsverletzungen Gehör und Geltung zu verschaffen. Die Behauptung von Dewitz' soll im Folgenden anhand der **Kriterien Effektivität und Nachhaltigkeit** bewertet werden.
Als Mitinhaberin und Geschäftsführerin von Vaude besitzt von Dewitz die Möglichkeit, durch die spezifische Ausrichtung der Unternehmensstrategie das Verhal-

ten der Konsumentinnen und Konsumenten in eine gewisse Richtung zu steuern. Sie wird damit **wirksam** sein, sofern ihr Geschäftsmodell den **Kundenwünschen** bzw. **gesellschaftlichen Trends** entspricht, was laut M 3 der Fall ist. Das von ihr selbst forcierte **Image der „Macherin"** scheint hilfreich dabei zu sein, für ihr Unternehmen genügend Aufmerksamkeit zu erregen, um dem Modell eines Brückenschlags zwischen Ökonomie und Ökologie eine gewisse mediale **Breitenwirksamkeit** zu garantieren, auf welche im Übrigen auch NGOs für den Erfolg ihres jeweiligen Anliegens angewiesen sind.
An **Grenzen** stößt der Anspruch von Dewitz', mehr zu bewirken als Nichtregierungsorganisationen, möglicherweise dann, wenn man die Reichweite der gewählten Kommunikations- und Handlungsstrategie vergleicht. **Global tätige NGOs** wie Greenpeace oder der WWF besitzen einen erheblichen Einfluss auf die öffentliche Wahrnehmung der von ihnen problematisierten Missstände und gelten längst als akzeptierte Ansprechpartner zahlreicher Regierungen bzw. internationaler Organisationen. Der unternehmerische Erfolg von Vaude kann nicht darüber hinwegtäuschen, dass der Aktionsradius mit Blick auf das **ökonomische System** insgesamt überschaubar bleibt.
Nimmt man hingegen eine **mikroökonomische Perspektive** ein und schaut auf die Art und Weise, wie bei Vaude **Produktionsfaktoren** koordiniert werden, kann man anhand des Kriteriums der Nachhaltigkeit von Dewitz' Behauptung noch differenzierter bewerten. Die **drei Dimensionen der Nachhaltigkeit** – Ökologie, Ökonomie und Soziales – finden in der Unternehmensstrategie von Vaude Berücksichtigung. Die **ökologische Komponente** bildet gewissermaßen das Fundament der Strategie, die von Dewitz mit ihrem Eintritt ins Unternehmen allmählich verwirklicht hat. Die Berücksichtigung nachhaltiger Faktoren entlang der gesamten Lieferkette und die Internalisierung sozialer Kosten, die damit nicht auf die Allgemeinheit abgewälzt werden, untermauern den Anspruch, im Kleinen in die Tat umzusetzen, was NGOs aufgrund ihrer Tätigkeit als Warner und Mahner lediglich fordern können.
Als Unternehmerin muss Antje von Dewitz stets den **geschäftlichen Erfolg** und damit die **ökonomische Nachhaltigkeit** ihres Konzepts im Visier haben. Kühne Visionen allein genügen nicht, um eine umweltfreundlichere Produktion und einen nachhaltigen Konsum zu ermöglichen. Das Unterfangen konnte nur gelingen, weil es einem **gesellschaftlichen Trend** nachspürte und obendrein die Kundinnen und Kunden von Vaude offenbar bereit sind, tiefer in die Tasche zu greifen. Damit werden allerdings auch die **Grenzen** des Anspruchs markiert, denn viele Verbraucher sind nach wie vor nicht bereit oder in der Lage, einen Nachhaltigkeitsaufschlag für Produkte und Dienstleistungen zu bezahlen und so die **Vermeidung umweltschädigender Herstellungs- und Distributionsprozesse** zu begünstigen.
Auch die **soziale Dimension der Nachhaltigkeit** findet bei Vaude Berücksichtigung. Die Betonung der Work-Life-Balance und der hohe Anteil von Frauen in der Führungsetage des Unternehmens (vgl. M 3, Z. 41 ff.) veranschaulichen das Bemühen von Dewitz', auch in diesem Bereich bei Vaude einen **Kulturwandel** ins Werk zu setzen, der aufgrund der medialen Begleitung möglicherweise Nachahmer inspiriert. Indem der Outdoor-Spezialist aus Oberschwaben auch die Be-

lange seiner asiatischen Geschäftspartner berücksichtigt und zudem das **Lieferkettengesetz** der damaligen Bundesregierung unterstützte, wird ein globaler Anspruch sichtbar, wirksam nachhaltig zu wirtschaften.

Nutzt man zur **abschließenden Bewertung** der Aussage das **Drei-Dimensionen-Modell**, so lässt sich folgendes Fazit formulieren: Mit Blick auf die individuelle Dimension und die Dimension wirtschaftlicher Beziehungen kann die Geschäftsführerin von Vaude glaubhaft für sich in Anspruch nehmen, die verschiedenen **Aspekte nachhaltigen Wirtschaftens** in die Realität umzusetzen. Nichtregierungsorganisationen hingegen können dies – mitunter durchaus erfolgreich, z. B. durch massenmedial aufbereitete Kampagnen – zwar fordern, für die Verwirklichung sind sie allerdings nicht zuletzt auf Unternehmen angewiesen, die sich dieser Form des **Strukturwandels** stellen und so z. B. **Marktversagen** korrigieren. Freilich hat die **Wirksamkeit** der unternehmerischen Tätigkeit mit Blick auf die **Wirtschaftsordnung** auf nationaler und internationaler Ebene selbst angesichts eines stattlichen Umsatzes von etwa 110 Millionen Euro Grenzen. Dies ist v. a. der Fall, wenn man die Reorganisation der Wirtschaft im Sinne nachhaltiger Anstrengungen als globale Aufgabe begreift.

Wirtschaft (Baden-Württemberg)
Übungsaufgabe 5: Grundlagen der Ökonomie und BWL

Hinweis: In der folgenden Aufgabe stehen reale Unternehmensdaten und -informationen im Fokus. Dabei muss immer darauf geachtet werden, dass gerade Aussagen von Unternehmensinhabern/-mitarbeitern stark subjektiv sind. Im Folgenden soll keinerlei Werbung für ein bestimmtes Unternehmen gemacht werden, sondern es steht die Analyse authentischer Daten im Vordergrund.

Erfolgsfaktoren und -möglichkeiten für Unternehmen des 21. Jahrhunderts
„Netflix & Chill" ist nicht nur ein bekannter Hip-Hop-Hit, sondern fester Bestandteil der Jugendsprache geworden. Seit Jahren bestimmen Streaming-Giganten wie der Konzern aus Kalifornien zunehmend unsere Freizeitgestaltung bis hin zu den Sehgewohnheiten.
Bei diesem außergewöhnlichen Erfolg der Streaming-Unternehmen stellt sich die Frage nach den Ursachen, Wirkungen und Nebenwirkungen.

Aufgaben:

1. Netflix konnte laut M 2, Z. 3 f. „gleich zweimal die Preise erhöhen und trotzdem die Nutzerzahlen signifikant erhöhen".
   Erläutern Sie ausgehend von diesem Zitat die Preiselastizität der Nachfrage. — 14 VP

2. Erklären Sie anhand von M 1 und M 2 zwei wesentliche unternehmerische Entscheidungen von Netflix. — 12 VP

3. Netflix schockiert Anleger: „Betriebs- und Reingewinn werden laut der Prognose des Managements zurückgehen" (M 2, Z. 10 f.). Beurteilen Sie ausgehend vom Beispiel Netflix weitere strategische Möglichkeiten von Unternehmen, ihren Gewinn zu steigern und sich am Markt zu behaupten. — 16 VP

4. Bewerten Sie anhand von M 3a bis M 3c die Entwicklung von Netflix aus der Sicht von zwei Stakeholder-Gruppen Ihrer Wahl. — 18 VP

60 VP

M 1 Traumarbeitgeber? Deshalb fühlen sich Mitarbeiter bei Netflix so wohl

Das US-Unternehmen Netflix hat schon so einige neue Trends gesetzt: Als einer der ersten Streaming-Dienste hat es dazu beigetragen, dass mehr Filme und Serien online gesehen werden als je zuvor. Hinzu kommen die Eigenproduktionen[1] wie die Serien „House of Cards“ oder „Orange is the new black“, gegen deren Beliebtheit viele TV-Produktionen nicht ankommen.

Doch auch in der eigenen Unternehmenskultur wartet Netflix mit neuen Ideen auf. So dürfen sich die etwa 2000 Mitarbeiter, die im Unternehmenshauptsitz im US-Bundesstaat Kalifornien arbeiten, so viel Urlaub nehmen, wie sie wollen.

Außerdem können die Angestellten selbst über Reisekosten sowie Budget-Planungen entscheiden. Wie das US-Magazin Forbes berichtet, geht es der Geschäftsführung dabei vor allem um die Freiheit und die Eigenverantwortlichkeit ihrer Mitarbeiter.

[…]

Allerdings ist das offene Management auch an Regeln geknüpft. So sollen trotz der flexiblen Urlaubsregelung Mitarbeiter aus dem Controlling immer zu den Quartalsabschlüssen da sein. Hinzu kommt, dass Netflix sehr hohe Erwartungen an seine Angestellten hat. Das Unternehmen macht keinen Hehl daraus, dass es ausdrücklich nach „exzellenten“ Leuten sucht.

Was die mitbringen müssen, erklärt Geschäftsführer Reed Hastings in einer Unternehmens-Präsentation: Dort werden Selbstdisziplin und Führungsverhalten genau so genannt wie die Anforderung, dass die Person den Müll aufhebt, der auf dem Boden liegt – was im metaphorischen Sinne wohl so viel bedeutet wie: Jeder muss eigenverantwortlich arbeiten und sich auch der Dinge annehmen, die andere eventuell liegen lassen. „Wir wollen Mitarbeiter-Freiheiten erhöhen, anstatt sie einzugrenzen, damit wir innovativen Menschen weiterhin etwas bieten können, um bessere Chancen auf nachhaltigen Erfolg zu haben“, heißt es dort.

So steckt hinter der […] Unternehmenskultur weniger die Überzeugung, dass Menschen mehr Urlaub bräuchten, als vielmehr ein rein wirtschaftliches Interesse.

Deshalb schreckt Hastings auch nicht vor sehr deutlichen Aussagen zurück: „Deine wirtschaftliche Sicherheit basiert auf deinen Fähigkeiten und deiner Reputation“, erklärt er in der Präsentation. Der 56-Jährige will, dass seine Mitarbeiter sich darüber im Klaren sind, dass sie Leistung bringen müssen, um ihren gut bezahlten Job bei Netflix zu behalten.

Die Ansprüche des Unternehmens schlagen sich natürlich schon im Einstellungs-Verfahren nieder. Die Vorstellungsgespräche bei Netflix sind gefürchtet, dort sollen die Personaler die Bewerber angeblich mit schweren Fragen aus der Bahn werfen – wenn sie überhaupt erst eingeladen werden. So wurde ein Bewerber mit der Frage danach überrascht, was sein Plan für die nächsten 90 Tage wäre, wenn Netflix ihn anstellen würde. Ein Software-

Entwickler musste beantworten, wen aus seinem alten Team er behalten würde und wen er feuern würde – und warum.
[…]
Doch trotz der hohen Ansprüche scheinen viele der Mitarbeiter sehr zufrieden zu sein, wie eine Umfrage auf dem Firmen-Bewertungsportal „glassdoor“ zeigt. Dort geben 87 Prozent der über 600 Bewerter an, dass sie den Geschäftsführer befürworten. Und mehr als jeder Zweite würde das Unternehmen an einen Freund empfehlen.
[…]

Christina Scholten/KSTA (Kölner Stadt-Anzeiger vom 19.09.2016)

Anmerkung
1 Netflix verdiente sein Geld zunächst damit, DVDs zu verschicken, setzte dann sehr früh auf Streaming, bot eigene Inhalte an und produzierte diese schließlich auch selbst.

M 2 Streaming-Anbieter Netflix schockiert Anleger mit düsteren Geschäftsprognosen

In der Corona-Pandemie gehörte Netflix bislang zu den Krisengewinnern. Der Zulauf war so groß, dass der Streaming-Marktführer in den USA und Kanada seit dem Ausbruch der Pandemie gleich zweimal die Preise erhöhen und trotzdem die Nutzerzahlen signifikant erhöhen konnte. Doch nun zeichnet sich ab, dass sich Netflix von seinen paradiesischen Zuwachsraten aus den Lockdown-Zeiten verabschieden muss. Am Donnerstag nach US-Börsenschluss erschreckte der Unterhaltungskonzern seine Investoren mit einem düsteren Ausblick. Für das laufende Quartal erwartet Netflix lediglich 2,5 Millionen neue Kunden. Damit blieb das Unternehmen deutlich unter den Prognosen der Analysten. Auch andere Zahlen bereiten den Investoren Kopfschmerzen. […] Betriebs- und Reingewinn werden laut der Prognose des Managements zurückgehen. Die Aktie stürzte nachbörslich zeitweise um rund 20 Prozent ab. Im letzten Quartal 2021 legte die weltweite Anzahl der Abonnenten dank Streaming-Hits wie „Squid Game“ noch um 8,3 Millionen auf insgesamt knapp 222 Millionen zu. Das eigene Ziel von 8,5 Millionen Neukunden wurde damit aber knapp verfehlt.
Finanziell lief es zuletzt rund: Im Schlussquartal stieg der Umsatz im Vergleich zum Vorjahreswert um 16 Prozent auf 7,7 Milliarden Dollar. Der Gewinn wuchs um rund 12 Prozent auf 607 Millionen Dollar (537 Mio. Euro).
Netflix hatte vor allem zu Beginn der Pandemie einen regelrechten Kundenansturm erlebt, doch das Wachstum flaut schon länger ab. Der Streaming-Riese kämpft mit starker Konkurrenz – Rivalen wie Disney+, Hulu und HBO Max rüsten auf, zudem sind neue Anbieter wie Peacock und Paramount+ hinzugekommen. Im Quartalsbericht räumte Netflix ein, dass sich der Wettbewerb intensiviert habe, da Entertainment-Konzerne weltweit ihre eigenen Streaming-Services entwickelten. Die stärkere Konkurrenz sorgt zum einen dafür, dass das eigene Kundenwachstum Grenzen bekommt. Viele Familien können sich nicht mehrere Streamingdienste parallel leisten, sondern müssen sich bei-

spielsweise zwischen Disney+ und Netflix entscheiden. In manchen Regionen wie Lateinamerika ist die allgemeine Wirtschaftslage so angespannt, dass sich viele Verbraucher dort gar keine Streaming-Abos mehr leisten können. Schlecht entwickeln sich auch die Kosten. Die Netflix-Wettbewerber buhlen mit dem Marktführer auch um frische Inhalte, was die Preise für Drehbücher und Produktionen in die Höhe treibt. Netflix fällt es zunehmend schwerer, das hohe Tempo bei der Vorstellung neuer Serien und Spielfilme aufrecht zu erhalten. [...]

Experten werfen schon länger die Frage auf, ob das Streaming-Geschäft auf eine Übersättigung zusteuert. Netflix setzt wegen der verhaltenen Wachstumsaussichten in etablierten Märkten wie Nordamerika stark auf seine internationale Expansion. Besonderen Erfolg hatten zuletzt etwa Produktionen aus Südkorea wie „Squid Game". Am Freitag wurde bekannt, dass der Serien-Hit eine zweite Staffel bekommen wird. „Das Universum von ‚Squid Game' hat gerade erst begonnen", wurde Ted Sarandos, Co-CEO von Netflix, vom Magazin „Deadline" zitiert. Die umstrittene Thrillerserie wurde in den ersten vier Wochen nach dem Start im vergangenen Herbst in 142 Millionen Haushalten angesehen. Asien und Europa waren 2021 mit je über sieben Millionen neuen Nutzern die wichtigsten Märkte für Netflix. In den USA und Kanada kam nur gut eine Million an neuen Kunden hinzu. [...]

Streaming-Anbieter Netflix schockiert Anleger mit düsteren Geschäftsprognosen; Von Hannes Breustedt und Christoph Dernbach vom 21.01.2022 © dpa Deutsche Presse-Agentur GmbH; erschienen in: Die ZEIT

M 3 a Unternehmensentwicklung Netflix 2009 bis 2021

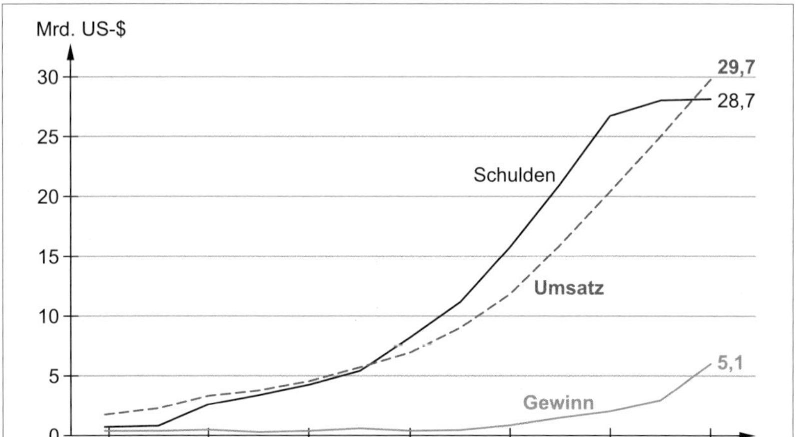

eigene Darstellung nach finanzen.net

M 3 b Netflix: Bilanz

(in Mio. US-$ bzw. %)	2015	2016	2017	2018	2019	2020	2021
Gesamtverbindlichkeiten	7.979,00	10.907,00	15.431,00	20.736,00	26.394,00	28.215,00	28.735,00
Eigenkapital	2.223,00	2.680,00	3.582,00	5.239,00	7.582,00	11.065,00	15.849,00
Veränderung Eigenkapital in %	19,69	20,53	33,67	46,25	44,73	45,94	43,23
Bilanzsumme	10.203,00	13.587,00	19.013,00	25.974,00	33.976,00	39.280,00	44.585,00
Veränderung Bilanzsumme in %	44,59	33,16	39,94	36,62	30,80	15,61	13,50

	2015	2016	2017	2018	2019	2020	2021
Anzahl der Mitarbeiter	3.700	4.700	5.500	7.100	8.600	9.400	11.300

eigene Darstellung nach finanzen.net

M 3 c Netflix: Aktienkurs

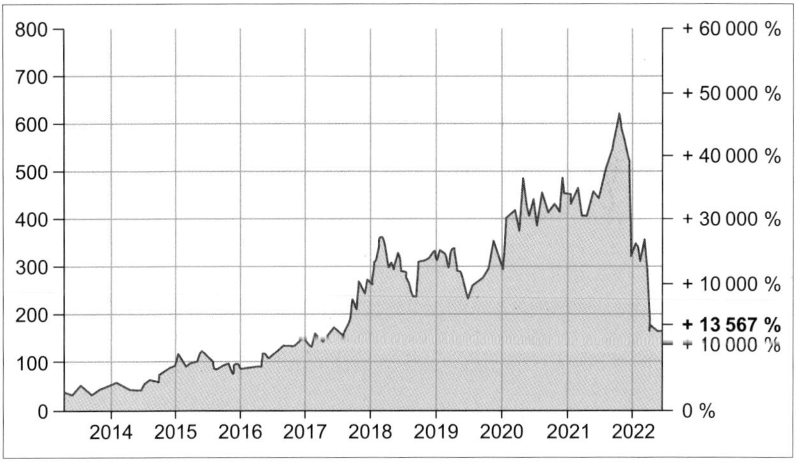

eigene Darstellung nach finanzen.net

Lösungsvorschlag

1. *Hier sollen Sie die Preiselastizität der Nachfrage definieren und deren Bedeutung erläutern, d. h. anschaulich und mit Beispielen, etwa ausgehend von der in M 2 vorliegenden Situation, erklären. Dabei ist nicht zuletzt auf die Folgen preispolitischer Entscheidungen einzugehen. Grundlegend sind bei dieser Aufgabe vor allem eigene Kenntnisse ökonomischer Wirkungszusammenhänge.*

Die Preiselastizität der Nachfrage bestimmt sich als Quotient aus prozentualer Änderung der Nachfragemenge und prozentualer Änderung des Preises. Die Formel wird folgendermaßen dargestellt:

$$El_N = \left| \frac{\text{prozentuale Änderung der Nachfragemenge}}{\text{prozentuale Preisänderung}} \right|$$

$$= \left| \frac{\frac{\Delta N \cdot 100}{N}}{\frac{\Delta p \cdot 100}{p}} \right|$$

Es geht also um die Frage, inwiefern eine Preisänderung die Nachfrage so beeinflusst, dass sich ein Mehr oder Weniger an Umsatz bzw. schließlich an Gewinn ergibt. Im dargestellten Fall sorgte u. a. die Corona-Situation dafür, dass Kunden auf Netflix auch bei signifikanter Preiserhöhung nicht verzichten zu können glaubten.

Grundsätzlich müssen Unternehmen preispolitisch immer wieder abwägen, inwieweit eine **Preisveränderung** zu einer **Umsatzeinbuße** oder einer **Umsatzerhöhung** führt. Um den Gewinn zu maximieren, versuchen Unternehmen häufig, die Preise so weit zu erhöhen, dass die Kunden gerade nicht abspringen. Allerdings ist es schwierig, dies zuverlässig vorherzusagen. Zum einen spielt es eine Rolle, ob es sich um ein Elementargut handelt, d. h. ein Gut, das für die elementaren Bedürfnisse des Lebens wichtig ist bzw. auf das **nicht so einfach verzichtet** werden kann. Ein Beispiel wären Gebühren für die Müllbeseitigung, hier reagiert die Nachfragemenge nicht auf die Preisänderung. In einem solchen Fall spricht man von einer **starren Nachfrage**. Im oben genannten Beispiel erscheint es zwar so, als reagierten die Kunden nicht negativ auf die Preiserhöhungen. Allerdings ist Netflix objektiv betrachtet natürlich kein Gut, auf das nicht verzichtet werden kann. Vielmehr hat die Corona-Situation dazu beigetragen, dass die Kunden keinesfalls verzichten **wollten**. Im Gegenteil: Es kamen immer mehr dazu.

Weitere typische Fälle im Bereich der Preiselastizität sind die **relativ unelastische Nachfrage** und die **relativ elastische**. Bei Ersterer reagiert die Nachfrage unterproportional auf Preisänderungen, sodass z. B. eine Preiserhöhung von 20 % nur einen Nachfragerückgang von 10 % verursacht. Beim zweiten Fall, der relativ elastischen Nachfrage, ist die Reaktion überproportional: Hier verursacht z. B. eine Preiserhöhung von 10 % einen Nachfragerückgang von 15 %. Ein bekanntes

Beispiel ist das von Bionade im Jahr 2008, als bei einer Preiserhöhung von 59 Cent auf 79 Cent der Absatz von 200 Mio. Flaschen pro Jahr auf 160 Mio. Flaschen einbrach.
Des Weiteren hat es einen Einfluss, ob das Gut **substituierbar** ist, d. h. von gleichwertigen Gütern ersetzt werden kann. Nachdem es zu Netflix einige Konkurrenzangebote gibt, muss davon ausgegangen werden, dass die Kunden substituieren könnten. Und schließlich muss betrachtet werden, inwieweit es dem Unternehmen etwa durch **brillantes Marketing** gelungen ist, das Gut als **unersetzlich** und elementar für die Kunden darzustellen.

2. *Aus den beiden Materialien M 1 und M 2 müssen hier zwei wesentliche unternehmerische Entscheidungen zunächst herausgearbeitet werden und dann in einem zweiten Schritt aus eigenem ökonomischem Durchblick erklärt werden; d. h., die (Hinter-)Gründe und die beabsichtigten bzw. tatsächlichen Folgen dieser Entscheidungen sind darzustellen. (Vgl. Standard 9: „Wechselwirkungen von Unternehmenskultur (zum Beispiel Werte, Normen, Rituale) und Mitarbeiterzufriedenheit darstellen".) Im Anschluss an die beiden ausgewählten Entscheidungen der Beispiellösung ist die Make-or-Buy-Entscheidung ausgearbeitet. Auch auf diese könnten Sie in Ihrer Lösung eingehen.*

In M 1, einem Bericht des Kölner Stadt-Anzeigers, wird insbesondere die Bedeutung der **Unternehmenskultur** für den Erfolg betont.
In der Selbstdarstellung von Netflix wird höchst prominent die Entscheidung für eine bestimmte, äußerst markante Unternehmenskultur hervorgehoben, die den Mitarbeitern enorme und erstaunliche **Freiheiten** lässt (vgl. M 1, Z. 25 ff.). So entscheiden sie in der Regel selbst, wann und wie lange sie Urlaub nehmen (vgl. M 1 Z. 8 f.), welche Budgets sie für Projekte einsetzen u. Ä. (vgl. M 1, Z. 10 f.). Mit diesen Rahmenbedingungen will Netflix Anreize für Kreativität schaffen und Innovationen fördern (vgl. M 1, Z. 25 ff.). Insgesamt möchte das Unternehmen mit seiner Kultur natürlich den **wirtschaftlichen Erfolg** steigern (vgl. M 1, Z. 30 f.). Dies ist nicht zuletzt deswegen so wichtig, weil die Konkurrenz auf dem Markt zunimmt (vgl. M 2, Z. 21 ff.). Neben den vielen Freiheiten ist die Unternehmenskultur auf der anderen Seite stark auf die Leistungsbereitschaft der Mitarbeiter ausgerichtet. Es wird klar geäußert, dass die Mitarbeiter „Leistung bringen müssen, um ihren gut bezahlten Job bei Netflix zu behalten" (M 1, Z. 35 f.). Dieser Leistungsdruck wird allerdings von sehr vielen angenommen (vgl. M 1, Z. 47 ff.).
In M 2, einem Artikel der ZEIT vom 21.1.2022, wird die Strategie von Netflix angesprochen, gezielt neue, d. h. **internationale (außeramerikanische) Märkte zu erschließen** (vgl. M 2, Z. 38 ff.). Dies erfolgt u. a. dadurch, dass jeweils Produkte aus diesen Märkten lanciert werden: Im genannten Fall etwa die Erfolgsserie „Squid Game" aus Südkorea, die nicht nur zu einer Steigerung der Bezahl-Abonnements führte, sondern Netflix gleichzeitig für den asiatischen Raum empfohlen hat (vgl. M 2, Z. 46 f.). Eine solche **Markterweiterung** verspricht höheren Umsatz über höhere Absatzzahlen und damit auch einen verbesserten **Skaleneffekt**.

Alternative unternehmerische Entscheidung „Make-or-Buy“:
Aufsehenerregend und folgenreich war die Entscheidung von Netflix, Filme und Serien nicht mehr nur exklusiv anzubieten, sondern diese sogar selbst zu produzieren – so beispielsweise die erfolgreiche Serie „House of Cards“ (vgl. M 1, Z. 3 ff.). Diese ***Make-or-Buy-Entscheidung*** *resultiert aus einer Abwägung von (Opportunitäts-)Kosten und dem Nutzen, ein Produkt selbst zu entwickeln und zu produzieren im Vergleich zu einer Lösung, bei der fertige Fremdprodukte gekauft und dann verliehen werden. Hierbei sind für die Erzeugerkosten u. a. die Stückzahlen relevant; ein häufiger Grund für eine „Buy“-Entscheidung ist, dass nur wenige Produkte benötigt werden – somit lohnt sich eine eigene Produktion nicht. Andererseits geht es um die für das Produkt benötigte Expertise: Wenn diese im eigenen Unternehmen in höherem Maß vorliegt als bei potenziellen Geschäftspartnern, liegt eine „Make“-Entscheidung nahe – so zu vermuten auch im Fall von Netflix, das als Streaminganbieter über die Konsumentengewohnheiten und -wünsche womöglich mehr weiß als klassische Filmproduktionsgesellschaften.*

3. *Bei dieser Aufgabe müssen Sie weitere, in Aufgabe 2 noch nicht abgearbeitete (hier bereits genannt: Mitarbeiterkultur, Markterweiterung) strategische Möglichkeiten beurteilen. Naheliegende Beurteilungskriterien sind z. B. Effektivität, Umsetzungsdauer bzw. -kosten, Stabilität, Nachhaltigkeit oder auch Freiheit bzw. Fairness. Zunächst allerdings ist „Gewinn“ zu definieren und allgemein einzuordnen.*

Unternehmen müssen rentabel sein, um bestehen zu können. Oftmals soll der **Gewinn gesteigert** werden, um z. B. Investoren, Anleger, Teilhaber, also die „**Shareholder**“, zufriedenzustellen.
Grundsätzlich berechnet sich der Gewinn als Differenz von Umsatz und Kosten (G = U – K). Der Umsatz wiederum wird als das Produkt von Preis und Menge dargestellt (U = p · M). Dies bedeutet, dass der Gewinn dadurch gesteigert werden kann, dass die Kosten gesenkt werden oder dass Preis und/oder Menge erhöht werden. Will ein Unternehmen wachsen, indem es den Absatz steigert, bietet sich eine Betrachtung der **Ansoff-Matrix** an: Neben einer höheren Durchdringung schon bestehender Märkte **(Marktdurchdringungsstrategie)** und einer Markterweiterung auf neue Märkte (**Marktentwicklungsstrategie**, vgl. Aufgabe 2) könnte das betreffende Unternehmen auch versuchen, andersartige Produkte auf bestehenden Märkten **(Produktentwicklungsstrategie)** oder auf ganz anderen Märkten **(Diversifikationsstrategie)** zu lancieren. Im Beispiel von Netflix kann das Unternehmen in die Produktion bzw. Promotion von „Reels“ einsteigen oder als Konkurrenz von TikTok in Asien agieren.
Die Absatzmenge zu steigern, ist grundsätzliche eine sehr **effektive Strategie**, die **nachhaltigen** Erfolg zeigen kann. Ist es Netflix beispielsweise erst einmal gelungen, andersartige Produkte zu etablieren, können diese immer weiterentwickelt werden und somit dazu beitragen, **stabiles Wachstum** zu generieren. In bestehenden Märkten mit bestehenden Produkten ist es oft schwieriger, dauerhaft

zu wachsen. Allerdings ist diese Strategie mit **hohen Kosten** für Entwicklung und Forschung verbunden.

Neben der Strategie, die Absatzmenge zu steigern, können auch **preispolitische Entscheidungen** zu einer Gewinnsteigerung führen. Ein Unternehmen kann beispielsweise mit einer **Hochpreisstrategie** versuchen, seinen Umsatz zu steigern. Im Zusammenhang mit dieser Strategie macht es Sinn, wenn auf die **Qualitätsführerschaft** hingearbeitet wird, um die Kunden weiterhin an das Produkt zu binden. Ziel ist es, durch geschicktes Marketing eine „starre" Nachfrage zu schaffen. Diese Strategie verspricht **schnellen Erfolg**, allerdings sind die **Risiken** oft kaum vorhersehbar; und es kann auch zu massiven Gewinneinbrüchen kommen, wenn die Kunden entgegen der Erwartung abspringen.

Als dritte Möglichkeit bleibt die **Senkung der Kosten** – beispielsweise über **Produktivitätssteigerungen**. In diesem Fall erzielt das Unternehmen bei gleichem oder geringerem Input (Materialkosten, Personalkosten) einen höheren oder gleichen Output. Wenn dies beispielsweise durch geringere Einkaufspreise angestrebt wird, etwa wenn Netflix versucht, die Preise für externe Filmproduktionen zu drücken, kann auch dieses Vorgehen nach relativ kurzer Zeit zu einer Gewinnsteigerung verhelfen. Allerdings macht sich das Unternehmen stark abhängig von externen Partnern, was auf Kosten der eigenen **Freiheit** gehen kann bzw. die Zusammenarbeit mit diesen Partnern belastet.

Zusammenfassend kann gesagt werden, dass die Senkung der Kosten über geringere Einkaufspreise und auch die Hochpreisstrategie zu **raschen Gewinnsteigerungen** führen können. Um **nachhaltigen** Erfolg zu haben, machen Strategien nach der Ansoff-Matrix allerdings mehr Sinn.

4. *Die Aufgabe erfordert zunächst eine gründliche Bearbeitung von M 3 a bis M 3 c, um die Entwicklung des Unternehmens Netflix präzise bestimmen und beschreiben zu können.*
Im Anschluss gilt es, unter Offenlegung von Wertmaßstäben wie Sicherheit, Freiheit, Nachhaltigkeit usw. diese Unternehmensentwicklung aus der Sicht von zwei relevanten Stakeholdern zu bewerten. Überlegen Sie sich vorab, welche verschiedenen Anspruchsgruppen es für das Unternehmen Netflix gibt.

Bei der Analyse der Zahlen fällt zunächst auf, dass das Unternehmen für lange Zeit **hoch und zunehmend verschuldet** war, obwohl es gleichzeitig ein **ansehnliches Umsatzwachstum** aufweisen konnte. Die Umsatzkurve verläuft geradezu ideal aus Sicht des Unternehmens in Form einer flachen Parabel. Allerdings nahm die **Verschuldung** immer rasanter zu, was erst 2019 erkennbar gestoppt wurde; aktuell scheint die Verschuldung zu stagnieren. Dies liegt einerseits an einem Ausbau des Eigenkapitals (inzwischen bei einer Quote von ca. 35 % im Vergleich zu ca. 20 % im Jahr 2015), andererseits daran, dass die Zunahme der Bilanzsumme seit 2020 erheblich gebremst wurde. Vor allem aber bleibt die Gewinnentwicklung lange erheblich hinter der Umsatzentwicklung zurück, d. h., das Unternehmen weist eine relativ **schlechte Umsatzrentabilität** auf. Erst seit 2016 /2017 und vermehrt seit 2020 verzeichnet Netflix **deutliche Gewinne** (vgl.

M 3 a und M 3 b). Die Analyse des **Aktienkurses** (vgl. M 3 c) macht deutlich, dass die Aktie über viele Jahre z. T. eine erhebliche Wertsteigerung erfuhr; allerdings ist in der jüngeren Vergangenheit ein sehr starker Rückgang zu verzeichnen und bisher keine Erholung in Sicht. Unbeirrt etwa von Gewinn- oder Aktienentwicklungen nahm die Zahl der Mitarbeiter im dargestellten Zeitraum stetig und deutlich zu.
Aus Sicht der **Investoren** war lange Zeit Geduld nötig. Diese hatte sich aber bei einer Investition in den frühen 2010er-Jahren gelohnt. Die Gewinne (vgl. M 3 a) und der Aktienkurs (vgl. M 3 c) sprachen ab ca. 2015 für sich. Es sah noch bis 2021 so aus, als könnte der positiven Entwicklung nichts im Wege stehen und die Investoren somit auf die **Nachhaltigkeit ihrer Investition** vertrauen. Seit 2022 erlebt diese Gruppe der Stakeholder allerdings einen starken Rückgang des Aktienkurses. Je nachdem, wie groß das **Vertrauen** der Investoren in die Marke und das Unternehmen Netflix ist bzw. wie sehr dessen Konkurrenz beeindruckt, werden sie die Chancen auf ein erneutes Wachstum unterschiedlich bewerten. Investoren, die nicht Shareholder des Unternehmens sind, sondern lediglich Kreditgeber, werden den herben Rückgang des Aktienkurses gelassen wahrnehmen. Ihre Aufmerksamkeit gilt lediglich einer grundsätzlichen **Stabilität und Nachhaltigkeit** des Unternehmens, was einen reibungslosen Zinsdienst und schließlich die Rückzahlung des Kredits erwarten lässt. Hier gibt die Entwicklung von Netflix eine recht beruhigende Aussicht.
Aus Sicht der **Mitarbeiter** ist der wirtschaftliche Erfolg des eigenen Unternehmens wichtig. Ein bestehender oder auch potenzieller neuer Mitarbeiter wird seinen Arbeitsplatz eher positiv bewerten, wenn das Unternehmen wirtschaftlich gut dasteht. Die bis 2021 **steigenden Gewinne** werden zu einer positiven Bewertung führen. Aus Mitarbeitersicht ist der Arbeitsplatz **sicher**. Auch ein Blick auf die **wachsenden Mitarbeiterzahlen** lässt vermuten, dass sich die Möglichkeiten der Mitarbeiter eher erweitern: Neue Stellen können möglicherweise Aufstiegschancen bzw. Gehaltserhöhungen und Möglichkeiten für Kreativität bedeuten. Gleichzeitig ist den Mitarbeitern die besondere Unternehmenskultur bekannt, bei welcher eine Kündigung verhältnismäßig schnell erfolgen kann – dies gefährdet das Gefühl von Sicherheit.

Alternative „Zulieferer“:
*Die sogenannten Zulieferer, bei Netflix konkret die Filmschaffenden, werden die enormen Möglichkeiten durch die hohe Investitionsbereitschaft vonseiten Netflix' (vgl. Schuldenentwicklung, M 3 a) positiv bewerten. Hier tun sich ganz neue Möglichkeiten auf, ein neuer Player als Abnehmer für Filmideen und Videoproduktionen hat sich am Markt etabliert. Gleichzeitig werden dadurch jedoch bisherige Vermarktungskanäle schöpferisch zerstört (z. B. Kino, TV usw.): Die zunehmende Abhängigkeit von den großen Streaming-Unternehmen wie Netflix, Amazon oder HBO oder Disney führen für Filmschaffende zu einer Einbuße von **Freiheit**.*

Prüfungsaufgaben

Schriftliche Abiturprüfung Wirtschaft (Baden-Württemberg) 2015

Passende Punkte des aktuellen Lehrplans:

- Grundlagen der Betriebswirtschaft: Die Schülerinnen und Schüler können…
  … Instrumente des Marketing-Mix erläutern sowie eine Marketingstrategie beurteilen
  … die ökonomische, soziale und ökologische Bedeutung und Verantwortung von Unternehmen für Volkswirtschaften darstellen

Mit Exklusivität zum Markterfolg?

Als die Marke Nespresso 1986 auf dem gesättigten Kaffeemarkt eingeführt wurde, fanden sich zunächst kaum Abnehmer für das Nespresso-System der Kaffeezubereitung. Das markeneigene System, Kaffeegetränke nicht auf der Grundlage offenen, sondern kapselversiegelten Kaffeepulvers zu brühen, wurde mittlerweile zur Erfolgsgeschichte. Dazu hat nicht zuletzt eine Marketingstrategie beigetragen, die auf Exklusivität setzt. Mit zunehmender Bekanntheit ist aber auch Kritik am Konzept der Marke laut geworden. Auf dem weltweiten Markt hat es das Unternehmen mit mehr als 50 Mitbewerbern zu tun. Neben Nespresso setzen auch Unternehmen in anderen Branchen auf Exklusivität.

Bei der Bearbeitung der folgenden Aufgaben sind geeignete Materialien in Abhängigkeit von der Aufgabenstellung einzubeziehen und zu belegen.

Aufgaben:

1. Analysieren Sie die Marktsituation von Kaffeekapseln im Kaffeemarkt. — 14 VP
2. Ordnen Sie Gründe für den Erfolg von Nespresso den Instrumenten des Marketing-Mix zu. — 16 VP
3. Kaffeekapsel-Unternehmen haben trotz intensiver Marketingmaßnahmen Imageprobleme im Hinblick auf die Nachhaltigkeit.
   Überprüfen Sie, inwieweit ein Kaffeekapsel-Unternehmen einen möglichen Zielkonflikt zwischen ökonomischen und ökologischen Zielen lösen kann. — 14 VP
4. „Die Exklusivität […] betrachten viele aber mittlerweile auch als Nachteil.“ (M 8, Z. 57 f.)
   Erörtern Sie Chancen und Grenzen von Marketingstrategien, die auf Exklusivität setzen. — 16 VP

60 VP

M 1 Glossar

Aus Kaffeepflanzen werden die Samen (Kaffeebohnen/-kirschen) gewonnen und geröstet.

Filterkaffee: gemahlene Kaffeebohnen, für normale Kaffeemaschinen geeignet

Pads: Einzelportionen von Kaffeepulver, die zwischen zwei Lagen Zellstoff komprimiert werden und für eine Tasse Kaffee ausreichen; spezielle Kaffeemaschinen sind erforderlich.

Löslicher Kaffee: = Instantkaffee; aus Kaffeebohnen in einem aufwändigen Verfahren hergestelltes Kaffeepulver, das mit Wasser aufgelöst wird

Kaffeekapseln: Einzelportionen von Kaffeepulver, die in verschlossenen Kapseln konserviert werden; spezielle Kaffeemaschinen sind erforderlich.

Vollautomat: komplexes Gerät, das verschiedene Kaffeevarianten vollautomatisch herstellt – aus Kaffeepulver oder ganzen Bohnen, die in der Maschine gemahlen werden

Röstkaffee: Überbegriff für Kaffee aus gerösteten ganzen und gemahlenen Kaffeebohnen

M 2a Kaffeeunternehmen

Globaler Umsatz im Einzelhandel 2012 (in Milliarden Euro)

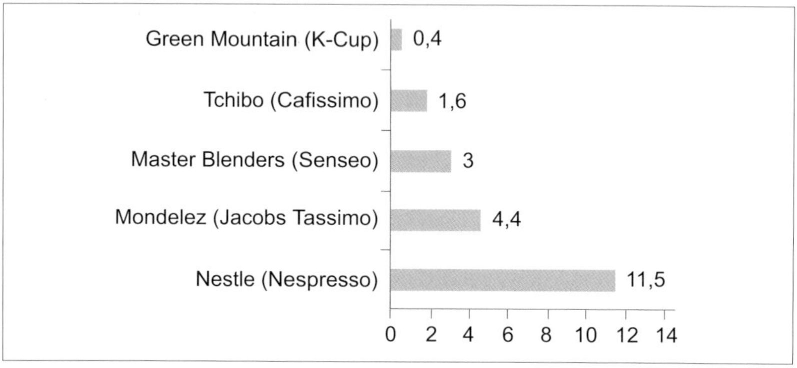

M 2 b **Kaffeeverbrauch** in Deutschland
Veränderung 2011 zu 2012 (in Tonnen)

	2011	**2012**
Filterkaffee	303 200	294 100
Ganze Bohnen	59 000	66 100
Pads	31 000	31 800
Löslicher Kaffee	12 700	12 800
Kapseln	8 600	10 000

M 2 c **Preis für 1 kg Kaffee in Deutschland** (2014)

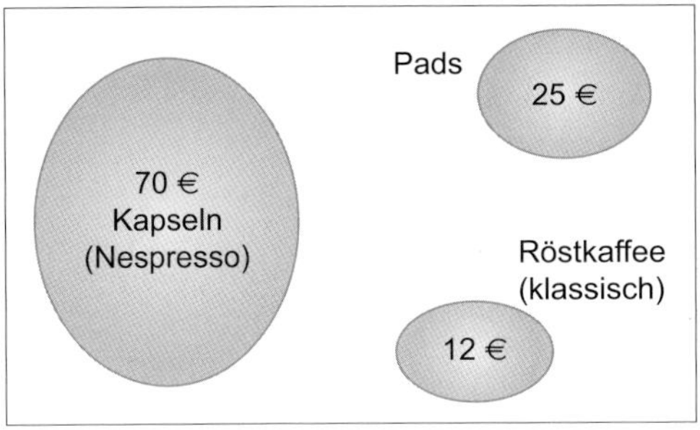

M 2a–c nach: Zusammenstellung nach Euromonitor und Deutscher Kaffeeverband, 23. 02. 2014

M 3 Veränderung des Absatzes von Kaffeekapseln im Kaffeemarkt

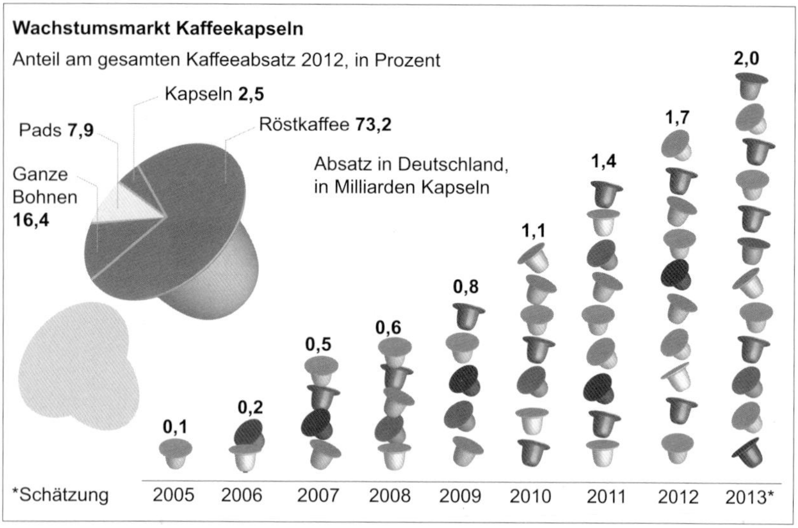

http://www.welt.de/wirtschaft/article122694149/Hersteller-ruesten-im-Kaffeekapsel-Krieg-auf.html, 08. 12. 2013. Datenquelle: Deutscher Kaffeeverband, entnommen 24. 09. 2014

M 4 Zubereitungsart nach Haushaltsnettoeinkommen (Auswahl)

Bevölkerung ab 14 Jahre in Deutschland, 2001, Angaben in Prozent

	Kaffeetrinker gesamt	Einzelportionstrinker (u. a. Kapseln)
Bis unter 500 €	0,8	0,7
500 bis unter 1 000 €	6,5	3,9
1 000 bis unter 1 500 €	14,1	10,3
1 500 bis unter 2 000 €	18,3	14,2
2 000 bis unter 2 500 €	17,2	16,5
2 500 bis unter 3 000 €	13,0	14,7
3 000 bis unter 3 500 €	10,2	13,3
3 500 bis unter 4 000 €	7,1	8,8
4 000 € und mehr	12,8	17,6

Nach: Kaffee in Zahlen No. 2, Brand Eins Wissen, 2013

Lesehilfe: z. B. 18,3 % aller Kaffeetrinker verfügen über ein Haushaltseinkommen von 1 500 bis unter 2 000 €

M 5a Zubereitungsart Kaffeekapsel nach Geschlecht der Konsumenten (in Prozent)

Männer:

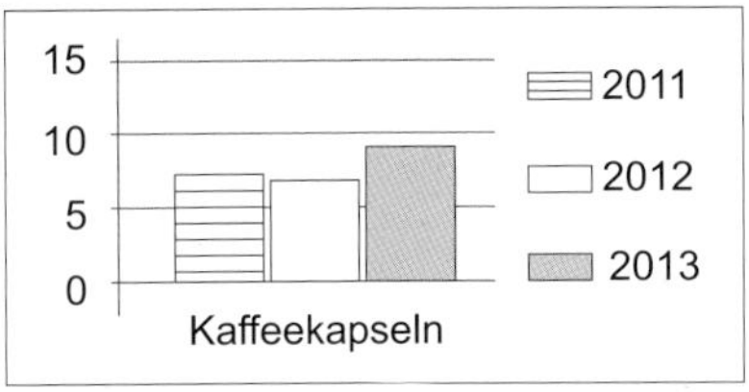

Frauen:

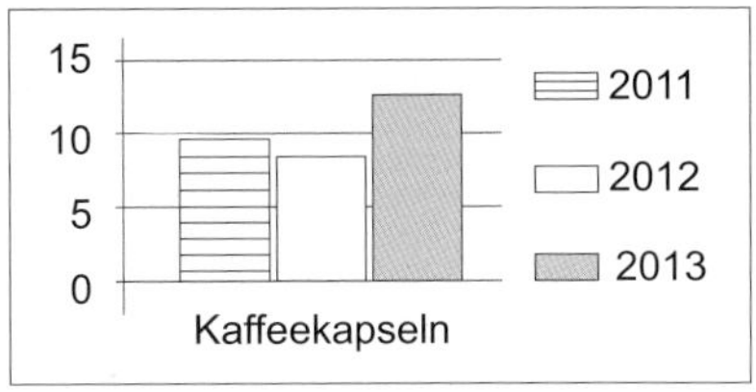

M 5b Zubereitungsart Kaffeekapsel nach Alter der Konsumenten (in Prozent)

	2011	**2012**	**2013**
18–35 Jahre	10	11	14
36–45 Jahre	8	8	12
46+ Jahre	6	4	6

M 5 a und b nach: Aral-Studie, Trends beim Kaffee-Genuss, 2013

M 6 Nespressowerbung
(hier: Hollywood-Schauspieler George Clooney)

picture alliance/ The Advertising Archives

M 7 Umsatz von Nespresso in den Jahren 2000 bis 2012 (in Mrd. Euro)

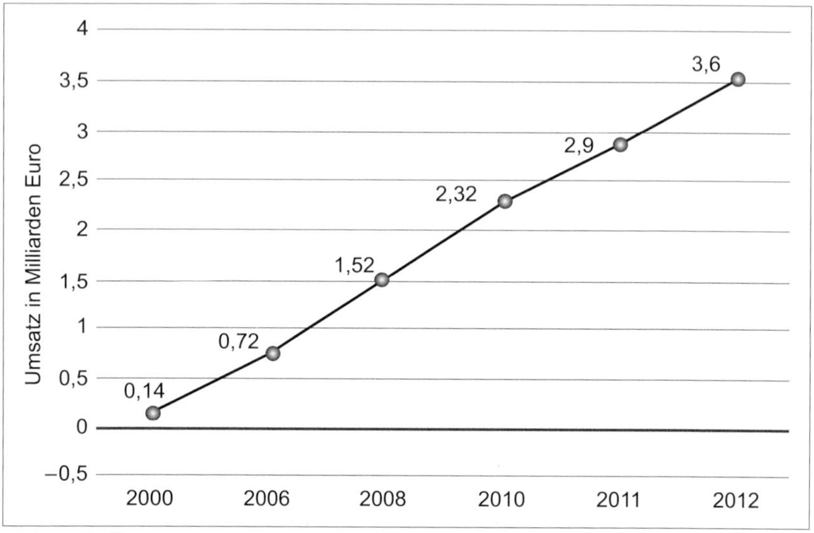

eigene Darstellung, Daten nach: Euromonitor

M 8 Dennis Kremer: Der Kaffeekapsel-Wahnsinn

Die Deutschen lieben den Kaffee aus der Kapsel: Zwei Milliarden Döschen verbrauchen sie pro Jahr. [...] Wie aber ist es gelungen, die Welt für diese neue Art des Kaffeetrinkens zu begeistern, was steckt hinter der Begeisterung? Gerade die Deutschen waren zwar schon immer eifrige Kaffeetrinker, auf gut 150 Liter kommt jeder Bundesbürger im Durchschnitt pro Jahr. Aber erst seit dem Aufkommen der Kapseln geben die Deutschen viel mehr Geld für Kaffee aus als in den Jahren zuvor.

Um das zu verstehen, muss man einen Mann fragen, der von Anfang an dabei war: Chahan Yeretzian hat zunächst in Diensten von Nestlé die ersten Kapselsysteme technisch weiterentwickelt, heute unterrichtet der Schweizer an der Zürcher Hochschule für Angewandte Wissenschaften – als Professor für Kaffeeforschung, ein ziemlich außergewöhnlicher Lehrstuhl. Zur Erklärung für den Siegeszug der Kapseln genügen ihm zwei Worte: Einfachheit und Individualisierung. Was ist damit gemeint? Einfach sind die Kapselautomaten aus folgendem Grund: Jeder kann sie mit Leichtigkeit bedienen und muss dazu rein gar nichts über Kaffee wissen. Nicht einmal um die richtige Dosierung muss man sich noch kümmern, die Kapselmaschine nimmt einem alles ab. Und was der Professor mit Individualisierung meint, wird beim Blick auf das Kapselprinzip klar: Aus jedem Döschen lässt sich exakt eine Tasse Kaffee gewinnen. Single-Portion heißt das im Marketing-Sprech – erst eine Tasse Espresso, dann eine Tasse Latte Macchiato, dann vielleicht gar eine Tasse seltenen äthiopischen Kaffees. Mit einer normalen Maschine wären solche Wechselspiele ein Ding der Unmöglichkeit. […]

Aber schmeckt der Kaffee auch? Die meisten Tester sind sich zumindest für Marken wie Nespresso, Jacobs, Tchibo und Senseo einig: aber ja. Kaffeeforscher Yeretzian kann solche individuellen Eindrücke mit wissenschaftlichen Fakten belegen. Die Kaffeekonzerne verwenden gerade für ihre Kapselsysteme oft hochwertigen Kaffee – schließlich verkaufen sie ihren Kunden einzelne Sorten längst mit ähnlichem Bohei wie ein Sommelier außergewöhnliche Weine. Nicht ohne Grund nennt Nestlé eine Auswahl seiner Kapseln in Anlehnung an edle Weine gar „Grands Crus“, auch die genaue Anbauregion findet Erwähnung. Der gute Geschmack hängt aber nach Auskunft des Wissenschaftlers vor allem mit der besseren Lagerung und Röstung des Kaffees zusammen. Hoher Genuss, modernste Technik: Am Boom der Kaffeekapseln, so scheint es, gibt es nichts auszusetzen. Tatsächlich aber besteht aus Kundensicht durchaus ein Problem – der hohe Preis. Es sind mitnichten die Kaffeemaschinen, die teuer sind: Sie kosten in aller Regel nicht mehr als 200 Euro. Nein, es sind die Kapseln, die richtig Geld kosten: Bei Nespresso beispielsweise sind dies 35 Cent je Kapsel, bei Tchibo 29 Cent und selbst bei Aldi immer noch rund 19 Cent. Hört sich gar nicht nach viel an, die Hochrechnung aber zeigt: Ein Pfund Kaffee in der klassischen Verpackung kostet in der Regel nicht mehr als sechs Euro, die gleiche Menge in Kaffeekapseln hingegen kann schnell fast sechs Mal so viel kosten.

Das ist der Grund dafür, weshalb es sich eigentlich kein Kaffeekonzern leisten kann, das Kapselgeschäft zu ignorieren: Die Gewinnmargen sind einfach gigantisch. Dies lockt selbst Billigsupermärkte wie beispielsweise Lidl an. Ihr Vorteil: Sie müssen mittlerweile nicht einmal mehr eigene Maschinen für Kaffeekapseln entwickeln. Nestlés Patentschutz auf das Nespresso-System ist unlängst abgelaufen, darum dürfen Lidl und andere nun Kapseln anbieten, die zu den Nespresso-Maschinen passen. Auf solche Attacken hat der Marktführer bislang noch keine passende Antwort gefunden – unlängst musste gar der Deutschland-Chef seinen Platz räumen.

Das zeigt, wie nervös die neuen Wettbewerber Nestlé trotz des jahrelangen Erfolges machen. Zumal auch das besondere Marketingkonzept des Konzerns längst nicht mehr so stark wirkt wie früher. Kapseln erhalten die Kunden nämlich nur in wenigen, eigenen Boutiquen oder als sogenannte „Nespresso-Clubmitglieder“ über das Internet. Die Exklusivität, die das suggerieren soll, betrachten viele aber mittlerweile auch als Nachteil. […]

Dennis Kremer, Der Kaffeekapsel-Wahnsinn, FAZ.NET vom 22. 02. 2014, Alle Rechte vorbehalten. Frankfurter Allgemeine Zeitung GmbH, Frankfurt. Zur Verfügung gestellt vom Frankfurter Allgemeine Archiv

M 9 Aus der Selbstdarstellung des Unternehmens Nespresso

Unsere Nachhaltigkeitsverpflichtung: Ausgehend vom Nachhaltigkeitsgrundsatz arbeitet Nestlé Nespresso eng mit seinen Partnern zusammen, um für alle Nespresso-Geschäftsprozesse, von der Kaffeekirsche bis zum Ergebnis in der Tasse, mehr Nachhaltigkeit zu gewährleisten. Mit seinem EcolaborationTM Programm fördert Nespresso Nachhaltigkeit entlang der gesamten Wertschöpfungskette. Das Unternehmen hat sich verpflichtet, Nachhaltigkeitsziele zu erreichen.

Höchste Kaffeequalität: Auswahl hochwertigster Kaffeebohnen aus den besten 1 bis 2 % des weltweiten Rohkaffees. Einzigartige Auswahl von 16 Grand Cru-Kaffees für den Genuss zu Hause und acht Kaffeevarietäten für den Außer-Haus-Bereich.

Unübertroffener persönlicher Service: Exklusive Boutiquen weltweit bieten individuellen Service und geben einen einzigartigen Einblick in die Nespresso-Markenwelt. Die umfangreiche Nespresso-Internetseite bietet rund um die Uhr Informationen und Bestellmöglichkeiten in mehr als 30 verschiedenen Sprachen. Bestellungen werden innerhalb von 2 Werktagen an Privathaushalte oder Unternehmen geliefert. Kundendienstzentren ermöglichen die Kontaktaufnahme mit Nespresso-Kaffee-Experten für persönliche Beratung.

Der Nespresso-Club: Die internationale Gemeinschaft der Nespresso-Clubmitglieder identifiziert sich mit der Marke und trägt diese Begeisterung weiter. Vorteile des Clubs: Persönliche Collections, vorrangige Information über die wichtigen Events (Eröffnung von Boutiquen, Verkaufsstart von Kaffees in limitierter Ausgabe, Neuheiten etc.), Reparaturservice für Maschinen, direkter Dialog mit unseren Kaffeespezialisten, Degustationslounge in den Boutiquen.

Zusammengestellt und verändert nach: www.nespresso.com, entnommen am 25. 09. 2014

M 10 Birger Nicolai: Wir produzieren 4 000 Tonnen Kaffee-Kapsel-Müll

[…] In Deutschland werden in diesem Jahr rund vier Millionen Kilogramm – also 4 000 Tonnen – Aluminium- und Plastikmüll aus rund zwei Milliarden Kaffeekapseln […] anfallen, die Nespresso, Tchibo, Mondelez und andere Kapselhersteller mindestens verkaufen werden. Als Durchschnittsgewicht sind dabei zwei Gramm je Kapsel zugrunde gelegt. […] Die Kaffeekonzerne nennen keine Zahlen zum Müll. Nach fundierten Branchenschätzungen hat allein […] Nespresso vergangenes Jahr weltweit mindestens acht Milliarden Kaffeekapseln verkauft. Das ergibt einen Aluminium-Berg von acht Millionen Kilogramm. „Uns stört vor allem der enorme Ressourcenverbrauch. Die Kritik betrifft den hohen Energiebedarf bei der Herstellung ebenso wie den geringen Grad des Recyclings“, sagte Günter Dehoust, Wissenschaftler beim Freiburger Öko-Institut, der „Welt“. Die Aluminiumproduktion benötigt extrem viel Energie. Zudem zweifelt der Umweltschutzingenieur die Angaben der Konzerne zu Recyclingquoten an. Wenn Nespresso von 70 Prozent und mehr spreche, sei

dies in keiner Weise nachvollziehbar. „Kaffeekapseln sind aus unserer Sicht nicht wünschenswert“, drückt sich Dehoust bewusst umsichtig aus. Immerhin stellt das Öko-Institut den Aluminiumkapseln noch ein besseres Zeugnis aus als den Plastikkapseln, die Tchibo oder Mondelez, der frühere Konzern Kraft Foods […], vertreiben. Das Tchibo-System Cafissimo oder das Mondelez-Modell Tassimo nutzen Kunststoffdöschen, die noch zusätzlich einen Deckel aus Aluminium verwenden. Das Produkt von Nespresso besteht dagegen nur aus diesem Material. „Sortenreinheit macht das Recycling einfacher als Mischformen“, sagt Dehoust. Um glaubwürdig zu sein, müssten die Kaffeekonzerne ihre Daten offenlegen. In Deutschland nehmen die großen Kapselhersteller am Dualen System teil. Verbrauchte Döschen wandern also in den gelben Sack, wenn die Kunden es denn wollen.
Die Konzerne reden ungern über das Thema. „Details der Kapseln sind die höchste Geheimhaltungsstufe. Da liegen die Nerven blank“, sagte ein Branchenkenner. Dabei sind sich die Kaffeemanager der Imageprobleme bewusst: Die spendable Kundschaft soll bloß kein schlechtes Gewissen bekommen, dass ihre Kaffeekapseln die Umwelt belasten. Deshalb entwickelt zum Beispiel Tchibo eine Kapselvariante, die ausschließlich aus Kunststoff besteht und dadurch besser wiederzuverwerten wäre. „Wir arbeiten laufend daran, den Materialeinsatz zu optimieren und so die Verwertbarkeit der Kapseln weiter zu verbessern“, sagte ein Tchibo-Sprecher. […] Im Heimatland von Nespresso, in der Schweiz, hat das Unternehmen ein Rückholsystem aufgebaut, bei dem der Postbote gebrauchte Kapseln zu Hause abholt. […]

Birger Nicolai, In: Die Welt, 08. 01. 2014, entnommen 25. 09. 2014
https://www.welt.de/wirtschaft/article123656432/Wir-produzieren-4000-Tonnen-Kaffeekapsel-Muell.html

M 11 „Luxury“-Marketing

Nach einer Umfrage bezeichnen sich 57 Prozent der interviewten deutschen Topverdiener als Käufer von Luxusartikeln. Sie beurteilen Luxusartikel als langlebig, exklusiv, hochqualitativ und teuer.
Zielgruppen für Luxusprodukte sind unter anderem

- Sammler, die in dem Luxusprodukt eine Wertanlage sehen;
- Puristen, für die die Perfektion eines Produktes ein Lebensgefühl ist;
- Statuskäufer, die sich mit einer hochwertigen Marke schmücken, und
- Enthusiasten, die sich am Besitz eines exklusiven Produkts erfreuen.

Bevorzugt werden Luxusprodukte vor allem in den Bereichen Parfüm und Kosmetik, Uhren und Schmuck, weniger im Modebereich.
Produkte im Luxussegment erhalten ihren subjektiven Wert vor allem durch ihren Mythos, der sie umgibt. Hierbei ist der hohe Preis selbst eine Marketingbotschaft. Er bietet dem Käufer einen emotionalen Zusatznutzen, denn er versinnbildlicht den Wert, den das Produkt für den Kunden hat. Auch wenn keine Qualitätsunterschiede vorhanden sind, wird der Kunde das teure Produkt mehr genießen als das billige.

Jedoch wirkt sich nachteilig aus, wenn der Preis des Produktes, bspw. im Schlussverkauf, reduziert wird. Denn dann reduziert sich auch der Wert, den es für den Käufer hat. Deshalb werden Restbestände häufig vom Markt genommen und vernichtet. Luxury-Marketing erfordert eine hohe Disziplin. Das Produktionsvolumen muss z. B. entsprechend knapp gehalten und die Ware selektiv distribuiert werden.

Nach: www.wirlschaftslexikon24.com/d/luxury-marketing/luxury-marketing.htm, entnommen 25. 09. 2014

Lösungsvorschlag

1. *Der Operator „analysieren" verlangt, dass Sie die gegebenen Materialien zum Kaffeemarkt und die dargestellten Sachverhalte systematisch und gezielt auswerten. Hierfür müssen Sie zuerst die geeigneten Materialien im Hinblick auf die Marktsituation von Kaffeekapseln auswählen. Es bieten sich folgende Materialien an: M 2 a–c, M 3, M 4, M 5 a–b, M 7, M 8. Versuchen Sie, Ihre Ausformulierung zu strukturieren, z. B. nach Marktentwicklung, Preisen und Zielgruppen.*

Die Marktentwicklung von Kaffeekapseln ist sehr positiv in den Bereichen Kaffeeverbrauch und Absatz. In M 2 b „Kaffeeverbrauch in Deutschland, Veränderung 2011 zu 2012 (in Tonnen)" ist eine **Steigerung des gesamten Kaffeeverbrauchs** um 300 t zu erkennen. Dabei steht eine Steigerung bei den Kapseln um 1 400 t auf 10 000 t – die zweitgrößte bei den angegebenen Kaffeearten – einer Senkung beim Filterkaffee um 9 100 t auf 294 100 t gegenüber. Die Materialien in M 2 wurden am 23. 2. 2014 nach dem Euromonitor und Daten des Deutschen Kaffeeverbands zusammengestellt. Wie aus M 3 „Veränderung des Absatzes von Kaffeekapseln im Kaffeemarkt", am 8. 12. 2013 ebenfalls auf Grundlage von Daten des Deutschen Kaffeeverbands erstellt und veröffentlicht auf welt.de, ersichtlich wird, fand eine **Steigerung des Absatzes** von Kapseln in Deutschland zwischen 2005 und 2012 auf das 17-Fache statt. Ergänzt durch die Prognose für 2013 mit einem Absatz von 2 Mrd. Kapseln, kann man feststellen, dass es sich im Bereich der Kaffeekapseln um einen **Wachstumsmarkt** handelt.
Der **erfolgreichste Kapselhersteller** ist Nestlé (Nespresso), der dieses System als Erster auf den Markt gebracht hat. Aus M 2 a kann man entnehmen, dass Nestlé im Jahr 2012 im Einzelhandel einen globalen Umsatz von 11,5 Mrd. € erzielt hat. Damit liegt dieses Unternehmen weit vor den vier anderen gezeigten Unternehmen: Beispielsweise steht Mondelez (Jacobs Tassimo) mit 4,4 Mrd. € an der zweiten Stelle. Nestlé hat mit Nespresso in den Jahren 2000–2012 seinen Umsatz von 140 Mio. € auf 3,6 Mrd. € gesteigert (vgl. M 7 „Umsatz von Nespresso in den Jahren 2000 bis 2012 (in Mrd. Euro)", herausgegeben von Statista, entnommen am 25. 9. 2014). Zudem schreibt Dennis Kremer in seinem Artikel „Der Kaffeekapsel-Wahnsinn", der am 23. 2. 2014 in der Frankfurter Allgemeinen Sonntagszeitung erschienen ist, dass die Gewinnmargen „gigantisch" (M 8, Z. 46) seien. Deshalb ist der Kapselmarkt für die Unternehmen attraktiv.

Die **hohen Umsätze** und **Gewinnmargen** werden u. a. durch die **hohen Preise** erzielt. Die Kapseln kosten zwischen 0,19 € und 0,35 € das Stück (vgl. M 8, Z. 38 f.). Für 1 kg Kaffee in Kapseln bezahlen die Käufer fast sechsmal so viel wie für klassischen Röstkaffee bzw. fast dreimal so viel wie für Pads (vgl. M 2c; M 8, Z. 40 ff.).
Als **Zielgruppe** werden insbesondere Personen im Alter von 18 bis 45 Jahren erreicht (vgl. M 5b „Zubereitungsart Kaffeekapsel nach Alter der Konsumenten (in Prozent)"). Frauen trinken 2013 mit einem Anteil von ca. 12 % etwas mehr Kaffee aus Kapseln als Männer, die hier einen Anteil von ca. 9 % aufweisen (vgl. M 5a „Zubereitungsart Kaffeekapsel nach Geschlecht der Konsumenten (in Prozent)"). Die Materialien in M 5 wurden nach der Aral-Studie „Trends beim Kaffee-Genuss" aus dem Jahr 2013 erstellt.
Obwohl die Kaffeekapseln im Vergleich mit anderen Kaffeeprodukten teurer sind, ist die Marktsituation von Kaffeekapseln dadurch gekennzeichnet, dass der Absatz und der Verbrauch gestiegen sind. Es handelt sich um einen Wachstumsmarkt, für den es auch eine klar identifizierbare Zielgruppe gibt.

2. *Bei dieser Aufgabe verlangt der Operator „zuordnen", dass Sie Gründe für den Erfolg von Nespresso herausarbeiten und in Zusammenhang mit den Instrumenten des Marketing-Mix stellen. Achten Sie bei der Ausformulierung auf eine Strukturierung Ihres Textes. Auch bei dieser Aufgabe müssen Sie geeignete Materialien auswählen, bspw. M 1, M 2a–c, M 4, M 6, M 7, M 8 und M 9.*

Der **Marketing-Mix** enthält vier Instrumente: die Preispolitik (price), die Produktpolitik (product), die Kommunikationspolitik (promotion) und die Distributionspolitik (place).
Nestlé ist mit Nespresso „Marktführer" (M 8, Z. 50; vgl. M 2a) im Kaffeekapselmarkt. Diese Position hat das Unternehmen u. a. dadurch erreicht, dass es eine **Produktpolitik** nach den Aspekten „Einfachheit und Individualisierung" (M 8, Z. 13 f.) betrieben hat. Die Konsumenten können die Kapselmaschinen einfach bedienen und müssen sich über die Dosierung keine Gedanken machen, da in die Kapseln die optimale Menge Kaffee bereits eingefüllt ist (vgl. M 8, Z. 15 ff.). Außerdem gibt es eine Vielfalt an Kaffeearten, die direkt hintereinander mit nur einer Kaffeemaschine zubereitet werden können (vgl. M 8, Z. 20 ff.). Zudem sind die Kapseln und die Maschinen Komplementärgüter und Nestlé hatte einen Patentschutz auf das Nespresso-System, sodass konkurrierende Kapsel-Hersteller eine Zeit lang als Anbieter von Kapseln für Nespresso-Maschinen ausgeschlossen waren (vgl. M 1; M 8, Z. 48 ff.). Besitzer dieser Maschinen mussten also bis zum Auslaufen des Patentschutzes Original-Nespressokapseln kaufen. Wie aus der Selbstdarstellung der Firma Nespresso in M 9 (nach nespresso.com, entnommen am 25. 9. 2014) zu erfahren ist, setzt sie auf „[h]öchste Kaffeequalität" (M 9, Z. 8). Ebenso bestätigt der Kaffeeforscher Yeretzian, dass für die Kapseln häufig hochwertiger Kaffee verwendet wird (vgl. M 8, Z. 25 ff.).
Die **Preispolitik** ist bisher dadurch gekennzeichnet, dass Kunden die Kapselmaschinen relativ günstig erwerben können. „Sie kosten in aller Regel nicht mehr

als 200 Euro." (M 8, Z. 37) Für die Kapseln hingegen müssen die Kunden viel bezahlen, wobei Nespresso bisher die höchsten Preise verlangt: 0,35 € je Kapsel bzw. 70 € für 1 kg Kaffee in Kapseln (vgl. M 8, Z. 37 ff.; M 2c). Als Zielgruppe können viele Kunden erreicht werden, die ein Haushaltsnettoeinkommen von über 1 000 € haben (vgl. M 4). Durch die Bereitschaft der Nachfrager, mehr Geld für Kapseln als für andere Kaffeeprodukte zu bezahlen, kann Nestlé mit Nespresso hohe Umsätze (vgl. M 7) und hohe Gewinne (vgl. M 8, Z. 45 f.) erzielen.
Die **Distributionspolitik** ist so gestaltet, dass die Nespressokapseln nur in einer kleinen Zahl eigener Boutiquen und zudem über das Internet an „Nespresso-Club-Mitglieder" verkauft werden. Auf diese Weise sollen ein individueller Service und eine schnelle Lieferung innerhalb von zwei Werktagen gewährleistet werden (vgl. M 8, Z. 55 ff.; M 9, Z. 12 ff.).
Über seinen Internetauftritt und den „Club" betreibt Nespresso auch die **Kommunikationspolitik**. Die Homepage stellt 24 Stunden am Tag Informationen in mehr als 30 Sprachen zur Verfügung (vgl. M 9, Z. 14 ff.). Die Clubmitglieder identifizieren sich stärker mit der Marke „Nespresso" und verbreiten ein positives Image (vgl. M 9, Z. 19 f.). Sie werden durch verschiedene Vorteile, wie z. B. persönliche Collections, vorrangige Informationen und einen Reparaturservice ans Unternehmen gebunden (vgl. M 9, Z. 21 ff.). Die Firma versucht auch durch die Bezeichnung ihrer Produkte ein exklusives Image zu verbreiten. Als Pendent zu edlen Weinen werden einzelne Kapselsorten mit der Bezeichnung „Grand Crus" versehen (vgl. M 8, Z. 30 f.; M 9, Z. 9 f.). Unterstrichen wird diese Besonderheit durch die Werbung mit dem bekannten Schauspieler George Clooney und dem Slogan „What else?" (vgl. M 6). Darüber hinaus versucht Nestlé das Image der Firma und der Produkte durch eine Nachhaltigkeitsverpflichtung positiv zu beeinflussen (vgl. M 9, Z. 1 ff.).
Abschließend kann man feststellen, dass sich Nestlé mit Nespresso durch eine **hohe Qualität**, eine **Hochpreisstrategie** und **Individualität** eine Exklusivität erarbeitet und die **Marktführerschaft** erreicht hat (vgl. M 8, Z. 50).

3. *Sie sollen bei dieser Aufgabe anhand der Materialien die Lösbarkeit eines möglichen Konflikts zwischen ökonomischen und ökologischen Zielen aufseiten der Kaffeekapsel-Unternehmen an konkreten Sachverhalten und innerer Stimmigkeit messen. Geeignete Materialien sind etwa M 3, M 7, M 8, M 9 und M 10.*

Unternehmen haben ein Zielsystem, das sich aus verschiedenen Teilzielen, wie z. B. wirtschaftlichen, sozialen und ökologischen, zusammensetzt. Die Gewichtung variiert je nach Unternehmen und ist u. a. abhängig von den Produkten. Die **ökonomischen Ziele** stehen bei den meisten Unternehmen im Vordergrund. Die Zielerreichung zeigt sich hier im wirtschaftlichen Erfolg des Unternehmens und wird anhand betriebswirtschaftlicher Kennzahlen gemessen. Dazu gehören z. B. der Umsatz, der Gewinn, die Liquidität, die Renditen und der Marktanteil. **Ökologische Ziele** orientieren sich an Nachhaltigkeit im Hinblick auf die Reduzierung bzw. Vermeidung von Umweltverschmutzung. Beispielsweise versucht ein Unternehmen, seinen Energieverbrauch zu senken, den Schadstoffausstoß zu reduzieren

oder in bestimmten Bereichen ganz zu vermeiden. Ein weiteres Ziel kann die Verminderung von Müll sein. Die Unternehmen können bei den Produkten darauf achten, die Menge an Verpackungsmaterial zu reduzieren, bzw. umweltschonendes Verpackungsmaterial zu verwenden. Außerdem kann sich ein Unternehmen überlegen, mit welchen Verkehrsmitteln die Produkte am umweltschonendsten ausgeliefert werden.
Ein **Zielkonflikt** besteht dann, wenn bestimmte Maßnahmen zur Erreichung des einen Ziels gleichzeitig zur Minderung des Erreichungsgrades eines anderen Ziels führen.
Bei den **Kaffeekapsel-Unternehmen** werden die ökonomischen Ziele bisher verfolgt. Der Umsatz von Nespresso ist bis zum Jahr 2012 kontinuierlich auf 3,6 Mrd. € angestiegen (vgl. M 7). „Die Gewinnmargen sind einfach gigantisch." (M 8, Z. 45 f.) Im Widerspruch dazu stehen die ökologischen Ziele. Birger Nicolai schreibt in seinem Artikel „Wir produzieren 4 000 Tonnen Kaffee-Kapsel-Müll", der am 8. 1. 2014 auf welt.de veröffentlicht wurde, über die riesige Menge Aluminium- und Plastikmüll, die von ca. 2 Mrd. Kaffeekapseln verursacht werde (vgl. M 10, Z. 1 ff.). Es gebe einen enormen Ressourcen- und Energieverbrauch und wenig Recycling (vgl. M 10, Z. 9 ff.). Folglich gibt es keine optimale **Allokation der Ressourcen**; es entstehen **externe Kosten**. Wenn diese internalisiert würden, würde das jedoch die Gewinne der Unternehmen verringern.
Es erscheint schwierig, den Zielkonflikt zu lösen. Im Moment befindet sich das Kaffeekapsel-System auf einem Wachstumsmarkt (vgl. M 3); die Unternehmen können sehr hohe Gewinne erzielen (vgl. M 8, Z. 45 f.). Diese würden deutlich niedriger ausfallen, wenn die Unternehmen in Umweltschutzmaßnahmen investieren würden. Würden diese Maßnahmen nur von einzelnen Unternehmen getroffen werden, könnte das zudem zu Wettbewerbsnachteilen für sie führen.
Da aber Nestlés Patentschutz auf das Nespresso-System abgelaufen ist (vgl. M 8, Z. 48 f.), könnten **Konkurrenten** Kapseln auf den Markt bringen, die nicht nur für das Nespresso-System passend, sondern gleichzeitig umweltfreundlicher sind. Außerdem kann u. a. durch **kritische Berichterstattung** das Umweltbewusstsein bei den Kunden gesteigert werden, das eventuell zu einem **Nachfragerückgang** führen kann, wodurch der Innovations- und Investitionsdruck stiege. Unternehmen können mithilfe einer **Corporate-Social-Responsibility-Strategie** versuchen, Kostennachteile auszugleichen. Nespresso hat in seiner Selbstdarstellung eine Nachhaltigkeitserklärung abgegeben (vgl. M 9, Z. 1 ff.). Diese ist zwar nicht ausreichend konkretisiert, bietet aber die Basis dafür, Kunden zu sensibilisieren und zugleich stärker an das Unternehmen zu binden sowie das Image zu verbessern. Konkret berichtet Nicolai, dass z. B. Tchibo eine Kaffeekapselvariante entwickle, die nur „aus Kunststoff besteht und daher besser wiederzuverwerten wäre" (M 10, Z. 32 f.). Außerdem sei in der Schweiz ein **Rückholsystem** für gebrauchte Kapseln aufgebaut worden, wo der Postbote diese zu Hause abhole (vgl. M 10, Z. 35 ff.). Das Verfolgen von ökologischen Zielen durch Investitionen in eine Kapselproduktion, die den **Energieverbrauch senkt** und die **Ressourcen schont**, kann mittel- bis langfristig Kosteneinsparungen mit sich bringen. Insofern können ökonomische und ökologische Ziele zu einer **Zielharmonie** gelangen.

4. *Ausgehend von der Aussage im letzten Satz von M 8 sollen Sie im Hinblick auf Chancen und Grenzen von Marketingstrategien, die auf Exklusivität setzen, durch Abwägen von Für- und Wider-Argumenten ein begründetes Urteil fällen. Sie können hierbei u. a. auf M 11 zurückgreifen. Beachten Sie den Aufbau einer Erörterung.*

Es gibt einige Unternehmen, wie z. B. Nestlé mit Nespresso, die auf **Exklusivität** ihrer Produkte setzen. Sie können damit sehr erfolgreich sein (vgl. M 7), aber diese Strategie kann auch zu Problemen führen. Eine **Marketingstrategie** soll Unternehmen ein Konzept an die Hand geben, das zur Erreichung ihrer Unternehmensziele führt.
Eine große **Chance durch Exklusivität** besteht darin, dass ein Unternehmen **hohe Gewinnmargen erzielen** kann. Für die Kaffeekapsel-Unternehmen war dies in den vergangenen Jahren der Fall, wie Kremer berichtet (vgl. M 8, Z. 45 f.). **Kunden können gewonnen und gebunden werden**, wenn sich bei ihnen die subjektive Beurteilung einstellt, dass das Produkt einen hohen Wert besitzt. Dies kann durch hohe Preise, eine besondere Qualität und Langlebigkeit geschehen. Potenzielle Kunden für Luxusartikel können in verschiedene Gruppen eingeteilt werden: Sammler, Puristen, Statuskäufer und Enthusiasten. Sie alle verfolgen bestimmte Interessen, wenn sie ein exklusives Produkt kaufen. Beispielsweise sehen Sammler in einem Luxusgut eine Wertanlage. Statuskäufer hingegen haben das Bedürfnis, ihr Prestige beizubehalten oder zu verbessern (vgl. M 11). Durch Exklusivität kann sich ein Unternehmen auf bestimmte Nachfrager ausrichten. So kann es den **Marketing-Mix gezielter gestalten** und den Wünschen der Kunden gerecht werden. In wirtschaftlich guten Zeiten können durch den zunehmenden Wohlstand auch **neue Käuferschichten gewonnen** werden.
Die **Grenzen der Exklusivität** sind genau hieran jedoch ebenso zu erkennen: Während einer Rezession kann sich durch schlechte Zukunftsaussichten eine **Kaufzurückhaltung** einstellen und Käuferschichten können verloren gehen. Darüber hinaus ist die **Preisgestaltung eingeschränkt**, da ein hoher Preis erwartet wird. Mit einer Preissenkung kann der subjektive Wert eines Produkts und dadurch der Wunsch, dieses Produkt zu besitzen, abnehmen (vgl. M 11, Z. 17 ff.). Außerdem kann durch Fokussierung auf spezielle Zielgruppen der **Markt beschränkt** sein. Die Steigerung der Produktion bzw. die Erhöhung des Angebots kann zwar dazu führen, eine „große Masse" zu bedienen, bringt aber einen Verlust der Exklusivität mit sich. Sind die Absatzwege wiederum zu sehr begrenzt, kann dies dazu führen, dass Konsumenten **auf Konkurrenzprodukte ausweichen**, die einfacher zu erhalten sind.
Ein Unternehmen, das auf Exklusivität setzt, muss permanent anstreben, dass seine Kunden den Produkten dauerhaft einen hohen Wert beimessen. Außerdem darf es neue Entwicklungen nicht verschlafen und muss **innovativ** sein, um rechtzeitig auf Marktveränderungen reagieren zu können. So kann es mögliche Nachteile mindern und die Chancen der Exklusivität nutzen.

Schriftliche Abiturprüfung Wirtschaft (Baden-Württemberg) 2016

Passende Punkte des aktuellen Lehrplans:

– Grundlagen der Betriebswirtschaft: Die Schülerinnen und Schüler können…
… den Einfluss strategischer Entscheidungen (Strategietypen, zum Beispiel Wachstumsstrategie nach Ansoff, Wettbewerbsstrategie nach Porter, Rechtsform, Standort eines Unternehmens, Make-or-Buy-Entscheidung) auf den nachhaltigen Erfolg eines Unternehmens überprüfen
… Finanzierungsmöglichkeiten (Außen-, Innenfinanzierung) einer Investition vergleichen

Familienunternehmen: Ein Erfolgsmodell für die Zukunft?
Im Vergleich zu anderen Industrienationen kommt eigentümergeführten Familienunternehmen in Deutschland eine bedeutsame Stellung zu. Dieses Eigentümermodell beschränkt sich dabei nicht nur auf kleine und mittelständische Unternehmen, sondern ist auch bei Großunternehmen vertreten. Vor dem Hintergrund sich wandelnder Rahmenbedingungen stellt sich die Frage, ob das Familienunternehmen ein Modell ist, das in Zukunft erfolgreich sein wird, und inwieweit ausländische Investoren dabei eine Rolle spielen könnten.

Bei der Bearbeitung der folgenden Aufgaben sind geeignete Materialien in Abhängigkeit von der Aufgabenstellung einzubeziehen und zu belegen.

Aufgaben:

1. Charakterisieren Sie die wirtschaftliche und rechtliche Stellung von Familienunternehmen in Deutschland. — 14 VP

2. Die Wahl der Rechtsform ist eine bedeutende Unternehmensentscheidung.
Stellen Sie Chancen und Risiken der Rechtsform Einzelunternehmen dar. — 10 VP

3. In den nächsten Jahren steht in über einer halben Million Unternehmen der Generationswechsel an. Für einen zukünftigen Selbstständigen besteht die Möglichkeit, ein eigenes Unternehmen zu gründen oder als Nachfolger in ein bestehendes Familienunternehmen einzusteigen.
Vergleichen Sie die beiden Handlungsoptionen. — 18 VP

4. Ein Familienunternehmen steht vor der Entscheidung, einen chinesischen Investor an seinem Unternehmen zu beteiligen.
Erörtern Sie vor dem Hintergrund interner und externer Herausforderungen diese anstehende unternehmerische Entscheidung. — 18 VP

60 VP

M 1 Glossar

Familienunternehmen: Unternehmen, die in einem hohen Maß im Eigentum einer Familie sind. Hauptcharakteristikum ist die häufige Einheit zwischen dem Eigentum an der Firma und gleichzeitiger Leitung. Deshalb sind der Großteil der Familienunternehmen eigentümergeführte Unternehmen.

Kleine und mittlere Unternehmen (KMU): Ein Unternehmen zählt zu den KMU, wenn es weniger als 500 Beschäftigte hat und einen Jahresumsatz von weniger als 50 Mio. Euro erwirtschaftet.

Große Unternehmen: Die Definition ergibt sich aus der Abgrenzung von kleinen und mittleren Unternehmen (KMU). Ein Unternehmen wird dann als groß angesehen, wenn es 500 und mehr Beschäftigte hat oder einen Jahresumsatz von 50 Mio. Euro und mehr erzielt.

Definitionen nach ifm, Institut für Mittelstandsforschung, Bonn

M 2 Anteil der eigentümergeführten Familienunternehmen in Deutschland 2014 an allen Unternehmen, an der Gesamtbeschäftigung und am gesamten Umsatz (in %)

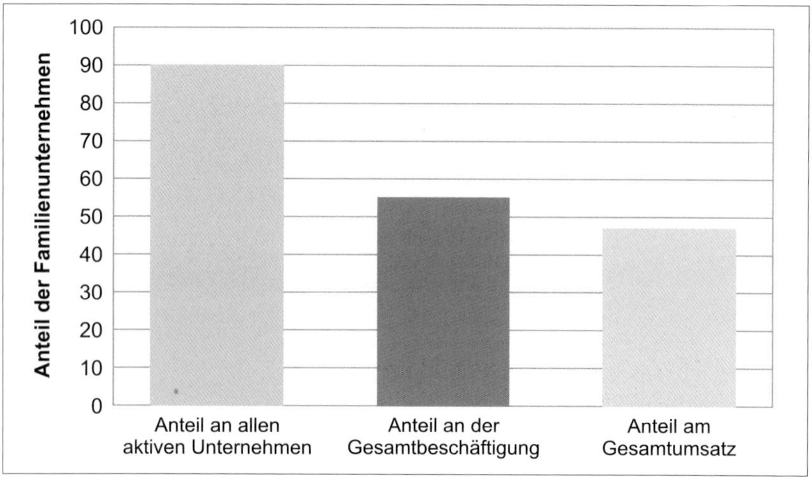

Daten nach: Stiftung Familienunternehmen (Hrsg.): Die volkswirtschaftliche Bedeutung von Familienunternehmen. Durchgeführt von ZEW und ifm, Mannheim 2014, S. 21, auch unter http://de.statista.com, letzter Aufruf am 09. 07. 2015

M 3 Rechtsform der Familienunternehmen (2014)

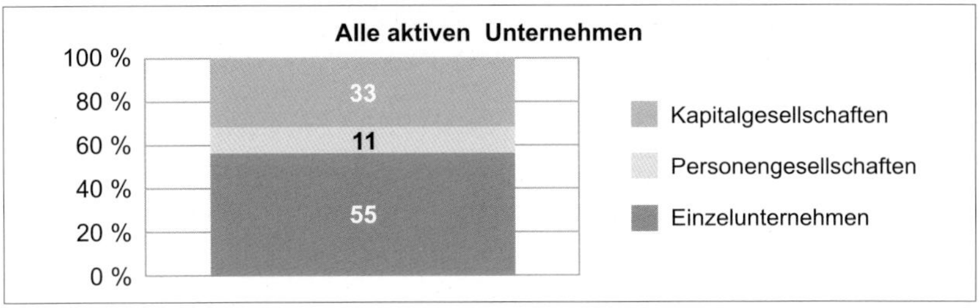

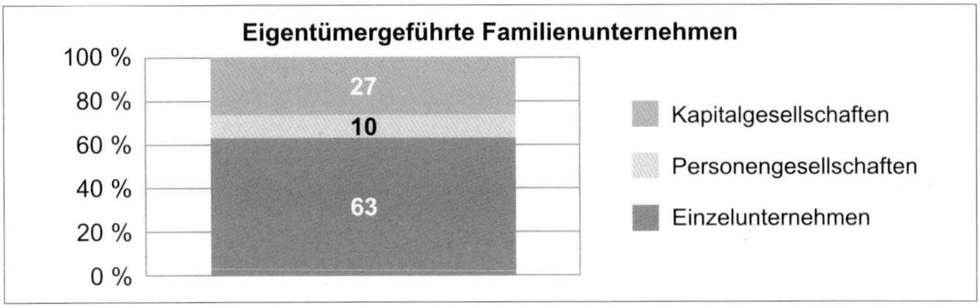

Daten nach: Stiftung Familienunternehmen (Hrsg.): Die volkswirtschaftliche Bedeutung von Familienunternehmen. Durchgeführt von ZEW und ifm, Mannheim 2014, S. 9f., auch unter http://www.familienunternehmen.de, letzter Aufruf am 14. 07. 2015

M 4 Familienunternehmen nach Wirtschaftsbereichen (2013)

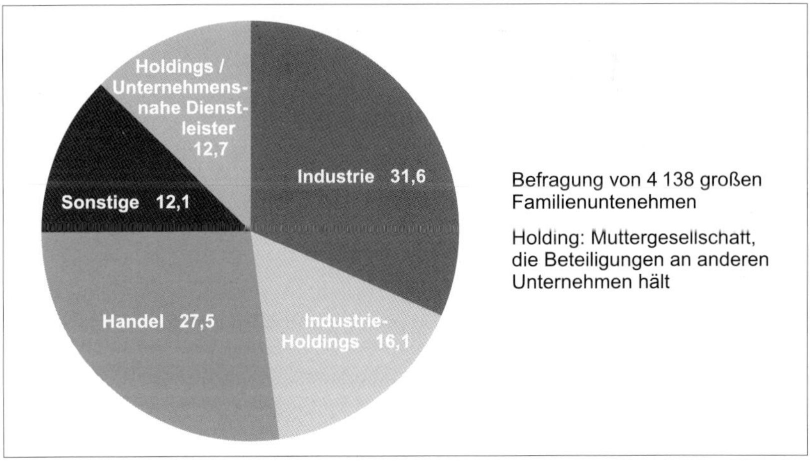

Daten nach: BDI, Deutsche Bank, auch unter http://www.iwkoeln.de, letzter Aufruf am 14. 07. 2015

M 5 Veränderung der Umsätze und Anzahl der Beschäftigten der Großunternehmen nach Unternehmenstyp im dargestellten Zeitraum (in Prozent)

	Familienunternehmen		Nichtfamilienunternehmen	
Zeitraum	**Umsätze**	**Beschäftigte**	**Umsätze**	**Beschäftigte**
2008–2012	+ 14,5	+ 12,1	+ 19,2	+ 7,8

Nach: ifm, Wirtschaftliche Entwicklung großer Familien- und Nichtfamilienunternehmen – eine Bilanzdatenanalyse für den Zeitraum 2008 bis 2012, Dez. 2014

M 6 Durchschnittlicher Exportumsatz von Familienunternehmen am Gesamtumsatz

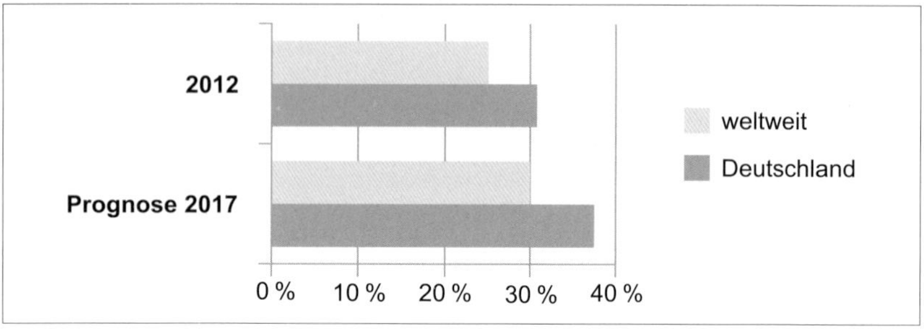

Dr. Christina Müller, Die Zukunft von Familienunternehmen – der Kern der Wirtschaft, S. 17, Nov. 2012, herausgegeben von der PricewaterhouseCoopers AG

M 7 Dimensionen von Unternehmenskultur (Auswahl)

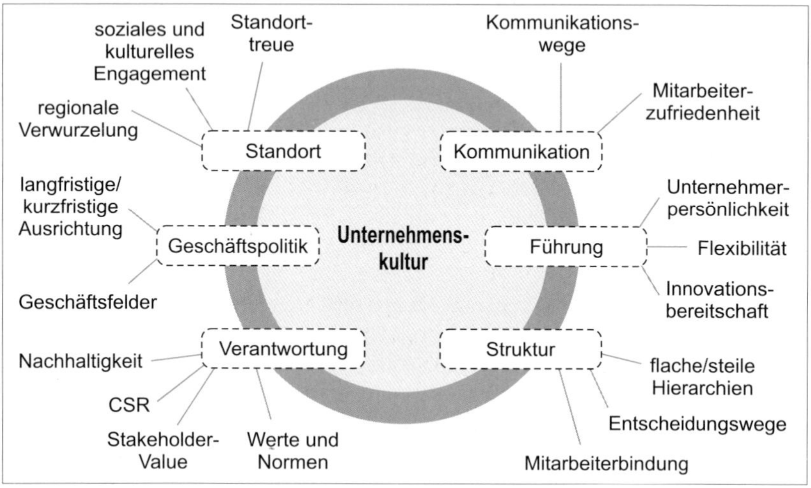

Autorengrafik (Prüfungskommission)

M 8 Zentrale Herausforderungen von Familienunternehmen in den nächsten Jahren[1]

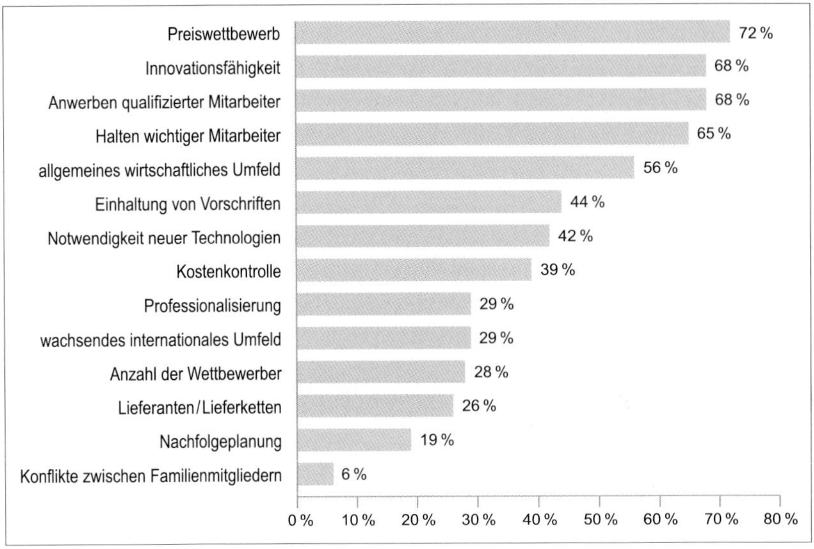

1 An der Studie im Sommer 2014 beteiligten sich 109 FU aus Deutschland.

Dr. Christina Müller, Zukunft der Familienunternehmen, S. 17, Nov. 2014, herausgegeben von der PricewaterhouseCoopers AG, auch unter www.pwc.de, letzter Aufruf am 21.09.2015

M 9 Friederike Wehnert: Know-how und Absatzmärkte: Chinesen investieren in Deutschland

Mit offenen Armen empfing Putzmeister[1]-Gründer Karl Schlecht Sany[2] aus China im Jahr 2012. Mittlerweile haben auch viele andere chinesische Unternehmen im deutschen Mittelstand investiert. Investoren aus China kaufen deutsche Unternehmen, chinesische Unternehmen gehen Kooperationen mit deutschen Firmen ein oder zeigen mit Niederlassungen Präsenz am deutschen Markt: Deutschland hat sich zum attraktivsten Investitionsstandort für chinesische Unternehmen entwickelt. Die Beliebtheit schlägt sich auch in der Anzahl der tatsächlichen Investitionsprojekte nieder: 68 Projekte wurden im vergangenen Jahr in Deutschland getätigt, ein deutlicher Anstieg zum Vorjahr (46 Projekte). Hinter Deutschland rangieren Großbritannien und Frankreich mit 29 bzw. 14 Projekten. Deutschland erreicht damit einen Marktanteil in Europa von 44 %.

Ein etwas anderes Bild zeigt die Zahl der durch die Investitionen geschaffenen Arbeitsplätze. Mit 508 Arbeitsplätzen im Jahr 2013 (Vorjahr 1 501) liegt der Anteil Deutschlands daher im Vergleich zu Europa nur bei knapp 7 % (Vorjahr 27 %).

Während aus den Großstädten Hamburg, Düsseldorf, Frankfurt, München heraus vor allem Vertriebsaktivitäten gesteuert werden und Kooperationen mit deutschen Hidden Champions[3] vor allem eher in den traditionellen westdeutschen Industrieregionen stattfinden, ist Ostdeutschland aufgrund der attraktiven Fördermittel zunehmend für Investitionen „auf der grünen Wiese“ interessant. Nach einer Studie der Chinesischen Handelskammer in Berlin hat sich die Zahl der Aktivitäten in den neuen Bundesländern in den vergangenen sieben Jahren verdoppelt. Mit Investitionen von insgesamt über 430 Millionen Euro entstanden dort fast 900 Arbeitsplätze in den Branchen Handel (40 %), Energie (16 %), Logistik und Elektronik (je 14 %) und Maschinenbau (10 %).

Wenn es um die Gründe für die Attraktivität Deutschlands geht, stehen Technologiekompetenz und Know-how deutscher Unternehmen sowie die Absatzmärkte in Deutschland und Europa an erster Stelle. In der Regel beginnt die Wertschöpfungskette in Deutschland mit dem Aufbau von Vertriebskanälen. Daher sind die Investitionsprojekte im relativ frühen Stadium bei der Präsenz chinesischer Unternehmen auf dem deutschen Markt meist nicht mit vielen Arbeitsplätzen verbunden. In weiteren Schritten können etwa der Aufbau eines Einkaufszentrums für die Muttergesellschaft, Investitionen in Forschung und Entwicklung und Produktion erfolgen. Dabei wird das Know-how deutscher Mitarbeiter gezielt eingesetzt. „Viele chinesische Unternehmen verbinden mit ihren Investitionen in Deutschland das Ziel, langfristig auf dem deutschen Markt tätig zu sein. Dabei legen sie vor allem Wert darauf, dass die Innovationskompetenz der deutschen Unternehmen in Deutschland bleibt“, berichtet Robert Hermann, Fachbereichsleiter der Investorenanwerbung bei Germany Trade and Invest. „Deutsche Unternehmen, die teilweise vor dem Einstieg chinesischer Investoren bereits weniger gute Erfahrung mit Finanzinvestoren gemacht haben, schätzen dieses Engagement der strategischen Investoren aus China.“

Neben der starken industriellen Basis mit ihrer Innovationskraft spielen auch die moderne Infrastruktur, gut ausgebildete Arbeitskräfte, die gute Bildungs- und Forschungslandschaft in Deutschland sowie stabile rechtliche Rahmenbedingungen eine wichtige Rolle.

Wehnert, Friederike: http://www.marktundmittelstand.de/nachrichten/kunden-maerkte/chinesen-investieren-in-deutschfand-1219251/, 15. 09. 2014, entnommen 07. 07. 2015

1 Putzmeister: Putzmeister Concrete Pumps GmbH mit Sitz in Aichtal in Baden-Württemberg ist ein Hersteller von Betonpumpen. Bis 2005 war das Unternehmen nach Umsatz und Mitarbeiterzahl das weltweit größte seiner Branche.

2 Sany: chinesischer Baumaschinenhersteller. Sany wurde 1989 gegründet und ist heute einer der führenden Baumaschinenhersteller weltweit, mit über 60 000 Mitarbeitern in mehr als 150 Ländern.

3 Hidden champions (heimliche Gewinner): mittelständische Unternehmen, die in Nischen-Marktsegmenten Europa- oder Weltmarktführer geworden sind.

Lösungsvorschlag

1. *Der Operator „charakterisieren" verlangt, dass Sie anhand geeigneter Materialien die wirtschaftliche und rechtliche Stellung von Familienunternehmen in Deutschland mit ihren typischen Merkmalen beschreiben und in ihren Grundzügen bestimmen. Hierzu bieten sich die Materialien M 1–M 6 an.*

   Familienunternehmen sind laut Definition des Instituts für Mittelstandsforschung (*ifm,* Bonn) „Unternehmen, die in einem hohen Maß im **Eigentum einer Familie** sind" und bei denen häufig eine „**Einheit zwischen dem Eigentum an der Firma und gleichzeitiger Leitung**" besteht (M 1). Betrachtet man das Säulendiagramm in M 2 mit dem Titel „Anteil der eigentümergeführten Familienunternehmen in Deutschland 2014 an allen Unternehmen, an der Gesamtbeschäftigung und am gesamten Umsatz (in %)", welches nach Daten der Stiftung Familienunternehmen erstellt und unter http://de.statista.com am 09. 07. 2015 aufgerufen wurde, wird die **Bedeutung für die Unternehmerlandschaft** deutlich. 90 % aller aktiven Unternehmen in Deutschland sind eigentümergeführte Familienunternehmen und etwas mehr als die Hälfte aller in der Privatwirtschaft beschäftigten Personen arbeiten in einem Familienunternehmen. Im Jahr 2014 erwirtschafteten die Familienunternehmen außerdem knapp der Hälfte des Gesamtumsatzes aller Unternehmen.
   Dem ersten Säulendiagramm in M 3 (vgl. „Rechtsform der Familienunternehmen (2014)" nach www.familien-unternehmen.de, aufgerufen am 14. 07. 2015) sind Informationen im Hinblick auf die **Rechtsform** aller aktiven Unternehmen zu entnehmen – 55 % sind demnach Einzelunternehmen. Das zweite Säulendiagramm zeigt, dass der Anteil der Einzelunternehmen bei den eigentümergeführten Familienunternehmen mit 63 % etwas höher ist. Des Weiteren ist ersichtlich, dass der Anteil der Kapitalgesellschaften bei allen aktiven Unternehmen 33 % beträgt, bei den eigentümergeführten Familienunternehmen hingegen nur 27 %.
   In dem Kreisdiagramm „Familienunternehmen nach Wirtschaftsbereichen (2013)" (M 4), welches nach Daten des BDI und der Deutschen Bank erstellt wurde und am 14. 07. 2015 unter www.iwkoeln.de aufgerufen wurde, wird deutlich, dass von 4 138 befragten großen Familienunternehmen 47,7 % in der Industrie tätig sind. Daran ist ersichtlich, welche Bedeutung der **Wirtschaftsbereich** Industrie für die Familienunternehmen hat. Der Handel stellt mit 27,5 % den zweitgrößten Wirtschaftsbereich dar.
   Die nach ifm erstellte Tabelle zu **Umsätzen und Beschäftigten** (vgl. M 5 „Veränderung der Umsätze und Anzahl der Beschäftigten der Großunternehmen nach Unternehmenstyp im dargestellten Zeitraum (in Prozent)"; Wirtschaftliche Entwicklung großer Familien- und Nichtfamilienunternehmen – eine Bilanzdatenanalyse für den Zeitraum 2008 bis 2012, Dezember 2014) stellt die Bilanzdaten für den Zeitraum 2008 bis 2012 dar. Familienunternehmen steigerten demnach von 2008–2012 ihre Umsätze um 14,5 %. Diese Steigerung fällt zwar um 4,7 Prozentpunkte geringer aus als bei Nichtfamilienunternehmen, dafür fällt die Steige-

rung bei den Beschäftigten mit 12,1 % um 4,3 Prozentpunkte höher aus als bei Nichtfamilienunternehmen.
Der durchschnittliche **Exportumsatz** von deutschen Familienunternehmen am Gesamtumsatz liegt laut Balkendiagramm M 6 (Schaubild erstellt nach Dr. Christina Müller, Die Zukunft von Familienunternehmen, 2012) bei ca. 31 % und damit ca. 6 Prozentpunkte über dem weltweiten Durchschnitt. Eine Prognose für das Jahr 2017 zeigt sogar einen Anstieg auf ca. 38 % für deutsche Familienunternehmen.
Fest steht, dass Familienunternehmen in Deutschland eine **besondere volkswirtschaftliche Bedeutung** haben. Der riesige Anteil an allen aktiven Unternehmen spricht für sich. Zwar sind die Anteile bei der Gesamtbeschäftigung und am Gesamtumsatz niedriger, aber die Steigerung der Anzahl der Beschäftigten bei großen Familienunternehmen fiel zwischen 2008 und 2012 höher aus als bei Nichtfamilienunternehmen. Außerdem spiegelt sich die **Exportorientierung** der deutschen Wirtschaft bei den Familienunternehmen wider.

2. *Bei dieser Aufgabe sollen Sie mit dem Operator „darstellen" die Chancen und Risiken der Rechtsform Einzelunternehmen für ein Unternehmen bzw. einen Unternehmer beschreiben und Zusammenhänge verdeutlichen.*

Wie bereits aus M 2 ersichtlich ist, ist die **Rechtsform Einzelunternehmen** die häufigste in Deutschland. Mit ihr ist ein relativ **einfacher und kostengünstiger Einstieg** in die Selbstständigkeit möglich. Dazu genügt eine Anmeldung beim Gewerbeamt, eventuell ist noch eine Eintragung im Handelsregister nötig. Im Gegensatz zu Kapitalgesellschaften muss **kein Mindestkapital** vorhanden sein. Vorteilhaft ist auch, dass der Inhaber eines Einzelunternehmens die **alleinige Entscheidungsgewalt** bei der Unternehmensleitung besitzt. Außerdem kann er **allein über alle Unternehmensgewinne verfügen**.
Allerdings trägt der Inhaber eines Einzelunternehmens auch das **volle Unternehmensrisiko**, ebenso wie die Verluste. Dabei haftet er nicht nur mit seinem Geschäftsvermögen, sondern auch mit seinem **Privatvermögen**. Es besteht also eine alleinige und unbeschränkte Haftung des Unternehmers.
Die Begrenzung des Eigenkapitals durch das Privatvermögen kann ebenfalls erschwerend wirken. Wenn der Unternehmer auf **Kredite von Banken** angewiesen ist, hängt die Vergabe häufig von der **Bonität des Kreditnehmers** ab. Zudem kann bei der Vergabe von Krediten die **Entscheidungsgewalt des Inhabers eingeschränkt** werden, wenn der Gläubiger auf bestimmte Mitsprache- und Kontrollrechte besteht.
Wie aus M 1 zu erkennen ist, spielt für Familienunternehmen die Einheit zwischen dem Eigentum und der Leitung einer Firma eine wichtige Rolle. Die einfache Gründung ist ein weiterer wichtiger Aspekt, um sich für die Rechtsform des Einzelunternehmens zu entscheiden. Allerdings sind die Risiken nicht zu unterschätzen.

3. *Der Operator „vergleichen" verlangt bei dieser Aufgabe, dass Sie sich für beide Handlungsoptionen Vergleichsaspekte überlegen, diese einander gegenüberstellen und ein Ergebnis formulieren. Geeignete Materialien sind M 7 und M 8.*

Für einen **zukünftigen Selbstständigen**, der die Optionen hat, ein Unternehmen **zu gründen** oder **als Nachfolger** in ein bestehendes Familienunternehmen einzusteigen, ergeben sich verschiedene zu berücksichtigende Aspekte bei seiner Entscheidung.
Möchte der Unternehmer **unabhängig und sein eigener Chef** sein, so ist dies im eigenen Unternehmen sofort möglich, da er Gründer und Chef in einer Person ist. Steigt der Selbstständige in ein bestehendes Familienunternehmen ein, so muss er sich die Stellung erst erarbeiten, denn der Gründungs- und Etablierungsprozess wurde von einer anderen Person durchgeführt. Damit hängt auch das **Entwickeln einer Vision, eines Leitbildes oder die Umsetzung von Ideen** zusammen. Bei bestehenden Familienunternehmen existieren eine **Unternehmenskultur** und damit verbundene Strukturen. Der Selbstständige muss zum Beispiel überprüfen, ob er sich mit der bisherigen **Geschäftspolitik** und deren **Ausrichtung** oder den **Werten und Normen im Einklang** sieht. Bei einem eigenen Unternehmen kann der Gründer eine Vision oder ein Leitbild nach eigenen Vorstellungen entwickeln und eine neue, eigenständige Unternehmenskultur begründen. Soll beispielsweise der Aspekt der **Nachhaltigkeit** bei der unternehmerischen Verantwortung in Zukunft mehr fokussiert werden, ist es leichter, dies von Anfang an zu etablieren, als in einem bestehenden Unternehmen zu entwickeln (vgl. M 7).
Im Bereich der **Verantwortung** sind gerade in Familienunternehmen eventuell auch **Traditionen** vorhanden. Hier stellt sich für den Nachfolger die Frage, ob er diese fortsetzen möchte und eine gewisse Kontinuität bewahrt oder ob er sie beenden möchte. Oft spielt in diesem Zusammenhang auch der Vorgänger und seine Position eine Rolle. Zieht er sich vollständig zurück oder versucht er im Unternehmen noch etwas durchzusetzen ober beizubehalten? Bei einer Neugründung liegt die **Eigenverantwortung dagegen allein beim „Neu-Unternehmer"**.
Auf der anderen Seite kann ein **Seniorchef** aber aufgrund seiner Erfahrung auch ein **wertvoller Ratgeber** für den Selbstständigen sein. Ebenso können langjährige Mitarbeiter eine Stütze sein. Bei einem neuen Unternehmen kann der Inhaber natürlich versuchen, Unterstützung in der Familie und im Freundeskreis zu finden. Zu Beginn könnte diese beispielsweise finanzieller Art sein.
Die **Finanzierung** und das **Eigenkapital** sind besonders wichtige Aspekte bei der Entscheidung. Die Investitionen in ein neues Unternehmen sind mit großem Risiko verbunden. Insbesondere bei wenig Eigenkapital stellt nicht jede Bank einen **Kredit** zur Verfügung. Wenn man als Selbstständiger in ein Familienunternehmen einsteigt, ist anfangs vielleicht das Eigenkapital ausreichend, um sich am Unternehmen zu beteiligen. Das Firmenkapital ist bereits vorhanden und Fremdkapital wird eventuell nur für Erweiterungsinvestitionen benötigt.
In einer etablierten Firma ist außerdem bereits **Know-how** vorhanden, auch wenn dieses ständig weiterentwickelt werden muss, um auf Dauer am Markt bestehen zu

können. In einer neu gegründeten Firma müsste das Know-how erst entwickelt oder beschafft werden, was mit weiteren Kosten verbunden ist.
Ein zentraler Aspekt für Familienunternehmen ist laut Balkendiagramm in M 8 („Zentrale Herausforderungen von Familienunternehmen in den nächsten Jahren", Intes-Studie auf: www.pwc.de, November 2014, aufgerufen am 21.09.2015) auch die **Innovationsfähigkeit**. 68 % der befragten 109 Familienunternehmen bezeichneten sie als zentrale Herausforderung. Bei einer Unternehmensgründung besteht diese im Normalfall bereits mit der **Gründungsidee**. Erst wenn sie vorhanden ist, kann ein Unternehmen auch begonnen werden.
Eine weitere zentrale Herausforderung für Familienunternehmen ist mit 68 % das **Anwerben qualifizierter Mitarbeiter**, beziehungsweise mit 65 % das **Halten wichtiger Mitarbeiter** (vgl. M 8). Ein neuer Chef muss sich demnach nicht nur um neue Mitarbeiter kümmern, sondern auch die vorhandenen Mitarbeiter von sich und seinen Vorhaben überzeugen. In einem bestehenden Unternehmen könnte diese Überzeugungsarbeit schwieriger sein als in einem neu gegründeten. Allerdings muss in einem neuen Unternehmen mehr um **neue qualifizierte Mitarbeiter geworben werden**, was mit entsprechenden **Transaktionskosten** verbunden ist.
Letztendlich muss ein zukünftig Selbstständiger anhand der einzelnen Aspekte entscheiden, welche der beiden Handlungsoptionen für ihn und seine Persönlichkeit am ehesten infrage kommt.

4. *Bei der letzten Aufgabe mit dem Operator „erörtern" sollen Sie durch Abwägen von Für- und Wider-Argumenten einer Beteiligung eines chinesischen Investors an einem Familienunternehmen ein begründetes Urteil fällen. Sie können dazu auf die Materialien M 6, M 7, M 8 und M 9 verweisen.*

Friederike Wehnert schreibt in ihrem Artikel „Know-how und Absatzmärkte: Chinesen investieren in Deutschland", der am 15. 09. 2014 auf *www.marktund mittelstand.de* veröffentlicht und am 07. 07. 2015 entnommen wurde, dass mittlerweile „viele […] chinesische Unternehmen im deutschen Mittelstand investiert [haben]" (vgl. M 9, Z. 2 f.). Was spricht bei einem **Familienunternehmen**, das vor der Entscheidung steht, einen chinesischen Investor an seinem Unternehmen zu beteiligen, dafür beziehungsweise dagegen?
Eine **zentrale externe Herausforderung** von Familienunternehmen ist laut M 8 der **Preiswettbewerb**. Immerhin 72 % der Befragten nennen diesen Aspekt. Mithilfe einer chinesischen Investition könnte das Familienunternehmen eventuell die Fertigung kostengünstiger gestalten und die Produkte preisgünstiger auf dem Markt anbieten.
Zudem besteht durch die Verbindung zum chinesischen bzw. asiatischen Markt die **Chance, Wachstumspotenziale** durch weitere Markterschließung **zu nutzen,** was den exportorientierten Familienunternehmen entgegenkommt (vgl. M 6).
Am zweithäufigsten wird mit 68 % die Innovationsfähigkeit als Herausforderung gesehen (vgl. M 8). Laut Text von Friederike Wehnert können chinesische Investoren ihr Kapital in **Forschung, Entwicklung und Produktion** anlegen (vgl. M 9,

Z. 34 ff.). Nach Robert Hermann „legen sie vor allem Wert darauf, dass die **Innovationskompetenz der deutschen Unternehmen in Deutschland bleibt**" (vgl. M 9, Z. 39 f.).
Damit ergibt sich eine **Standort- und Arbeitsplatzsicherung**, die sowohl im Sinne der Mitarbeiter als auch im Sinne der unternehmerischen Verantwortung ist. Auch wenn die Anzahl der durch chinesische Investoren geschaffenen Arbeitsplätze schon höher war, kommen dennoch jährlich einige Arbeitsplätze hinzu (vgl. M 9, Z. 14 ff.).
Bei einer Entscheidung sollte natürlich im Auge behalten werden, dass die Investitionen nicht auf die Forschung und Entwicklung in Deutschland beschränkt werden und die Produktion teilweise oder ganz **in den asiatischen Raum verlagert** wird. Dies würde wiederum Arbeitsplätze gefährden.
Darüber hinaus können **sprachliche und kulturelle Unterschiede** die Verhandlungen erschweren. Die **Unternehmenskultur** (vgl. M 7) des Familienunternehmens könnte sich durch den neuen Investor **verändern**. Problemtisch dabei könnte sein, dass nicht alle Mitarbeiter oder Kunden dies positiv sehen und es dadurch sogar zu einem **Image-Verlust** kommen könnte. Außerdem besteht die Gefahr, dass **Corporate-Social-Responsibility-Elemente abgebaut** werden.
Die größte Gefahr für das Familienunternehmen besteht jedoch, wenn die Innovationskompetenz entgegen der Aussage von Hermann (vgl. M 9, Z. 39 ff.) nicht dauerhaft in Deutschland gefördert wird. Dann könnte die Technologiekompetenz und das **Know-how deutscher Unternehmen nach China transferiert** und der **Schutz geistigen Eigentums ignoriert** werden. Somit würden die Wettbewerbsfähigkeit und der Bestand des Unternehmens gefährdet.
Eine eindeutige Empfehlung kann nicht ausgesprochen werden. Das Familienunternehmen sollte die **Chancen und Risiken genau abwägen** und versuchen, sich von Unternehmen mit Erfahrung bei solchen Investitionen Informationen zu beschaffen. Diese können bei Verhandlungen und dem Aushandeln eines Vertrages wertvoll sein, um Fehler zu vermeiden.

Schriftliche Abiturprüfung Wirtschaft (Baden-Württemberg) 2017

Passende Punkte des aktuellen Lehrplans:
- Grundlagen der Betriebswirtschaft: Die Schülerinnen und Schüler können…
  … den Einfluss von gesellschaftlichem und technologischem Wandel (zum Beispiel Digitalisierung) auf unternehmerische Entscheidungen erklären
- Arbeitsmärkte: Die Schülerinnen und Schüler können…
  … den individuellen und gesellschaftlichen Stellenwert der Arbeit bewerten (Arbeitsgesellschaft, Tätigkeitsgesellschaft)

Strukturwandel durch Digitalisierung – Herausforderung „Industrie 4.0"
Die Digitalisierung ist ein wesentliches Merkmal des gegenwärtigen Strukturwandels. Seit Anfang des 21. Jahrhunderts stehen dabei Geschäftsmodelle im Vordergrund, die auf Flexibilisierung und Individualisierung setzen. Dies wird mittlerweile mit dem Schlagwort der „Industrie 4.0" verbunden, einem Begriff, der für ein Zukunftsprojekt der deutschen Bundesregierung steht. Die Unternehmen und ihre Stakeholder werden dadurch vor veränderte Aufgaben und neue Herausforderungen gestellt.

Bei der Bearbeitung der folgenden Aufgaben sind geeignete Materialien in Abhängigkeit von der Aufgabenstellung einzubeziehen und zu belegen.

Aufgaben:

1.	Stellen Sie Veränderungen in der Wertschöpfungskette von Unternehmen durch die Digitalisierung dar.	12 VP
2.	Erläutern Sie Auswirkungen der Digitalisierung auf das Verhältnis zwischen Kunden und Unternehmen.	14 VP
3.	Erörtern Sie, inwieweit der Standort Deutschland aus Sicht der Unternehmen in Bezug auf die Anforderungen der Digitalisierung wettbewerbsfähig ist.	16 VP
4.	„Industrie 4.0 kann nur funktionieren, wenn die Belange der Arbeitnehmer rechtzeitig einbezogen werden." (Jörg Hofmann, IG Metall, M 8, Z. 4 f.) Beurteilen Sie mögliche Auswirkungen von „Industrie 4.0" auf den Produktionsfaktor Arbeit.	18 VP
		60 VP

M 1 Wertschöpfungskette (nach Porter)

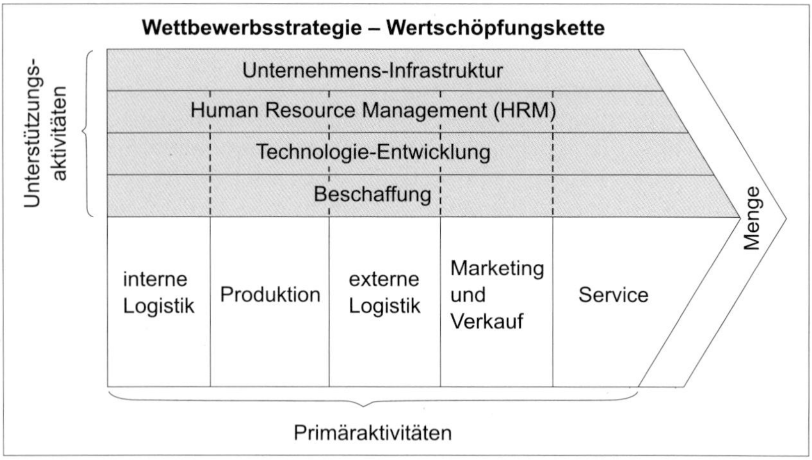

http://wirtschaftslexikon.gabler.de/rMedia/53738_small.png, entnommen am 12.07.2017

M 2 Die Revolution, die auf leisen Sohlen kommt

Hier in Hornburg an der Saar hat Bosch Rexroth also die neue Ära in der Produktion eingeläutet. Industrie 4.0 heißt das Schlagwort, das nichts weniger umschreibt als die vierte industrielle Revolution (nach Dampfmaschine, Fließband und Computer). In Zukunft sollen sich Mensch und Maschine, die Maschinen untereinander und alle auch noch mit Kunden und Lieferanten vernetzen – selbstverständlich weltweit. Dies soll zu mehr Flexibilität und Produktivität sowie zu höherer Qualität führen.

Ende 2014 wurde in Hornburg die neue, vernetzte Produktionslinie in Betrieb genommen. Bis zu vier Mitarbeiter sind zeitgleich an der neuen Linie tätig und fertigen elektrohydraulische Ventile. Ohne sie würden sich Pflug, Mähwerk, Frontlader und Sämaschine, die an einen Traktor angehängt werden, weder heben noch senken noch rotieren. Wegen der großen Typenvielfalt eigne sich dieses Geschäft besonders gut für Industrie 4.0, sagt Frank Hess, technischer Leiter in Homburg. Schließlich soll diese nächste Stufe der Automatisierung selbst bei Kleinstserien flexibel und effizient sein. Bosch Rexroth bietet seinen Landtechnik-Kunden 250 Varianten an.

Bevor der Mitarbeiter nun Hand an ein Werkstück legt, muss er sich zunächst einmal anmelden. Ziel ist, einen individuell zugeschnittenen Arbeitsplatz zu schaffen. Hat der Mitarbeiter viel Erfahrung, benötigt er wenig Montageanleitung, die er in seiner Muttersprache auf einem Bildschirm auf Augenhöhe in unmittelbarer Nähe der Station ablesen kann. Dort ist jeder einzelne Arbeitsschritt angeschrieben. Doch warum benötigt der Mitarbeiter eine individuelle Anmeldung für Handgriffe, die er – mit entsprechender Erfahrung – quasi im Schlaf kann? Im Rahmen des Projekts Industrie 4.0 werden 25 (von insgesamt 250) Varianten gefertigt, und zwar in beliebiger Abfolge. Dies spart zeitaufwendiges Umrüsten, und Kundenwünsche lassen sich schneller erfüllen, erläutert Hess. Und damit steige die Produktivität. Ein Mitarbeiter kann noch so viel Erfahrung haben, doch bei einem ständigen Typenwechsel braucht auch er manchmal einen Hinweis via Bildschirm. Auf seinem Weg durch die insgesamt neun Stationen trifft das Werkstück immer wieder auf Sensoren – winzig kleine, intelligente Teilchen, die Informationen sammeln. Beim Schrauber etwa misst der Sensor, mit welcher Kraft die Schraube angezogen wird – und gibt grünes Licht, wenn sie perfekt sitzt. An einer anderen Station misst ein Sensor, dass das Werkstück kein Öl verliert. Beides hilft, Fehler zu vermeiden. In Hornburg kommunizieren Mitarbeiter, Werkstück und Maschine miteinander – mehr Vernetzung gibt es derzeit nicht. So werden etwa Materialkästen von Mitarbeitern in regelmäßigen Abständen aufgefüllt. Dies wird sich aber demnächst ändern; dann meldet das System selbst, was an welchem Arbeitsplatz fehlt. Auch die Materialbestellung beim Lieferanten soll dann die Maschine übernehmen. Und in einem übernächsten Schritt – 2017 oder 2018 wird es so weit sein, schätzt Werkleiter Hess – werden Schwesterwerke wie das in China in das System eingebunden. Dann kann etwa eine Software, die in Hornburg erfolgreich läuft, einfach per Datenleitung auch im Werk im Reich der Mitte installiert werden.

Inge Nowak, Stuttgarter Zeitung vom 11. 04. 2015

M 3 HP: erst die richtigen Fragen, dann die Informationstechnologie

Ein IT-Anbieter, der in der Industrie 4.0 erfolgreich sein will, darf nicht mehr von der Software aus denken, sondern er muss sich viel intensiver als bisher mit den Geschäftsprozessen des Kunden auseinandersetzen – das ist das Kredo des IT-Konzerns Hewlett-Packard (HP). „Sie müssen dem Kunden vor allem die Möglichkeit geben, die neu gefundenen Anwendungen kostengünstig zu testen, um überhaupt herauszufinden, ob sie funktionieren“, sagt ein HP-Sprecher. IT-Experten werden so auf einmal auch zu strategischen Beratern, weil sie sich gemeinsam mit dem Kunden auch über neue Geschäftsmodelle den Kopf zerbrechen. Dies bedeute auch einen Rollenwechsel für die IT-Abteilungen in den Firmen selbst: Sie müssten weniger die bestehenden IT-Prozesse am Laufen halten. Diese werden im Zuge der Industrie 4.0 immer mehr in die Internet-Cloud ausgelagert. Die hauseigenen IT-Experten werden zu Beratern der Geschäftsführung. HP hat sein Augenmerk auch auf einen Bereich gerichtet, der in Deutschland besonders beachtet wird: Wenn Unternehmen verstärkt Daten mit anderen Firmen teilen, dann wollen sie sicherstellen, dass nur die Informationen fließen, die sie auch herausgeben wollen. HP ist gerade dabei, ein mit seinem Namen an das legendäre US-Golddepot angelehntes „virtuelles Fort Knox“ zu entwickeln, das den offenen Datenaustausch mit hoher Sicherheit verbinden soll.

Wirtschaft in Baden Würtemberg Nr. 3, age/19. 05. 2015 Beilage der Stuttgarter Zeitung und der Stuttgarter Nachrichten

M 4 Kundenbeziehungsmanagement (Customer Relationship Management)

Autorengrafik (Prüfungskommission)

M 5 Die Arbeiter bleiben in der Fabrik

Jede Stufe der Industrialisierung kostete viele Jobs – und schuf neue Arbeitsplätze, die oft interessanter waren, besser bezahlt und weniger gefährlich als zuvor. So ersetzten Industrieroboter in den achtziger Jahren viele Arbeitsplätze. Die Angst vor der Massenarbeitslosigkeit relativiert der nähere Blick in die Studie des Weltwirtschaftsforums: Gehen in den nächsten fünf Jahren tatsächlich fünf Millionen Arbeitsplätze in den 15 größten Industrienationen verloren, würde die Arbeitslosenquote in den betroffenen Ländern um weniger als 0,3 Prozentpunkte zunehmen. Im Vergleich dazu stieg die Arbeitslosenquote während der Finanz- und Euro-Krise (2008 bis 2013) EU-weit um 3,9 Prozentpunkte, in den Krisenländern sogar um 15 bis 20 Prozentpunkte. Um Missverständnisse zu vermeiden: Auch hinter 0,3 Prozentpunkten mehr Arbeitslosigkeit stehen dramatische Einzelschicksale. Ein radikaler Wandel auf dem Arbeitsmarkt aber sieht anders aus. Die Herausforderung Digitalisierung ist lösbar. Deutschlands Entwicklung der vergangenen Jahre zeigt, wie. Trotz der Finanzkrise sank hierzulande die Arbeitslosigkeit. Einer der Gründe dafür war die hohe Produktivität und Wettbewerbsfähigkeit der deutschen Wirtschaft. Automatisierung und Digitalisierung hatten daran einen wichtigen Anteil. Gehen wir nun den Schritt zur

Industrie 4.0, können wir die internationale Wettbewerbsfähigkeit weiter stärken, Arbeitsplätze im Hochlohnland Deutschland halten und sogar neue Jobs schaffen. Erste Firmen denken bereits darüber nach, ausgelagerte Arbeitsplätze nach Deutschland zurückzuholen.

Die Menschen werden dabei nicht aus den Fabrikhallen verschwinden. Was sich sinnvoll automatisieren lässt, wird automatisiert. Der Stellenabbau kann aber durch Wachstumsimpulse überkompensiert werden. Die Beratungsfirma BCG rechnet allein im Maschinenbau in den nächsten zehn Jahren mit rund 95 000 zusätzlichen Jobs. Die Arbeit verschwindet also nicht, sie wird neu definiert. Um etwa Datenaustausch in Echtzeit und eine vernetzte Produktion umzusetzen, brauchen wir Teams aus allen Ingenieurdisziplinen. Spezialisierte Fachkräfte bedienen und warten die Maschinen. Der Bedarf an Experten aus den Bereichen Mathematik, Informatik, Naturwissenschaft und Technik (MINT) steigt. Mit der simplen Forderung nach mehr Informatikern, Ingenieuren und technischen Fachkräften ist es nicht getan. Wir müssen uns darauf einstellen, dass jeder Job in Zukunft auch eine digitale Komponente haben wird. Werkzeugmeister vernetzen sich mit Kollegen in anderen Firmen, um Werkstücke schneller und präziser auf Fehler zu überprüfen. Pflegekräfte nutzen Apps, um ihre Arbeitszeiten zu planen und Krankenakten digital zu pflegen. In keinem dieser Beispiele müssen die Beschäftigten programmieren lernen. Gefragt sind Neugier und Lernbereitschaft. Beschäftigte mit 30 oder 40 Jahren Berufserfahrung können von der neuen Technik profitieren. Jobs in der Fertigung werden physisch weniger anspruchsvoll. Erfahrene Mitarbeiter bleiben ihrem Unternehmen länger erhalten. Die Voraussetzung: lebenslanges Lernen. Viele Hochschulen und auch größere Firmen experimentieren dafür mit Online-Kursen. Führungskräfte müssen erkennen, was die Digitalisierung für ihr Geschäft bedeutet. Unternehmen und Mitarbeiter brauchen Raum für Experimente und neue Ideen. Aus- und Weiterbildung sollten kontinuierlicher und flexibler werden, um mit dem Tempo der technologischen Innovation Schritt zu halten. Auswendig gelernte Fachkenntnisse verlieren an Wert. Flexibilität, Medienkompetenz, interdisziplinäres Denken und Selbstorganisation werden wichtiger. Deutschland ist für diese Herausforderungen gut aufgestellt.

Henning Kagermann, FAZ vom 15. 02. 2016, verändert;
http://www.faz.net/aktuell/beruf-chance/arbeitswelt/fuehrt-digitalisierung-in-der-arbeitswelt-zum-job-verlust-14069000.html

M 6 Unterschiede im Umgang mit „Industrie 4.0" (2014)

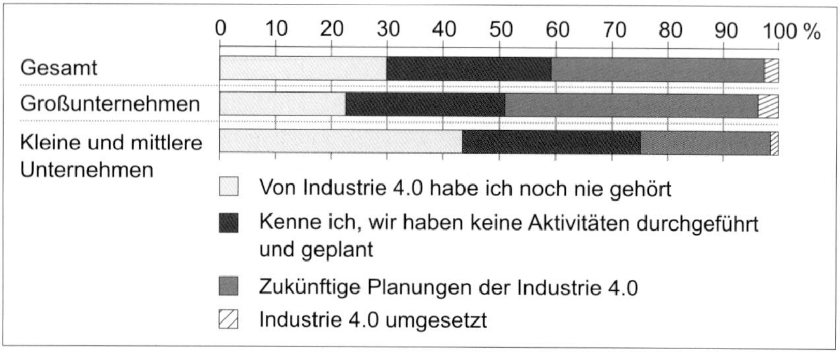

Darstellung nach: Industrie 4.0 Volks- und betriebswirtschaftliche Faktoren für den Standort Deutschland, herausgegeben vom Bundesministerium für Wirtschaft und Energie

M 7 Was der Industrie 4.0 im Wege steht (2015)

Unternehmen, die erst einzelne oder keine Industrie 4.0-Konzepte umgesetzt haben, nannten diese Gründe für ihre Zurückhaltung (in Prozent):

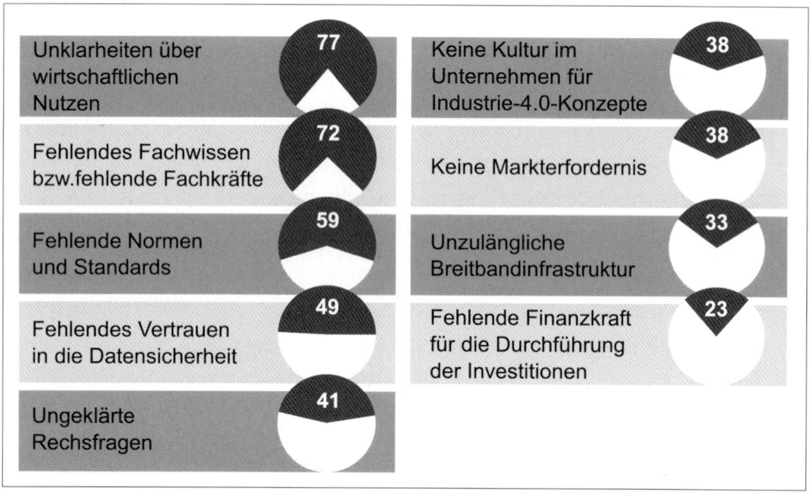

Befragung von 167 Mitgliedsunternehmen des Verbands Deutscher Maschinen- und Anlagenbau, Darstellung nach: IW Köln, IW-Dienst Nr. 41, 8. 10. 15

M 8 Digital malochen – Was Industrie 4.0 mit Mensch und Maschine macht

Die Digitalisierung der Wirtschaft gefährde in den kommenden zwei Jahrzehnten fast die Hälfte der Arbeitsplätze in den USA, erwarten die beiden Oxford-Professoren Carl Benedikt Frey und Michael Osborne. Die größte Industriegewerkschaft der Welt versucht sich darauf einzustellen. „Industrie 4.0 kann nur funktionieren, wenn die Belange der Arbeitnehmer rechtzeitig einbezogen werden“, sagt Jörg Hofmann, zweiter Vorsitzender der IG Metall. Er hat dafür gesorgt, dass seit Anfang des vergangenen Jahres in einer neuen Abteilung „Zukunft der Arbeit“ Soziologen und Politologen für die IG Metall erforschen, was alles droht. „Wir wehren uns gegen die Amazonisierung der Arbeitswelt, in der Arbeitgeber allein bestimmen, wann und zu welchen Bedingungen gearbeitet wird, wie die Arbeit organisiert wird und welche Daten der Arbeitnehmer dafür genutzt werden“, sagt IG Metall-Chef Hofmann. „Und wir brauchen neue Antworten in Bezug auf Datenschutz und Datensicherheit.“

Sicher, die Zahl der Arbeitsplätze in der IT- und Telekommunikationswirtschaft hierzulande wächst ständig. Rund 26 000 sind nach Angaben der Branche allein 2014 hinzugekommen, Ende dieses Jahres ist die Millionenmarke in Sicht. Aber in der Industrie sind mehr als sieben Mal so viele Menschen beschäftigt. Was also geschieht mit dem Heer der Industriearbeiter, wenn sich künftig die Maschinen ohne ihr Zutun miteinander unterhalten können? Was passiert mit den einfachen Industriearbeitsplätzen, wenn Algorithmen die mechanischen Konstruktionen zu ungeahnter Effizienz treiben? Wenn Roboter nicht mehr nur programmierte Bewegungen stoisch absolvieren, sondern mit fünf Sinnen lernen und flexibel reagieren können? Die meisten von ihnen werden weiterhin Arbeit haben, sind sich Fachleute aus der Wissenschaft sicher. „Die menschenleere Fabrik ist eine Vision, die es nicht gibt“, stellt Josephine Hofmann klar. Sie forscht am Fraunhofer-Institut für Arbeitswirtschaft und Organisation unter anderem zur Flexibilisierung der Arbeitswelt. „Es werden Stellen wegfallen, gleichzeitig werden neue entstehen. Es wird auch neue Berufe geben, die wir heute noch nicht kennen.“ Von Endzeitszenarien, wie sie Frey/Osborne prophezeien, hält sie nicht viel.

Arbeitsmarktforscher bemühen sich derzeit um eine breite gesellschaftliche Debatte über Digitalisierung. Diese Zukunft hat nach Einschätzung des Industriesoziologen Hartmut Hirsch Kreinsen viele Gesichter: Durch zunehmende Automatisierung werden Arbeitsplätze ersetzt; auf der Facharbeiterebene kann es zu Dequalifizierungen kommen; eine „Qualifikationsaufwertung“ ist aber auch möglich, weil die Fertigung komplexer wird und „Überblickswissen“ gefragt ist.

Wie künftig die Berufsausbildung in der Automobilbranche aussehen könnte, das versuchen derzeit Volkswagen und das Bundesinstitut für Berufsforschung (BIBB) herauszufinden. Neben Informatik-Kenntnissen wie Programmierung werden demnach vor allem Problemlösungskompetenzen etwa bei Wartung und Reparatur einen höheren Stellenwert bekommen.

nach: Alfons Frese, Simon Frost/ Der Tagesspiegel

M 9 EU-Unternehmen mit schnellem Internet (2015)

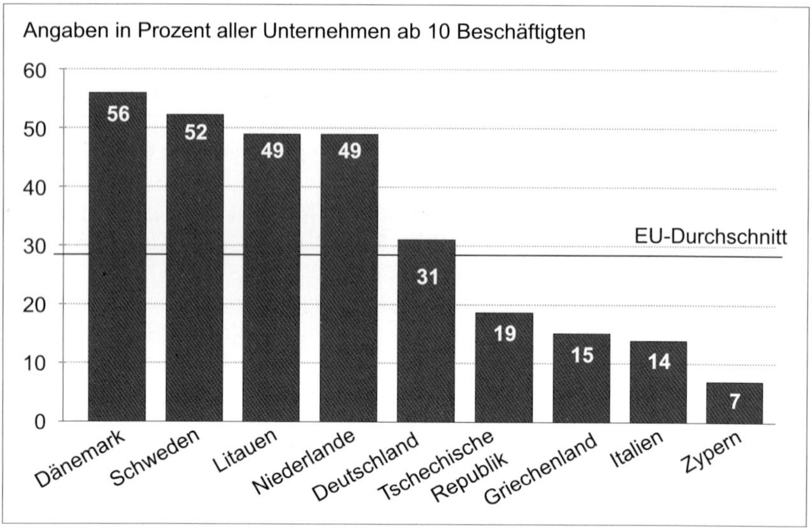

nach: Statistisches Bundesamt Wiesbaden, 2015

Lösungsvorschlag

1. *„Darstellen“ bedeutet hier, dass Sie die Strukturen und Zusammenhänge der Veränderungen in der Wertschöpfungskette von Unternehmen durch die Digitalisierung beschreiben und verdeutlichen. Dabei können Sie sich an der Struktur in M 1 orientieren. Als weitere Materialien zur Beantwortung der Aufgabe bieten sich M 2 – M 5 an.*

   Die **Wertschöpfungskette** beinhaltet alle zusammenhängenden Unternehmensaktivitäten des **gesamten Lebenszyklus** von Produkten.
   Zu den Primäraktivitäten gehören laut Schaubild in M 1 „Wertschöpfungskette (nach Porter)“, welches am 12. 07. 2016 dem Wirtschafslexikon Gabler entnommen wurde *(http://wirtschaftslexikon.gabler.de)*, die interne Logistik, die Produktion, die externe Logistik, das Marketing und der Verkauf sowie der Service. Über das Schaubild hinaus kann man auch die Wiederverwendung oder Entsorgung der Produkte als Aktivitäten anfügen.
   Die **Digitalisierung** kann im Bereich der **internen Logistik** beispielsweise dazu führen, dass sich kein Mitarbeiter mehr um die Überprüfung der vorhandenen bzw. fehlenden Materialien an den Arbeitsplätzen kümmern muss, sondern die Produktionsanlage selbst fehlende Materialien feststellt und bestellt (vgl. M 2, Inge Nowak: „Die Revolution, die auf leisen Sohlen kommt“, Stuttgarter Zeitung vom 11. 04. 2015, Z. 36 ff.).
   In der **Produktion** kann die Digitalisierung außerdem dafür sorgen, dass der Arbeitsplatz **individuell** auf den einzelnen Mitarbeiter **zugeschnitten** wird. Dieser sieht zum Beispiel seine Arbeitsanweisungen oder Arbeitsschritte auf einem Bildschirm (vgl. M 2, Z. 18 ff.). Zudem können durch den Einsatz von Sensoren, die die einzelnen Arbeitsschritte überprüfen, **Fehler vermieden** werden (vgl. M 2, Z. 29 ff.). Laut Henning Kagermann, dessen Artikel „Die Arbeiter bleiben in der Fabrik“ am 15. 02. 2016 unter *http://www.faz.net* veröffentlicht wurde, benötigt man für einen „Datenaustausch in Echtzeit und eine vernetzte Produktion“ (Z. 27) Teams mit Experten unterschiedlicher Disziplinen (vgl. M 5, Z. 27 ff.). Jeder Job habe zukünftig auch digitale Aspekte (vgl. Z. 32 f.). Dies gilt auch für die Produktion.
   Der Datenaustausch ist des Weiteren bei der **externen Logistik** von Bedeutung: „Auch die Materialbestellung beim Lieferanten soll […] die Maschine übernehmen.“ (M 2, Z. 38 f.)
   Im Bereich des **Marketings und des Verkaufs** kann die Digitalisierung eine größere Typenvielfalt bzw. **Produktdifferenzierung** auch bei Kleinstserien ermöglichen (vgl. M 2, Z. 12 ff.). Außerdem können **Kundenwünsche** schneller erfüllt werden (vgl. M 2, Z. 26). Durch individuellere Angebote und schnellere Umsetzung steigt die Kundenzufriedenheit und damit auch die Kundenbindung.
   Kundenbindung kann zudem dadurch verstärkt werden, dass die Unternehmen die digitale Kundenbeziehung als **strategischen Ansatz** verfolgen. Das digitale Customer Relationship Management ermöglicht in bestimmten Bereichen eine regelmäßige und auch individuelle Betreuung von Kunden und ihren Daten (vgl. M 4).

Indem Kundendaten besser verwaltet werden können, ist eine direkte Ansprache, z. B. durch regelmäßige Newsletter und personalisierte E-Mails, leichter möglich. Über **Social-Media**-Angebote und Apps können Kunden außerdem regelmäßig in Kontakt mit den Unternehmen treten.
Auch für den **Service** sind die genannten Maßnahmen des **Kundenbeziehungsmanagements** wichtige Aspekte für einen regelmäßigen Kontakt und Austausch. Laut Artikel „HP: erst die richtigen Fragen, dann die Informationstechnologie", der am 19. 05. 2015 in einer Beilage der Stuttgarter Zeitung erschienen ist, sei es für einen IT-Anbieter wichtig, sich viel intensiver als bisher mit den Geschäftsprozessen des Kunden auseinanderzusetzen (vgl. M 3, Z. 1 ff.). „IT-Experten werden so auf einmal auch zu strategischen Beratern, weil sie sich gemeinsam mit dem Kunden auch über neue Geschäftsmodelle den Kopf zerbrechen." (M 3, Z. 6 ff.)
Am Ende des Produktlebenszyklus können durch die Digitalisierung die **Wiederverwendung** der Produkte oder die **Entsorgung** erleichtert werden. Da die nicht mehr benötigten Produkte als Rohstoffquelle genutzt werden können, ist es wichtig, genau zu erfassen, in welcher Menge Rohstoffe gewonnen werden. Dies ist mithilfe der Digitalisierung sehr viel leichter möglich. Mit dieser Information ist es wiederum möglich, genaue Bestellmengen für zusätzlich benötigte Rohstoffe zu planen, sodass nicht zu wenig oder zu viel vorhanden ist. Somit werden Kosten gespart.
In **allen Bereichen der Wertschöpfungskette** werden also **weitführende Veränderungen** sichtbar. „In Zukunft sollen sich Mensch und Maschine, die Maschinen untereinander und alle auch noch mit Kunden und Lieferanten vernetzten – selbstverständlich weltweit." (M 2, Z. 4 ff.) Neben der **Vernetzung** sind **Individualisierung** und **Flexibilität** wichtige Aspekte. Eine große Herausforderung wird beim Datenaustausch auch die Datensicherheit sein (vgl. M 3, Z. 14 ff.).

2. *Bei dieser Aufgabe verlangt der Operator „erläutern", dass Sie die Auswirkungen der Digitalisierung auf das Verhältnis zwischen Kunden und Unternehmen beschreiben und anschaulich mit Beispielen oder Belegen erklären. Als Materialien bieten sich M 2 – M 4 an. Zum Teil werden aufgrund der Aufgabenstellung Aspekte, die bereits in Aufgabe 1 in Bezug auf Marketing und Verkauf eine Rolle spielten, noch einmal aufgegriffen und näher erläutert.*

Betrachtet man die Autorengrafik „Kundenbeziehungsmanagement (Customer Relationship Management)", so wird deutlich, dass in den Geschäftsprozessen **Marketing**, **Verkauf** und **Service** die **digitale Kundenbeziehung** eine große Rolle spielt und zu Veränderungen führen kann (vgl. M 4).
Die Beziehung zwischen Geschäftspartnern einerseits und zwischen Unternehmen und Endverbrauchern andererseits wird enger werden. Zum einen müssen sich IT-Anbieter **intensiver mit Kunden** und deren Geschäftsprozessen **auseinandersetzen** (vgl. M 3, Z. 1 ff.), um **Bedürfnisse** nicht nur zu generieren, sondern ihnen auch **gerecht zu werden**. Zum anderen können Unternehmen durch eine **effektive Gestaltung** des **Marketing-Mix** individuelle Angebote für Endverbraucher, zum Beispiel durch eine gezielte **Produktpolitik**, erstellen. Eine größere Typenvielfalt ermöglicht es, der Bedürfnisvielfalt der Kunden gerecht zu werden (vgl. M 2,

Z. 12 f.). Durch die Digitalisierung können außerdem unter Umständen Kosten eingespart werden. In der Folge ergeben sich Möglichkeiten zur Gestaltung der **Preispolitik**, beispielsweise können höhere Rabatte oder größere Nachlässe gewährt werden. Die **Distribution** wird ebenfalls erleichtert, wenn Maschinen erkennen, wann und wie viele Teile benötigt werden, und diese automatisch bestellen (vgl. M 2, Z. 38 f.). Dies spart Zeit und ermöglicht eine kontinuierliche Produktion.
Auch der vierte Teil des Marketing-Mix, die **Kommunikationspolitik**, wird durch vielfältige Serviceleistungen stark von der Digitalisierung beeinflusst. So können Unternehmen ihre Kunden zum Beispiel über Newsletter und Social-Media-Angebote regelmäßig informieren und so vielleicht Bedürfnisse wecken, die zu weiteren Verkäufen führen. Kunden können zudem leichter mit Unternehmen in Kontakt treten, um zum Beispiel ihre Reklamationen vorzutragen oder Unterstützung bei auftretenden Problemen zu erhalten (vgl. M 4).
Eine wichtige Rolle spielen außerdem **automatisierte Prozesse** der Kunden- bzw. Unternehmenskontaktierung, da hierdurch Kosten eingespart werden. Des Weiteren ist eine höhere Effizienz durch geringere Transaktionskosten möglich.
Durch die Vernetzung von Unternehmen und Kunden werden jedoch auch der **Umgang mit** und die **Sicherheit von Daten** wichtiger. Es dürfen nur solche Informationen ausgetauscht werden, die herausgegeben werden sollen (vgl. M 3, Z. 14 ff.). Außerdem muss sichergestellt werden, dass keine sensiblen Daten, z. B. Bankdaten, entwendet werden können, die zur Schädigung des Unternehmens oder des Kunden führen. Ebenso ist es wichtig, dass durch den Datenaustausch keine ungewollten Eingriffe in den Produktionsprozess von außen erfolgen.
Insgesamt können durch die Digitalisierung die Beziehungen zwischen Unternehmen und Kunden intensiviert werden, was für beide Seiten **Effektivitäts- und Effizienzvorteile** bringen kann. Voraussetzung ist aber ein sicherer Umgang mit den Daten.

3. *Bei dieser Aufgabe sollen Sie durch Abwägen von Für und Wider ein begründetes Urteil fällen, inwieweit der Standort Deutschland aus Sicht der Unternehmen in Bezug auf die Anforderungen der Digitalisierung wettbewerbsfähig ist. Beachten Sie, dass nur aus Sicht der Unternehmen argumentiert werden soll. Sie können zur Beantwortung der Aufgabe z. B. die Materialien M 5, M 6, M 7 und M 9 verwenden.*

Die Entwicklung der Wirtschaft wird durch den **Strukturwandel** beeinflusst. Aktuell und zukünftig ist die **Digitalisierung** ein wesentliches Merkmal des Strukturwandels, auf das sich die Unternehmen einstellen müssen, um wettbewerbsfähig zu bleiben. Dies kann nur gelingen, wenn sie der Digitalisierung offen gegenüberstehen und die Herausforderungen bewältigen, um letztendlich in einer globalisierten Welt auch international bestehen zu können. Inwieweit ist aber der Standort Deutschland aus Sicht der Unternehmen in Bezug auf die Anforderungen der Digitalisierung wettbewerbsfähig?
Gegen die Wettbewerbsfähigkeit des Standorts Deutschland im Bereich der Arbeit und Qualifikation spricht, dass laut Schaubild „Was der Industrie 4.0 im Wege steht (2015)“, das nach einer Befragung von Mitgliedsunternehmen des Verbands

Deutscher Maschinen- und Anlagenbau vom Institut der deutschen Wirtschaft Köln am 8. 10. 2015 veröffentlicht wurde, bei 72 % der befragten Unternehmen als Hinderungsgrund **fehlendes Fachwissen** bzw. **fehlende Fachkräfte** genannt werden (vgl. M 7). Diese Tatsachte unterstreicht auch Artikel M 5, in dem auf den steigenden Fachkräftebedarf im MINT-Bereich verwiesen wird (vgl. M 5, Z. 29 f.).
Ein weiterer Hinderungsgrund betrifft die **Kapitalausstattung** und die **Kapitalbeschaffung**. Nach M 7 geben 23 Prozent der Unternehmen eine fehlende Finanzkraft für die Durchführung der Investitionen an. Diese muss jedoch gegeben sein, damit Unternehmen sich die Digitalisierung leisten können.
Auf fehlende Normen und Standards führen immerhin 59 Prozent der Unternehmen die Zurückhaltung bei der Digitalisierung zurück. Ergänzend nennen 41 Prozent der Befragten ungeklärte Rechtsfragen (vgl. M 7).
Betrachtet man das Schaubild „Unterschiede im Umgang mit ‚Industrie 4.0'" (vgl. M 6), welches nach einer Studie des BMWI erstellt wurde, stellt man fest, dass über 40 % der kleineren und mittleren Unternehmen von „Industrie 4.0" noch nie etwas gehört haben. Bei den Großunternehmen sind es immerhin noch über 20 %. Diese **Unwissenheit** schwächt den Standort Deutschland. Wenn die Unternehmen den Strukturwandel durch die Digitalisierung nicht einmal wahrnehmen, ist auch nicht anzunehmen, dass sie den Herausforderungen gewachsen sind.
Ein weiterer Aspekt, der die Wettbewerbsfähigkeit schwächt, ist die unzulängliche **Breitbandinfrastruktur** in Deutschland, die von 33 Prozent der befragten Unternehmen in M 7 als Grund für fehlende Industrie-4.0-Konzepte genannt wird. Dass die Zahl der Unternehmen mit schnellem Internetzugang in Deutschland im EU-weiten Vergleich nur im Mittelfeld liegt, zeigt das Schaubild „EU-Unternehmen mit schnellem Internet (2015), das nach Daten des Statistischen Bundesamtes Wiesbaden erstellt wurde (vgl. M 9).
Es gibt jedoch auch einige **Aspekte**, die **für die Wettbewerbsfähigkeit** des Standortes Deutschland sprechen und die viele der genannten negativen Punkte neutralisieren oder zumindest abschwächen. So haben sich die Bundesregierung und auch verschiedene Landesregierungen den **verstärkten Ausbau des Breitbandnetzes** als politisches Ziel im Rahmen von „Industrie 4.0" gesetzt.
Außerdem haben über 45 % der Großunternehmen und über 20 % der kleineren und mittleren Unternehmen mit der **Planung** der „Industrie 4.0" bereits begonnen (vgl. M 6). Insbesondere die **Maschinenbau-Industrie** in Deutschland ist international gut aufgestellt, was die vielen Exporte der vergangenen Jahre zeigen, und sie versucht heute schon, durch **starke Kundenorientierung** und Digitalisierung die Qualitätsführerschaft zu festigen.
Ein weiterer wichtiger Aspekt ist die **Rechtssicherheit**, die allgemein in vielen Bereichen in Deutschland gegeben ist und die durch regelmäßige Gesetzgebung in einem stabilen politischen System auch erweitert wird.
Durch die aktuelle **Niedrigzinspolitik** der Europäischen Zentralbank ist die Beschaffung von Kapital mit sehr günstigen Zinskonditionen zudem einfach, sodass Unternehmen auch in größerem Umfang **in die Digitalisierung investieren** können. Begünstigt wird dies durch die Tatsache, dass es sich für die Unternehmen

nicht lohnt, vorhandenes Geld anzulegen, da sie kaum Zinsen dafür erhalten. Diese Situation ist für die Wettbewerbsfähigkeit durchaus förderlich.
Als letzter Punkt sei noch die **Ausbildungs- und Qualifikationssituation** in Deutschland genannt, die allgemein sehr hoch ist. Unternehmen und Hochschulen bieten vielfältige Möglichkeiten der **Aus- und Weiterbildung** an, zum Beispiel Online-Kurse (vgl. M 5, Z. 41 f.).
Auch wenn der Standort Deutschland in Bezug auf die Anforderungen der Digitalisierung noch **einige Defizite** aufweist, gibt es somit viele Aspekte, die dafürsprechen, dass die Wettbewerbsfähigkeit gegeben ist.

4. *Bei der letzten Aufgabe sollen Sie mögliche Auswirkungen von „Industrie 4.0" auf den Produktionsfaktor Arbeit prüfen und dabei die angewandten Kriterien (z.B. ausgeglichene Machtverhältnisse, Legitimität, Effizienz, Nachhaltigkeit) nennen. Als Materialgrundlage können Sie z. B. M 2, M 3, M 5 und M 8 verwenden.*

Dass die Digitalisierung Auswirkungen auf den Produktionsfaktor Arbeit haben wird, wird durch die Aussagen unterschiedlicher Personen in den Materialien M 5 und M 8 deutlich. Dabei werden sowohl negative wie auch positive Veränderungen genannt.
Anhand eines Zitats von Jörg Hofmann, das dem Artikel „Digital malochen – Was Industrie 4.0 mit Mensch und Maschine macht" von Alfons Frese und Simon Frost für den Tagesspiegel entnommen wurde, wird deutlich, dass das Verhältnis von Arbeitnehmer und Arbeitgeber eine wichtige Rolle bei der Umsetzung der Digitalisierung spielen wird. Zu befürchten ist eine Veränderung der **Machtverhältnisse**: In diesem Zusammenhang wird zum Beispiel von der „Amazonisierung der Arbeitswelt" (M 8, Z. 9) gesprochen, bei der die Kräfteverhältnisse so verschoben werden, dass nur noch der Arbeitgeber allein bestimmen kann und die Bedingungen festlegt. Die Folge wäre eine teilweise Umgehung des bestehenden Arbeitsrechts, was unter dem Gesichtspunkt der **Legitimität** kritisch gesehen werden kann. In diesem Zuge stellt sich für die Gewerkschaften auch die Frage, welchen Einfluss sie zukünftig haben werden und ob sie an **Macht** einbüßen (vgl. M 8, Z. 4 f.). Insbesondere fallen hierbei Mitbestimmungsrechte bei Tarifverhandlungen und bei der Arbeitsplatzsicherheit ins Gewicht. Professoren wie Carl Benedikt Frey und Michael Osborne erwarten eine Gefährdung von fast der Hälfte der Arbeitsplätze in den USA in den kommenden zwei Jahrzehnten (vgl. M 8, Z. 1 ff.) und auch andere befürchten enorme Arbeitsplatzverluste (vgl. M 5, Z. 4 f.). Insbesondere ungelernte Industriearbeiter stehen hierbei im Fokus. Allerdings können durch die Digitalisierung auch Arbeitsplätze geschaffen werden. Typische Beispiele hierfür sind die IT- und Telekommunikationsbranche (vgl. M 8, Z. 14 ff.). Die Frage ist aber, ob die Anzahl der wegfallenden Arbeitsplätze durch die neuentstehenden **ausgeglichen werden** kann.
Zudem spielt die Qualifikation der Arbeitnehmer zunehmend eine wichtige Rolle. Experten im MINT-Bereich werden immer häufiger gesucht (vgl. M 5, Z. 29 f.) und es entstehen Aufstiegsmöglichkeiten für IT-Experten (vgl. M 3, Z. 6 ff.). Die neuen Berufsfelder bieten für Geringqualifizierte allerdings kaum Zukunftschancen.

Selbst Facharbeiter müssen damit rechnen, dass es zu **„Dequalifikationen"** kommt (vgl. M 8, Z. 34 f.).
Ein weiterer wichtiger Punkt bei der Beurteilung von möglichen Auswirkungen ist die **Nachhaltigkeit**. Im Zuge der Digitalisierung kann es zu Entlastungen für die Arbeitnehmer kommen, z. B. durch die Individualisierung des Arbeitsplatzes (vgl. M 2, Z. 17 ff.). Arbeiten können somit schneller und einfacher durchgeführt werden, was die **Effizienz** steigert und zugleich die **Belastung der Arbeitnehmer reduziert.** Dies fördert die Gesundheit und somit letztlich die **Nachhaltigkeit**.
Zusammenfassend kann somit gesagt werden, dass die Auswirkungen von „Industrie 4.0" auf den Produktionsfaktor Arbeit sowohl **negativ** als auch **positiv** sein können. Die Entwicklung und somit die Beurteilung sind stark davon abhängig, was die jeweiligen Akteure unternehmen. Wenn der Gesetzgeber beispielsweise dafür sorgen wird, dass die rechtlichen Rahmenbedingungen rechtzeitig angepasst werden, kann das **Machtverhältnis** zwischen Arbeitnehmern und Arbeitgebern bewahrt werden. Wenn sich Arbeitnehmer rechtzeitig fort- und weiterbilden, können sie die Chancen von „Industrie 4.0" für sich nutzen und einen **guten Arbeitsplatz** erhalten. Für die Unternehmen wäre es auf jeden Fall von Vorteil, ihre Angestellten bei diesen Maßnahmen zu unterstützen, da sie auf hoch qualifizierte Arbeitnehmer angewiesen sind. Am problematischsten sind die Entwicklungen **für Ungelernte**. Sie werden Schwierigkeiten haben, sich ihren Arbeitsplatz dauerhaft zu sichern oder bei Bedarf einen neuen zu finden.

Schriftliche Abiturprüfung Wirtschaft (Baden-Württemberg) 2018

Passende Punkte des aktuellen Lehrplans:

- Grundlagen der Betriebswirtschaft: Die Schülerinnen und Schüler können…
  … die betriebswirtschaftliche Situation eines Unternehmens anhand von Kennzahlen aus Bilanz und GuV (Liquidität, Rentabilität, Sicherheit, zum Beispiel Eigenkapitalquote) […] beschreiben
  … Finanzierungsmöglichkeiten […] einer Investition vergleichen
  … die ökonomische, soziale und ökologische Bedeutung und Verantwortung von Unternehmen für Volkswirtschaften darstellen
- Arbeitsmärkte: Die Schülerinnen und Schüler können…
  … staatliche Rahmenbedingungen […] und Ausgestaltungen auf dem deutschen Arbeitsmarkt darstellen (zum Beispiel Zeitarbeit, Niedriglohnsektor, Mindestlöhne)

„Traum oder Trauma"? Die Kreuzfahrtbranche auf dem Prüfstand
Neben der Automobil- und Mineralölindustrie zählt der Tourismus aus globaler Perspektive zu den größten Wirtschaftszweigen. Die Hochseekreuzfahrt gewinnt dabei stetig an Attraktivität. Fast zwei Millionen Deutsche waren 2015 Gast auf einem Kreuzfahrtschiff – Tendenz steigend. Kreuzfahrten sind aber sowohl unter dem Kriterium der Nachhaltigkeit als auch mit Blick auf die Arbeitsbedingungen an Bord umstritten.

Bei der Bearbeitung der folgenden Aufgaben sind geeignete Materialien in Abhängigkeit von der Aufgabenstellung einzubeziehen und zu belegen.

Aufgaben:

1. Charakterisieren Sie die Entwicklung des deutschen Marktes für Hochseekreuzfahrten. — 10 VP
2. Der Weltmarktführer *Carnival Corporation & plc* plant eine Ausweitung seiner Flotte: Ein neues Schiff für 5 500 Passagiere soll in Auftrag gegeben werden, welches rund 1,3 Mrd. US-Dollar kosten soll.
   Begründen Sie ausgehend von einer Analyse der Unternehmensdaten zwei betriebswirtschaftlich zielführende Finanzierungsmöglichkeiten. — 18 VP
3. Überprüfen Sie das Geschäftsmodell von Kreuzfahrtunternehmen im Hinblick auf seine Nachhaltigkeit. — 14 VP
4. Leiharbeit wird oft unter dem Kriterium der Nachhaltigkeit kontrovers diskutiert.
   Bewerten Sie anhand anderer Kriterien die Bedeutung atypischer Beschäftigungsformen für Arbeitnehmer und Arbeitgeber ausgehend von der Kreuzfahrtbranche. — 18 VP

60 VP

M 1 Einführung: Kreuzfahrtunternehmen weltweit

Während es viele verschiedene Unternehmen für Hochseekreuzfahrten gibt, wird der Bereich von drei großen Kreuzfahrtgesellschaften dominiert. Die großen Gesellschaften haben in den letzten Jahren viele Marken im Kreuzfahrtsegment aufgekauft, die unter altem Namen weitergeführt werden. Die weltweit größte Kreuzfahrtgesellschaft ist die börsennotierte *Carnival Corporation & plc*[1] mit 45 % Marktanteil (2016) – zu ihr gehören auch die in Deutschland beliebten und bekannten *Costa Cruises* sowie *AIDA Cruises* – dicht gefolgt von *Royal Caribbean Cruises* mit 22,8 % Marktanteil, welche derzeit fünf Tochterunternehmen zählt. Weiterhin hält *Royal Caribbean* 50 % der Anteile des beliebtesten Hochseeanbieters der Deutschen, *TUI Cruises*. Als dritter Big Player unter den Kreuzfahrtgesellschaften ist die asiatische *Genting Hong Kong*, früher bekannt als *Star Cruises Limited*, im Geschäft.
Auf dem deutschen Markt dominieren *AIDA* und *TUI*. Diese unterscheiden sich in ihren Geschäftsmodellen: *TUI* gehört mit ihrer „Mein Schiff"-Flotte zum Premium-, die dazu gehörende *Hapag-Lloyd Cruises* zum Luxussegment. Die *AIDA*-Clubschiffe bedienen mit günstigen Preisen eher die jüngere Zielgruppe.

Autorentext

1 plc = public limited company, angelsächsische Rechtsform, entspricht in etwa der deutschen AG

M 2 Ausgewählte Daten zum deutschen Markt für Hochsee-Kreuzfahrten

	2014	**2015**	**2016**
Passagierzahlen (in Mio.)	1,77	1,81	2,02
Anzahl der Schiffe der großen deutschen Anbieter	17	18	20
Umsatz in Mrd. Euro	2,71	2,87	3,38
Beschäftigte	49 500	45 673	44 300*

*Schätzung
Prognose: Bis 2019 ist ein Bestand von 25 Schiffen geplant und nahezu 3 Mio. Passagiere werden erwartet.

Autorenstatistik

M 3 Unternehmensumsätze der zwei größten deutschen Anbieter in Mio. Euro

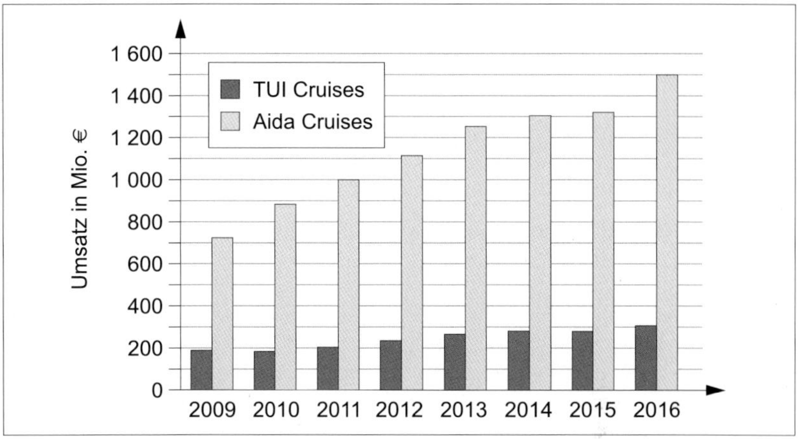

Quelle: eigene Darstellung nach Informationen von TUI Cruises und Aida Cruises

M 4 Betriebliche Kennzahlen des Unternehmens *Carnival Corporation & plc*

M 4a Bilanz 2014

Aktiva	**in Mio. US-Dollar**	**Passiva**	**in Mio. US-Dollar**
Anlagevermögen	38 029	Eigenkapital	24 288
Umlaufvermögen	1 503	Fremdkapital	15 244
		davon langfristig angelegt	8 323
Summe	*39 532*	*Summe*	*39 532*

M 4b Bilanz 2016

Aktiva	**in Mio. US-Dollar**	**Passiva**	**in Mio. US-Dollar**
Anlagevermögen	37 247	Eigenkapital	22 597
Umlaufvermögen	1 689	Fremdkapital	16 339
		davon langfristig angelegt	9 267
Summe	*38 936*	*Summe*	*38 936*

M 4c Weitere Finanzdaten der *Carnival Corporation & plc* 2014–2016

	2014	2015	2016
Umsatz (in Mio. US-Dollar)	15 884	15 714	16 389
Gewinn nach Steuern (in Mio. US-Dollar)	1 236	1 757	2 779
Dividende je Aktie (in US-Dollar)	1,00	1,10	1,35
Aktien im Umlauf (Anzahl in Mio.)	777,00	772,00	751,88
Mitarbeiter (zum Jahresende)	94 100	116 200	97 200
Anzahl der Kreuzfahrtschiffe	100	99	102
Ausgaben für den Schiffstreibstoff (in Mio. US-Dollar)	2 033	1 249	915

M 4d Aktienkurs der *Carnival Corporation & plc* 2014–2016 (in USD)

M 4a – M 4d:
nach: http://phx.corporate-ir.net/phoenix.zhtml?c=140690&p=irol-reportsannual (Stand: 30. 08. 2017), http://www.ariva.de/carnival_corporation-aktie, 30. 05. 2017 (Stand: 13. 07. 2017)

M 5 Traum und Trauma – Das Kreuz mit den Kreuzfahrten

Der Kreuzfahrtbranche geht es prächtig; sie kennt nur eine Richtung: bergauf. Die Werften können gar nicht so schnell neue Schiffe bauen, wie die Reedereien sie gern zur See lassen würden. Der Trend geht dabei zu immer größeren Schiffen: 5 000 Passagiere auf einem einzigen Schiff, das ist heute ebenso normal wie Rumpflängen von 300 Metern und stählerne Bettenburgen mit 20 Geschossen. Helge Grammerstorf ist der deutsche Sprecher des Kreuzfahrtweltverbandes „Cruise Lines International Association“. „Die Zielgruppe für

Kreuzfahrt an sich ist mittlerweile eigentlich nicht nur der traditionelle Kreuzfahrer, sondern auch der normale Pauschaltourist. Und dieser Pauschaltourist macht Reisen über die ganze Welt, und Kreuzfahrt hat eben den großen Vorteil, dass die Hotels sich bewegen können, jeden Tag woanders sind, aber von Zeit zu Zeit auch die Zielgebiete wechseln können". Mit den weißen Schiffen der AIDA- oder der TUI-Flotte auf Kreuzfahrt zu gehen, ist für Durchschnittsverdiener erschwinglich geworden. Die Fahrt kostet kaum mehr als ein Cluburlaub auf Mallorca oder ein Badeurlaub an der mecklenburgischen Ostseeküste. Aber es gibt auch noch das luxuriöse Preissegment, etwa auf Hapag-Lloyds „MS Europa" oder der „Queen Mary 2", an deren Decks überwiegend silberhaarige Gäste vor allem Ruhe, geistvolle Unterhaltung und ein frühes und opulentes Abendessen suchen. Kreuzfahrten haben sich von einer elitären Reiseform zu einem Massengeschäft entwickelt.

Der Wettbewerb um Passagiere wird über den Preis entschieden. Deshalb ist der Druck auf die Löhne und die Arbeitsbedingungen an Bord enorm, denn die Personalausgaben sind auf den Schiffen mit manchmal über tausend oder auch zweitausend Mann Besatzung ein großer Kostenpunkt. Die überwiegende Zahl sind Leiharbeiter[1], welche ausschließlich auf der Basis von Zeitverträgen arbeiten. Keiner dieser Arbeiter ist bei einer Reederei selber angestellt, es geht alles über Agenturen. Sie sind zwischen neun und zehn Monate an Bord, wohingegen die Topmanager an Bord zwischen zwei und vier Monate an Bord sind. Im Gegensatz zu den Managern werden Mitarbeiter in den unteren Decks sehr schlecht bezahlt.

Das Sparen haben fast alle Reedereien perfektioniert, indem sie zum Mittel des Ausflaggens griffen. Die AIDA-Flotte läuft heute unter der Flagge Italiens, TUI hisst die Flagge Maltas. Das Ausflaggen sei ein gängiger, nicht zu beanstandender Vorgang, findet „Cruise Association"-Sprecher Grammerstorf. „Das Schiff unterliegt sozusagen der Fiktion des Flaggenstaates, d. h., letztendlich gilt zunächst einmal das Recht des Flaggenstaates auf dem Schiff. Darüber hinaus aber gibt es eine ganze Reihe von internationalen Bestimmungen hinsichtlich Sicherheit, hinsichtlich Arbeitsgesetzgebung, hinsichtlich sozialer Gesetzgebung, die für alle Schiffe gleichermaßen gilt. Und auch da haben wir insgesamt als Branche ein großes Interesse daran, dass wir international gleiche Bestimmungen haben, weil wir auf dem Schiff letztendlich auch eine ganze Crew haben, die zusammenarbeiten muss. Es wäre fatal, wenn überall unterschiedliche Bedingungen herrschen würden." Auf Malta oder in Italien ist der deutsche Mindestlohn unbekannt und das deutsche Arbeitsrecht nicht anwendbar. „Da die einfachen Mannschaften häufig aus Schwellenländern wie den Philippinen kommen, entsteht eine juristische Grauzone", sagt der Hamburger Jurist Rolf Geffken, ein anerkannter Experte für internationales Seerecht.

Immerhin ist seit 2013 die sogenannte „Maritime Labour Convention" in Kraft, die weltweit auch für alle Kreuzfahrtschiffe bindend ist. Sie definiert Mindeststandards für die Schifffahrt weltweit und beschränkt beispielsweise die tägliche Arbeitszeit auf 14 und die Wochenarbeitszeit auf 72 Stunden. Jurist Rolf

Geffken: „Es gibt einige Mindeststandards in diesem UN-Seerechtsübereinkommen. Nur, wenn man sich das anschaut, da steht sehr viel drin. Aber was zum Beispiel nicht drinsteht, ist, was ist denn eigentlich die Mindestheuer[2]?" In den Werbeprospekten der Kreuzfahrtreedereien sieht man schneeweiße Schiffe in tiefblauer See vor einem lichten Horizont. Der Schornstein ragt in den Himmel, eine Abgasfahne ist nie zu sehen. Eine ganze Armada von Grafikdesignern sorgt dafür, dass die gewaltigen Emissionen der schwimmenden Hotelanlagen wegretuschiert werden, sagt Malte Siegert, Sprecher des NABU, des Naturschutzbundes Deutschland. Kreuzfahrtschiffe werden heute immer noch mit Schweröl betrieben, einem hochgiftigen, deshalb auch billigen Abfallprodukt aus Raffinerien. Es gibt in Deutschland einige Schutzzonen, wo das Verfeuern von Schweröl verboten ist, genauso wie auch in den Häfen. Aber auf offener See kommt Schweröl immer noch zum Einsatz. Malte Siegert vom Naturschutzbund: „Wenn die Schiffe außerhalb dieser Kontrollgebiete fahren, die es eben halt hier in Europa nur in der Nord- und der Ostsee gibt, aber nicht im Mittelmeer, dann kann man vor allem im Mittelmeer sehen, wie stark die Einflüsse eben sind. Wenn Kreuzfahrtschiffe in Venedig[3] oder Dubrovnik festmachen, dann kann man in den Häfen die unglaubliche Luftverschmutzung auch förmlich an den Schornsteinen sehen, denn oben kommt richtig schwarzer Qualm raus." Technisch ausgereifte Alternativen stünden zur Verfügung: Es gibt Marinediesel, Flüssiggas und Filtertechniken, die allerdings erhebliche Mehrkosten erzeugen würden. Doch durch die fehlenden gesetzlichen Vorschriften gibt es keine Notwendigkeit diese einzusetzen, wie dies zum Beispiel im Straßenverkehr geschieht.

Hamburg ist heute neben Rostock einer der Hotspots des Kreuzfahrttourismus. Mit großem finanziellem Aufwand haben Hamburger Hafenbehörden eine Landstromversorgung installiert. Und auch eine Betankungsmöglichkeit mit Flüssiggas, sogenanntem LNG, wurde aus Steuermitteln errichtet. Die meisten Kreuzfahrtlinien ignorieren diese Angebote – mit Ausnahme von AIDA. Sie wissen, dass sie maßgeblich zum touristischen Mehrwert der Hansestadt beitragen, und fühlen sich deshalb in einer starken Position. „Warum wollen sie das nicht? Weil der Ölpreis momentan so günstig ist, dass sie an Bord diesen Strom deutlich günstiger selber produzieren können." Der Naturschutzbund misst regelmäßig die Abgasfahnen der Kreuzfahrtschiffe, die Hamburg anlaufen, befragt die Reedereien und macht daraus Jahr für Jahr eine Rankingliste. Auf keinem der europäischen Kreuzfahrtschiffe ist eine Reise aus Umwelt- und Gesundheitssicht derzeit uneingeschränkt empfehlenswert, lautet das 2016er Fazit der Umweltschützer. Helge Grammerstorf hält das Naturschutzbund-Ranking für geschäftsschädigend: „Viel wichtiger finden wir, dass die Branche darstellt, was sie tut, und welche Anstrengungen sie unternimmt."

Ende Oktober 2016 tagte die Internationale Schifffahrtorganisation IMO in London. Diese Unterorganisation der Vereinten Nationen fasste überraschend einen Beschluss, den Umweltschützer seit Jahren fordern, etliche Staaten aber immer wieder zu verhindern wussten: Eine verbindliche Entgiftung von

Schiffsabgasen ab dem Jahr 2020. Übrigens im Einverständnis und mit Unterstützung der Reedereien und der Verbände.

nach: Rainer Link; http://www.deutschlandfunk.de/traum-und-trauma-das-kreuz-mit-den-kreuzfahrten.724.html?dram:article_id=371897, (20. 11. 2016)

1 Leiharbeit zählt zu den atypischen Beschäftigungsformen, die im Gegensatz zum Normalarbeitsverhältnis stehen. Merkmale atypischer Beschäftigungsformen sind z. B. Befristung oder Teilzeit.
2 Mindestheuer = Mindestlohn von Seeleuten
3 5 000 Kreuzfahrtschiffe jährlich fahren mitten durch Venedig – neben Luftverschmutzung tragen die bis zu 70 000 Tonnen schweren Schiffe mit ihrer Unterwasser-Verdrängung zur Erosion des Untergrunds der Stadt bei.

M 6 TUI Cruises „Mein Schiff" – Monatslöhne ausgesuchter Berufe (2016, in US-Dollar)

Aufgabe	Grundgehalt	Ausgleich für Arbeit an 7 Tagen die Woche	Ausgleich für bis zu 60 weitere Überstunden pro Monat	Ausgleich für Verzicht auf Urlaub	Gesamtgehalt inkl. Zuschlägen für bis zu etwa 300 Stunden Arbeit pro Monat
Barchef	727	365	318	109	1 519
Buffet-Hilfe	368	185	161	55	770
Wäscherei-Hilfe	368	185	161	55	770
Kabinen-Steward	614	308	269	92	1 283
Schneider	439	220	192	66	918

nach: TUI Cruises „Mein Schiff" – Monatslöhne ausgesuchter Berufe" http://www.spiegel.de/wirtschaft/tui mein schiff 6-profite-auf-kosten-von-personal-und-steuerzahler-a-1150225.html aus SPIEGEL ONLINE vom 01. 06. 2017

Lösungsvorschlag

1. *Bei der ersten Aufgabe verlangt der Operator „charakterisieren", dass Sie die Sachverhalte und typischen Merkmale der Entwicklung des deutschen Marktes für Hochseekreuzfahrten beschreiben und in ihren Grundzügen bestimmen. Zur Beantwortung der Aufgabe bieten sich die Materialien M 1, M 2, M 3 und M 5 an.*

Die Anbieter von Hochseekreuzfahrten kann man dem **Sektor der Dienstleistungsbranche im Tourismusbereich** zuordnen. Der deutsche Markt wird laut dem Autorentext in M 1 hauptsächlich von *AIDA Cruises* und *TUI Cruises* **dominiert** (vgl. M 1, Z. 13), womit es sich um ein **Angebotsoligopol** handelt. Die beiden Unternehmen haben in den Jahren 2014 bis 2016 zusammen mehr als die Hälfte des Umsatzes auf dem deutschen Markt erzielt. Dies kann man aus der Autorenstatistik M 2 „Ausgewählte Daten zum deutschen Markt für Hochsee-Kreuzfahrten" und dem Säulendiagramm in M 3 mit dem Titel „Unternehmensumsätze der zwei größten deutschen Anbieter in Mio. Euro" erschließen. M 3 basiert auf Informationen von *TUI Cruises* und *Aida Cruses*. Sie **gehören zu den beiden Weltmarktführern**, die zusammen einen Marktanteil von knapp 70 % (vgl. M 1, Z. 4 ff.) haben – *AIDA Cruises* ist dabei Teil der börsennotierten *Carnival Corporation & plc* und *TUI Cruises* ist zu 50 % in Besitz von *Royal Caribbean* (vgl. M 1, Z. 5 ff.).
AIDA und *TUI* bedienen unterschiedliche Segmente: *AIDA* versucht mit **günstigen Preisen eine jüngere Zielgruppe** für ihre Schiffe zu begeistern (vgl. M 1, Z. 15 f.), während *TUI* einerseits mit der *Mein Schiff*-Flotte das **Premiumsegment** und andererseits mit den *Hapag-Lloyd Cruises* das **Luxussegment** bedient (vgl. M 1, Z. 14 f.). Laut Aussage des Textes „Traum und Trauma – Das Kreuz mit den Kreuzfahrten" in M 5 von Rainer Link, welcher der Internetseite des Deutschlandfunkes entnommen wurde, sei die Zielgruppe nicht mehr nur der traditionelle Kreuzfahrer im Luxus-Segment, sondern auch der **normale Pauschaltourist** (vgl. M 5, Z. 7 ff., 16 ff.). Die Anzahl möglicher Kunden wird also durch die **Erweiterung der Zielgruppen** erhöht. Eine Kreuzfahrt sei inzwischen nur geringfügig teurer als ein Cluburlaub auf Mallorca (vgl. M 5, Z. 14 f.).
Der Trend gehe zu **immer größeren Schiffen** mit bis zu 5 000 Passagieren an Bord (vgl. M 5, Z. 3 f.). In der Tabelle in M 2 ist ersichtlich, dass auch die **Anzahl der Schiffe** von 2014 bis 2016 von 17 auf 20 Schiffe **zugenommen** hat. Die Prognose in M 2 sagt bis zum Jahr 2019 einen Bestand von **25 Schiffen** voraus und äußert die Erwartung von **knapp 3 Millionen Passagieren** pro Jahr.
Betrachtet man den Zeitraum von 2014 bis 2016, so ist zu erkennen, dass der **Umsatz** im Durchschnitt **um ca. 12 % pro Jahr erhöht** wurde. Dies steht sicherlich auch mit der **Steigerung der Anzahl der Passagiere** von 1,77 Millionen im Jahr 2014 auf 2,02 Millionen im Jahr 2016 und dem **Rückgang der Anzahl der Beschäftigten** von 49 500 auf geschätzte 44 300 in Zusammenhang (vgl. M 2).
Nimmt man die zwei größten deutschen Anbieter in den Jahren 2009 bis 2016 in den Fokus, so kann man aus dem Säulendiagramm in M 3 herauslesen, dass *TUI* eine **Umsatzsteigerung** um ca. 100 Millionen Euro auf über 300 Millionen Euro

erreicht hat, während *AIDA* im gleichen Zeitraum eine **Umsatzsteigerung** von etwas mehr als 700 Millionen Euro auf 1 500 Millionen Euro erzielt hat. Im Jahr 2016 hat *AIDA* somit den fünffachen Umsatz von *TUI* erwirtschaftet.
Insgesamt kann man feststellen, dass der **deutsche Markt für Hochseekreuzfahrten** in den letzten Jahren **enorm gewachsen** ist und die **Prognose** für die Marktentwicklung der näheren Zukunft **sehr positiv** ausfällt.

2. *Bei der zweiten Aufgabe mit dem Operator „begründen" ist zunächst eine Analyse der betrieblichen Kennzahlen notwendig, von der ausgehend Sie zwei betriebswirtschaftlich zielführende Finanzierungsmöglichkeiten entwickeln und im Zusammenhang darstellen. Verwenden Sie dafür die Materialien M 4 a – M 4 d.*

Ein Unternehmen, das wie der Weltmarktführer *Carnival Corporation & plc* eine **Erweiterungsinvestition** vornehmen möchte, hat **unterschiedliche Möglichkeiten**, diese zu finanzieren. Hierzu ist zu überlegen, ob man eine **Innen- oder Außenfinanzierung** unter Berücksichtigung der Veränderung bei Eigen- und Fremdkapital durchführt.
Bei Betrachtung der „Betrieblichen Kennzahlen des Unternehmens *Carnival Corporation & plc*" in den Materialien M 4 a – d, die nach Informationen der Internetseiten phx.corporate-ir.net und www.ariva.de zusammengestellt wurden, kann die **Entwicklung zwischen 2014 und 2016** erschlossen werden.
Vergleicht man die Bilanzen von 2014 und 2016, so sieht man eine Veränderung auf der Passivseite bei Eigen- und Fremdkapital. Das **Eigenkapital geht** von 24 288 Millionen US-Dollar auf 22 597 Millionen US-Dollar **zurück**. Die **Fremdkapitalquote** steigt also von ca. 39 % auf ca. 42 % (vgl. M 4 a und M 4 b). Der **Umsatz** hat sich im Jahr 2016 im Vergleich zu 2014 um ca. 3 % auf 16 389 Millionen US-Dollar **erhöht** (vgl. M 4 c). Betrug der **Gewinn nach Steuern** im Jahr 2014 noch 1 236 Millionen US-Dollar, so ergibt sich bis zum Jahr 2016 mehr als eine **Verdoppelung** auf 2 779 Millionen Dollar (vgl. M 4 c). Die **Dividende je Aktie** entwickelt sich in diesem Zeitraum von 1 $ auf 1,35 $ bei gleichzeitig **rückläufiger Anzahl** der sich im **Umlauf befindlichen Aktien**. Die Anzahl der Aktien im Umlauf sinkt von 777 Millionen im Jahr 2014 auf 751,88 Millionen im Jahr 2016 (vgl. M 4 c). Betrachtet man die **Entwicklung des Aktienkurses** von Januar 2014 bis Dezember 2016 (M 4 d) – der Tiefstwert liegt bei ca. 26 Dollar/Aktie im April 2014, der Höchstwert bei ca. 51 Dollar/Aktie im Dezember 2016 –, so sieht man einen mit Schwankungen **steigenden Aktienkurs**. Der **Börsenwert des Unternehmens** steigt tendenziell in diesem Zeitraum. Zu der positiven Entwicklung gehören auch die **sinkenden Treibstoffkosten**. Während das Unternehmen im Jahr 2014 noch Ausgaben für den Schiffstreibstoff in Höhe von 2 033 Millionen US-Dollar hatte, sank dieser Betrag auf nur 915 Millionen US-Dollar im Jahr 2016, was einer Reduzierung von 55 % entspricht (vgl. M 4 c). Berechnet man die **Eigenkapitalrentabilität** (= Gewinn : Eigenkaptal · 100), so fällt auf, dass diese von ca. 5 % im Jahr 2014 auf über 12 % im Jahr 2016 gestiegen ist. Unter Berücksichtigung aller Daten kommt man zum Ergebnis, dass das Unternehmen *Carnival Corporation & plc* **solvent, liquide und rentabel** ist.

Daraus folgend ergeben sich zwei **betriebswirtschaftlich zielführende Finanzierungsmöglichkeiten**, um ein neues Schiff im Wert von rund 1,3 Milliarden US-Dollar in Auftrag geben zu können. Da sich der **Aktienkurs** und der **Börsenwert** des Unternehmens **positiv entwickelt** haben, bietet sich eine **Außenfinanzierung** durch eine Kapitalerhöhung mittels einer **Neuemission von Aktien** an, was zu einer **Erhöhung des Eigenkapitals** führt. Die **Nachfrage** nach den neu herausgegebenen Aktien dürfte aufgrund des gestiegenen Aktienkurses und der gestiegenen Dividende **hoch** sein. Allerdings ist zu beachten, dass durch einen **schwankenden Kurs Risiken** bestehen. Mögliche Einnahmen durch den Aktienverkauf sind **nicht einfach zu kalkulieren**. Eine Erhöhung des Aktienangebots kann auch zu **sinkenden Preisen** beim Verkauf der Aktien führen. Vielleicht würde dann nicht das nötige Kapital in der Höhe eingeworben werden können, die eine einfache Finanzierung des neuen Schiffes ermöglichen würde.
Eine weitere Finanzierungsmöglichkeit ist die **Innenfinanzierung** durch **einbehaltene Gewinne (Selbstfinanzierung)**. Im Jahr 2016 erwirtschaftete die *Carnival Corporation & plc* einen Gewinn nach Steuern in Höhe von 2 779 Millionen US-Dollar. Mit einem Teil des Gewinns könnte das Unternehmen das neue Schiff bezahlen. Es würde damit das **Eigenkapital erhöhen**. Allerdings hätte das zur Folge, dass die **Dividendenausschüttung zurückginge** und die Aktien vielleicht nicht mehr ganz so attraktiv wären. Weiterhin ist zu beachten, dass sich zukünftig auch die Treibstoffkosten wieder erhöhen könnten und damit die **Gewinnentwicklung negativ** beeinflusst würde. Ebenso würde die **Rücklagenbildung geringer** ausfallen, was zu Problemen führen kann, wenn Weiteres im Unternehmen finanziert werden muss. Positiv zu bewerten ist aber, dass das **Kapital** auf diese Weise **sehr schnell zur Verfügung** stünde und die **Finanzierungskosten** für das neue Schiff **viel geringer** wären, da hierbei z. B. **keine Zinsen** für aufgenommene Kredite anfallen bzw. der erneute Börsengang für eine Neuemission nicht finanziert werden müsste.

3. *Bei der dritten Aufgabe sollen Sie die Materialien, z. B. M 2, M 4c, M 5 und M 6, auf den konkreten Sachverhalt der Nachhaltigkeit des Geschäftsmodells der Kreuzfahrtunternehmen untersuchen und daraus ein Fazit ziehen.*

Jedes Unternehmen versucht mittels eines **Geschäftsmodells**, das seine besondere Funktionsweise, insbesondere die Art und Weise, Gewinne zu erzielen, aufzeigt, **dauerhaft am Markt zu bestehen** und **erfolgreich** zu sein. Viele Unternehmen verankern z. B. ein **Leitbild** in ihrem Geschäftsmodell, dass u. a. auch die **Nachhaltigkeit** beinhaltet. Nachhaltig wirtschaftende Unternehmen verfolgen **nicht** unbedingt **nur ökonomische Ziele**, sondern auch **ökologische** und **soziale** Ziele.
Im Bereich der **ökonomischen Nachhaltigkeit** kann man feststellen, dass es in den vergangenen Jahren ein **kontinuierliches Wachstum** bei den Passagierzahlen und eine Zunahme an Schiffen gab und dies laut Prognose bis 2019 so weitergehen wird (vgl. M 2; M 5, Z. 1 ff.). Neue Konkurrenten für die drei großen Kreuzfahrtgesellschaften sind wohl aufgrund der Aufkäufe in den vergangenen Jahren und der hohen

Investitionen für ein neues Schiff kaum zu befürchten, sodass sich die **Marktanteile kaum verändern** werden. Die **Gewinne** wurden aber nicht nur durch die Steigerung der Passagierzahlen erreicht, sondern auch durch die **Senkung der Personalkosten** (vgl. M 4c), die aus Sicht der **sozialen Nachhaltigkeit** negativ zu beurteilen sind. Allein auf dem deutschen Markt sank die Anzahl der Beschäftigten von 49 500 im Jahr 2014 auf prognostizierte 44 300 im Jahr 2016 (vgl. M 2). Der **Preisdruck bei Kreuzfahrten** wird als **Druck auf die Löhne** weitergegeben, die einen großen Kostenpunkt ausmachen (vgl. M 5, Z. 21 ff.). Eine Folge davon sind auch **Beschäftigungsverhältnisse auf Leiharbeiterbasis**, die ausschließlich mit **Zeitverträgen** über Agenturen und häufig mit Personen aus Schwellenländern geschlossen werden (vgl. M 5, Z. 24 ff., 45 f.). Zudem ist es üblich, dass **deutsches Recht** und der Mindestlohn durch **Ausflaggung umgangen** werden (vgl. M 5, Z. 31 f., 43 f.), wodurch den Mitarbeiter **niedrige Grundgehälter** bei einer **Wochenstundenarbeitszeit von bis zu 72 Stunden** bezahlt werden können (vgl. M 6 „TUI Cruises ‚Mein Schiff' – Monatslöhne ausgesuchter Berufe", nach www.spiegel.de; M 5, Z. 49 ff.). Immerhin wird ein **Ausgleich** für die Arbeit an sieben Tagen die Woche, ein Ausgleich für bis zu weitere 60 Überstunden pro Monat und ein Ausgleich für den Verzicht auf Urlaub **bezahlt** (vgl. M 6).

Neben dieser Lohnpolitik gibt es im Hinblick auf die **soziale Nachhaltigkeit** noch weitere **Schwächen**. Die **Arbeitsbedingungen** für die meisten Mitarbeiter sind **sehr prekär**. Auch die Frage nach der **Regeneration der Mitarbeiter** wird nicht beantwortet. Immerhin gilt seit 2013 die „Maritime Labour Convention", die **weltweit Mindeststandards** für die Schifffahrt festlegt und die tägliche und wöchentliche Arbeitszeit begrenzt (vgl. M 5, Z. 48 ff.).

Ein ökonomischer Vorteil besteht auch hinsichtlich der bisher deutlich **fallenden Treibstoffkosten** und der **Möglichkeit**, **billiges Schweröl** zu verwenden (vgl. M 4c; M 5, Z. 60 ff.). Dies steht im Konflikt zum Ziel der **ökologischen Nachhaltigkeit**. Obwohl es bessere Alternativen zum hochgiftigen Schweröl wie z. B. Schiffsdiesel oder Flüssiggas gibt und eine Landstromversorgung in einzelnen Häfen möglich ist, werden diese Optionen kaum genutzt (vgl. M 5, Z. 71 ff.). Durch **geschönte Werbeprospekte** wird **Greenwashing** betrieben, um die Kunden von den **negativen externen Effekten** abzulenken (vgl. M 5, Z. 55 ff.). Immerhin gibt es einen **Beschluss** der Internationalen Schifffahrtorganisation IMO, der im Einverständnis und mit der Unterstützung der Reedereien und der Verbände auf den Weg gebracht wurde, dass ab dem Jahr 2020 eine **verbindliche Entgiftung von Schiffsabgasen** erfolgen muss (vgl. M 5, Z. 92 ff.).

Die Fakten zeigen, dass im Moment die **ökonomischen Ziele klar im Vordergrund** stehen. Dies wird so bleiben, solange es **keine Änderungen** der **rechtlichen Rahmenbedingungen** gibt, die weltweit Gültigkeit erlangen, und solange **kein Imageschaden** zu befürchten ist. Bei den ökologischen Zielen gibt es ein **langsam wachsendes Problembewusstsein**. Es bedarf aber noch der **konkreten Umsetzung**. Zumindest *AIDA* nutzt im Hamburger Hafen alternative Angebote (vgl. M 5, Z. 76 ff.). Auch die **sozialen Ziele der Nachhaltigkeit sind noch ausbaufähig**. Vielleicht wird sich auch das durch eine Änderung des Problembewusstseins bei den Konsumenten ergeben. Bewusste Kaufentscheidungen der Konsumenten, die ihre Wirkung z. B. bei Bio-Lebensmitteln oder dem Umgang mit Mitarbeitern bei Unternehmen wie *dm* bereits erzielten, können sich auch beim Kauf einer Kreuzfahrt durchsetzen; dies erhöht den **Druck auf die Reedereien**, ihre Zielsetzung bei der Nachhaltigkeit zu verändern.

4. *Bei der letzten Aufgabe mit dem Operator „bewerten" sollen Sie die Bedeutung atypischer Beschäftigungsformen für Arbeitnehmer und Arbeitgeber ausgehend von der Kreuzfahrtbranche beurteilen, eine persönliche Stellungnahme abgeben und dabei die eigenen Wertmaßstäbe offenlegen. Hierzu können Sie z. B. auf die Materialien M 5 und M 6 zurückgreifen.*

Atypische Beschäftigungsformen stehen im Gegensatz zum Normalarbeitsverhältnis. Dies bedeutet z. B., dass es bei den atypischen Beschäftigungsformen eine **Befristung** des Arbeitsvertrages geben kann oder nur in **Teilzeit** bzw. auf Basis der **Leiharbeit** gearbeitet wird. Darüber hinaus ist eine vollständige Integration in die sozialen Sicherungssysteme nicht gegeben. Atypisch Beschäftigte haben **Schwierigkeiten**, ihre Interessen über kollektive Interessenvertretungen verhandeln und durchsetzen zu können.
Unter dem Kriterium der **Effizienz** ist z. B. die Leih- und Zeitarbeit für **Arbeitnehmer** allgemein und speziell in der Kreuzfahrtbranche mit einigen gravierenden Nachteilen verbunden. So haben sie relativ **hohe Arbeitszeiten** bei vergleichsweise **schlechter Bezahlung** sowie **geringe Mitbestimmungsrechte**. Andererseits kann ein atypisches Beschäftigungsverhältnis für einen Langzeitarbeitslosen den **Wiedereinstieg ins Berufsleben** bedeuten. Manchmal bietet sich zudem die Möglichkeit der **Weiterbildung** oder **Umschulung**. Außerdem kann durch ein atypisches Beschäftigungsverhältnis eine **höhere Flexibilität**, z. B. bei der Arbeitszeiteinteilung, erreicht werden. Und Mitarbeiter aus Schwellenländern können ein im Vergleich zum Heimatland höheres Einkommen erzielen.
Für die **Arbeitgeber** ermöglichen atypische Beschäftigungsformen **geringere Personalkosten** durch **geringere Lohnkosten**. In der Kreuzfahrtbranche bspw. wird dies durch Leih- und Zeitarbeit erreicht (vgl. M 5, Z. 21 ff.). Außerdem können sie **flexibler auf Veränderungen auf dem Markt**, z. B. dem saisonal geprägten Kreuzfahrtmarkt, reagieren und schneller Mitarbeiter **einstellen und entlassen**. Es können sich aber auch Nachteile für die Arbeitgeber ergeben. Die Mitarbeiter in Leiharbeit sind meist **nicht so motiviert** wie Festangestellte, da sie sich kaum mit dem Unternehmen identifizieren. Außerdem müssen sie **neu eingearbeitet** werden. Die Produktivität und die Qualität können darunter leiden, was wiederum zu einem **Imageschaden** für das Unternehmen führen kann.
Unter dem Kriterium der **Legitimität** fällt für die **Arbeitnehmer** der Kreuzfahrtbranche auf, dass zwar die **Arbeitszeiten** z. B. durch die „Maritime Labour Convention" begrenzt sind, diese aber im Vergleich zu anderen Branchen mit einer **72-Stunden-Woche** doch **sehr hoch sind** (vgl. M 5, Z. 48 ff.). Im Bereich der Metall- und Elektroindustrie in Deutschland besteht z. B. für große Teile der Beschäftigten eine 35-Stunden-Woche, wenngleich sich auch in diesen Branchen atypische Beschäftigungsformen wie Zeitarbeit oder Werkverträge finden lassen. Weiterhin ist

es durch die meist **fehlende Mitbestimmung** kaum möglich, Einfluss auf unternehmerische Entscheidungen, z. B. hinsichtlich der Arbeitsbedingungen, auszuüben. Letztlich sind aber auch atypische Beschäftigungsformen **gesetzlich geregelt und erlaubt**.
Dies bedeutet natürlich auch für die **Arbeitgeber**, dass sie sich an den **gesetzlichen Rahmen** halten müssen. In der Kreuzfahrtbranche haben sie einen breiteren rechtlichen Rahmen, da eine „**juristische Grauzone**" (M 5, Z. 45) besteht. So können sie durch **Ausflaggung nationale Bestimmungen** wie z. B. den deutschen Mindestlohn **umgehen** (vgl. M 5, Z. 31 ff.). Grundsätzlich kann durch diese Beschäftigungsformen zahlreichen Bestimmungen, welche z. B. die Sozialgesetzgebung mit Arbeitslosen-, Renten- und Krankenversicherung betreffen, ausgewichen werden. Für Unternehmer sind Zeitverträge v. a. deshalb attraktiv, weil sie dadurch die gesetzlichen Bestimmungen des **Kündigungsschutzes** umgehen und so **Mitarbeiter schneller einstellen und entlassen** können.
Unter dem Kriterium der **Gerechtigkeit** können die Mitarbeiter in der Kreuzfahrtbranche als **nicht vollwertig** betrachtet werden, da sie wie atypisch Beschäftigte allgemein **nicht Teil der Kernbelegschaft** sind, sondern meist über Agenturen angestellt werden. Damit verbunden ist auch die Frage der **Verteilungsgerechtigkeit**. Es gibt z. B. **keine tarifvertraglich oder gesetzlich festgelegte Mindestheuer** (vgl. M 5, Z. 53 f.). Auch in anderen Branchen verdienen diese Mitarbeiter oft nicht den tariflich ausgehandelten Lohn der Stammbelegschaft, sondern werden bspw. lediglich nach Mindestlohn bezahlt. Andererseits bieten atypische Beschäftigungsverhältnisse jedoch die Möglichkeit, **leichter an einen Arbeitsplatz zu kommen** und ein Einkommen zu erzielen. Sie können also auch zu einer verbesserten **Teilhabe- und Chancengerechtigkeit** führen.
Für die **Unternehmen** der Kreuzfahrtbranche wie für alle gewinnorientiert arbeitenden Unternehmen ist die Sicherung ihrer **Wettbewerbsfähigkeit** von großer Bedeutung und ein wichtiger Aspekt der **Chancengerechtigkeit**. Diese versuchen sie auch dadurch zu erreichen, dass sie die Möglichkeit nutzen, tendenziell **schlechter bezahlte, atypisch Beschäftigte** anzustellen – in der Kreuzfahrtbranche meist Leiharbeiter aus Schwellenländern (vgl. M 5, Z. 45 f.) –, um damit im Wettbewerb mit Unternehmen aus Ländern mit niedrigerem Lohnniveau konkurrenzfähig zu bleiben.
Unter den genannten Kriterien ergeben sich bei atypischen Beschäftigungsverhältnissen **sowohl Vor- als auch Nachteile für Arbeitnehmer und Arbeitgeber**. Aufgrund der allgemeinen Zunahme der atypischen Beschäftigungsverhältnisse scheint es jedoch so, dass die **Arbeitgeber einen größeren Vorteil** daraus ziehen. Viele Arbeitnehmer werden dennoch froh sein, wenn sie den **Wiedereinstieg ins Berufsleben** oder eine **Flexibilität im Berufsleben** ermöglicht bekommen, auch wenn sie **Nachteile gegenüber den Normalbeschäftigten** hinnehmen müssen. Insgesamt muss die Thematik aber v. a. unter dem Gesichtspunkt der Gerechtigkeit weiter diskutiert werden.

Schriftliche Abiturprüfung Wirtschaft (Baden-Württemberg) 2019

Passende Punkte des aktuellen Lehrplans:

– Grundlagen der Ökonomie: Die Schülerinnen und Schüler können…
  … die wirtschaftliche Lage Deutschlands anhand von Konjunkturindikatoren analysieren
  … wirtschaftspolitische Zielsetzungen (unter anderem Preisniveaustabilität, Wirtschaftswachstum und ökologische Nachhaltigkeit (Artikel 20a GG)) bewerten

Investieren oder Schulden verringern? – Wirtschaftspolitische Entscheidungen in Phasen wirtschaftlichen Aufschwungs

Die Staatsverschuldung ist spätestens seit der Finanzkrise 2008 im Fokus der öffentlichen Wahrnehmung. Als Folgen wurden in Deutschland einerseits gesetzlich bindende Gegenmaßnahmen getroffen (Schuldenbremse), andererseits finanzpolitisch vom ehemaligen Finanzminister Wolfgang Schäuble das Credo der „schwarzen Null“ als oberstes Ziel ausgerufen. Ob diese haushaltspolitischen Entscheidungen in Phasen des wirtschaftlichen Aufschwungs zielführend sind, ist umstritten.

Bei der Bearbeitung der folgenden Aufgaben sind geeignete Materialien in Abhängigkeit von der Aufgabenstellung einzubeziehen und zu belegen.

Aufgaben:

1. Analysieren Sie die Entwicklung der Haushaltslage des deutschen Staates im dargestellten Zeitraum. — 14 VP

2. Der Bundeshaushalt sah 2018 Ausgaben in Höhe von rund 344 Mrd. € vor. Einen Teil benötigt der Staat zur Erfüllung seiner wirtschaftspolitischen Aufgaben.
   Ordnen Sie ausgewählte Ausgaben des Bundes drei unterschiedlichen wirtschaftspolitischen Handlungsfeldern zu. — 12 VP

3. „Das Ziel eines ausgeglichenen Haushalts (vgl. Art. 109, Abs. 3 GG) kollidiert mit den Zielen des ‚Magischen Vierecks‘.“
   Überprüfen Sie diese These. — 18 VP

4. Einige Ökonomen forderten 2018, die Bundesregierung solle in der damaligen Haushaltslage (2017 und 2018) mehr Investitionen tätigen, statt Staatsschulden zu verringern, um Deutschland zukunftsfähig zu machen.
   Erörtern Sie diese Forderung. — 16 VP

60 VP

M 1 Grundgesetz

M 2 Die „Schuldenbremse" (nach Art. 109 GG)

Die Schuldenbremse ist eine im Grundgesetz (Art. 109, Abs. 3) festgeschriebene Regelung mit dem Ziel, die Staatsverschuldung zu begrenzen. Die Haushalte von Bund und Ländern sind grundsätzlich ohne Einnahmen aus Krediten auszugleichen.
Die Regelung erlaubt eine jährliche Nettokreditaufnahme des Bundes von maximal 0,35 % des BIP; eine höhere Neuverschuldung muss sich innerhalb eines Konjunkturzyklus durch Überschüsse ausgleichen. Ausnahmen sind bei Naturkatastrophen oder außergewöhnlichen Notsituationen erlaubt.

Autorentext

M 3 Ausgaben des Bundeshaushalts

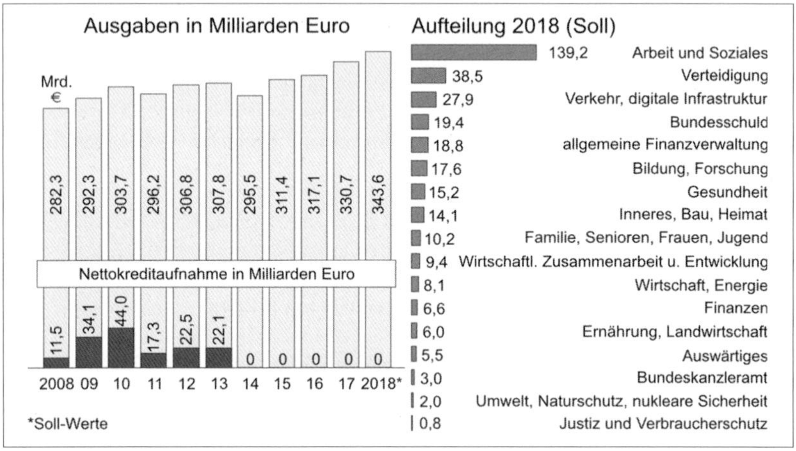

© dpa-infografik

M 4 Finanzdaten der öffentlichen Haushalte (Bund, Länder und Gemeinden) Deutschlands 2008–2017 (gerundet)

Jahr	Steuereinnahmen der öffentlichen Haushalte in Mrd. €	Salden der öffentlichen Haushalte		Verschuldung der öffentlichen Haushalte		Zinsausgaben der öffentlichen Haushalte in Mrd. €
		… in Mrd. €	… in % des BIP	… in Mrd. €	… in % des BIP	
2008	561	–4,5	–0,2	1 666	65,1	68
2009	524	–78,6	–3,2	1 786	72,6	65
2010	531	–109	–4,2	2 088	80,9	63
2011	573	–25,9	–1,0	2 125	78,6	67
2012	601	–0,9	0	2 202	79,8	63
2013	620	–4,0	–0,1	2 190	77,5	56
2014	644	+9,5	+0,3	2 192	74,7	51
2015	673	+19,4	+0,6	2 162	71,0	44
2016	706	+25,7	+0,8	2 145	68,2	43
2017	735	+36,6	+1,1	2 093	64,1	41

eigene Darstellung nach Statistisches Bundesamt, Deutsche Bundesbank, Bundesfinanzministerium

M 5 Entwicklung des Bruttoinlandsprodukts der Bundesrepublik Deutschland 2008–2017 in Mrd. €

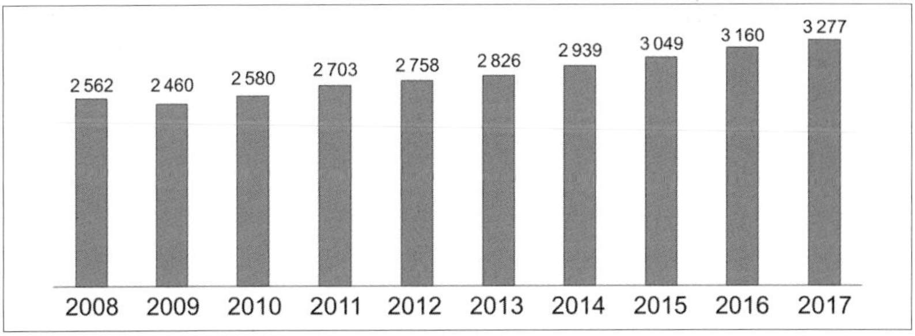

eigene Darstellung nach Destatis

M 6 Donata Riedel: Mehr ausgeben – und dabei sparen

Das Ergebnis klingt paradox: Der Staat soll mehr ausgeben, aber die Schulden werden trotzdem nicht über die Vorgaben der Schuldenbremse steigen. Mehr ausgeben, um zu sparen? Diesen Effekt erzielt der Staat, wenn er deutlich mehr in die Infrastruktur investiert. Ökonomen haben dies nun mit neuen Rechnungen bestätigt. Der Zusammenhang: Höhere Investitionen steigern das Wachstum des Bruttoinlandsprodukts stärker als die geringere Staatsverschuldung durch Sparen. Im Verhältnis zum Bruttoinlandsprodukt würde in Deutschland die Verschuldung deshalb trotz höherer Investitionsausgaben nach und nach sinken.

Ökonomen stellen in ihrer Studie im Auftrag der Bertelsmann-Stiftung fest, dass Deutschland seit 2012 weniger investiert als nötig wäre, den Wert von Straßen und öffentlichen Gebäuden zu erhalten. „Die Bundesrepublik zehrt mehr und mehr von ihrer Substanz“, schreiben die Ökonomen – und verbaut damit künftigen Generationen Chancen auf Wohlstand.

Die Studienautoren haben fünf Modelle berechnet und sind zu dem Schluss gekommen: „Mehr hilft mehr“. Deshalb verlangen sie den Staat zu verpflichten, stets mehr zu investieren, als der Wertverfall beträgt. Kurzfristig würde das den Bundesfinanzminister zwar die Schwarze Null im Bundeshaushalt kosten, langfristig stünden die öffentlichen Haushalte aber besser da: In zehn Jahren könnte das deutsche BIP nämlich um 80 Milliarden Euro höher liegen. Der Schuldenstand läge als Prozentsatz des BIP dann trotzdem niedriger als heute. Die Schuldenbremse müsste der Finanzminister trotzdem nicht verletzen.

Die Ökonomen erwarten, dass höhere Investitionen auch private Investitionen nach sich ziehen werden, was das Wachstum weiter erhöhen würde. Mehr öffentliche Investitionen wirken demnach wie ein Schub für die gesamte Wirtschaft. Auf diesen würde Deutschland ohne Not verzichten, wenn es – wie seit 2012 – seine Infrastruktur kaputtspart.

Sollte Deutschland sein Investitionsniveau unverändert lassen, läge das durchschnittliche Wachstum des Bruttoinlandsprodukts (BIP) bis 2025 jährlich bei 1,4 Prozent. Würde Deutschland stattdessen wie die anderen OECD-Staaten jährlich 3,3 statt 2,2 Prozent des BIP investieren, ergäbe sich ein BIP-Wachstum von 1,6 Prozent pro Jahr. Laut Studie führen höhere Investitionen zwar kurzfristig zu einer schlechteren Bilanz im Staatshaushalt, langfristig aber würde sich das gesteigerte Wirtschaftswachstum positiv auf die öffentlichen Haushalte auswirken.

Donata Riedel, Mehr ausgeben – und dabei sparen, Handelsblatt vom 06. 02. 2017, https://www.handelsblatt.com/politik/deutschland/studie-zu-oeffentlichen-investitionen-mehr-ausgeben-und-dabei-sparen/19351504.html?ticket=ST-2891197-TNjqNq5dgjGecYbsO9yf-ap6

M 7 Bernd Kramer: Rekordüberschuss: Soll der Staat das Geld ausgeben?

In wirtschaftlich guten Zeiten Schulden tilgen. Diesem weisen Ratschlag des klugen Liberalen John Maynard Keynes (1883–1946) sollten die Politiker auf Bundes-, Länder- oder kommunaler Ebene jetzt beherzt folgen. Schulden tilgen, ohne schmerzlich staatliche Wohltaten streichen zu müssen – nie war die Gelegenheit so günstig.

Eine rasche Schuldentilgung, das weiß jeder vernünftige Bauherr, spart Geld und erweitert die finanziellen Handlungsmöglichkeiten in der Zukunft, insbesondere wenn miese Überraschungen die langfristige Planung durcheinanderwirbeln. Ähnliches gilt für Rücklagen. Genau dies predigen ja viele Politiker unterschiedlichster Couleur seit Jahren den Banken. Nur mit mehr Eigenkapital und weniger Schulden ließe sich ein Crash wie 2007/2008 ohne Geld des Steuerzahlers überstehen, lautet die gern wiederholte und stimmenträchtige Mahnung.

Dass die Zeiten über Nacht deutlich schlechter werden können, dass selbst ein geringer Zinsanstieg schon erhebliche Mehrbelastungen für die öffentlichen Haushalte bringen kann, haben die Verantwortlichen aber angesichts von Mini-Zinsen, der Hochkonjunktur und ihrer erfreulichen Nebenwirkungen vergessen.

Gegen einen Ausgabenregen heute spricht noch ein weiteres, banales Argument. Wenn die öffentliche Hand jetzt einen Euro zusätzlich in Bauinvestitionen steckt, wird sie kaum etwas dafür bekommen. Die Kapazitäten der Bauunternehmen sind ausgelastet. Mehr Geld in einem solch engen Markt treibt nur die Preise in die Höhe. Mangelt es dagegen an Aufträgen, sinkt das Preisniveau in der Tendenz – so kann jeder Staatseuro mehr Wirkung entfalten. Falls die Arbeitslosigkeit zunimmt und hohe Rücklagen bei den Sozialkassen vorhanden sind, müssen die Beiträge nicht oder nur wenig steigen. Das erhöht wiederum den Anreiz, Leute einzustellen.

Auch die Kritik aus dem Ausland, der deutsche Staat gebe zu wenig aus, ist wenig überzeugend.

Die Staatsausgaben in der Bundesrepublik sind ja in den vergangenen Jahren gestiegen – Ökonomen sprechen von einem positiven fiskalischen Impuls.

Karl-Heinz Fesenmeier & Bernd Kramer, Badische Zeitung, Rekordüberschuss: Soll der Staat das Geld ausgeben?, 23. 02. 2017

Lösungsvorschlag

1. *Bei dieser Aufgabe sollen Sie geeignete Materialien zur Entwicklung der Haushaltslage des deutschen Staates seit 2008 systematisch untersuchen und auswerten. Es bieten sich folgende Materialien an: M 3, M 4, M 5.*

Die **Haushaltslage** des deutschen Staates wird durch die Höhe der **Einnahmen** und der **Ausgaben** bestimmt. Im Folgenden wird der Zeitraum von 2008 bis zur Prognose 2018 betrachtet. Untersucht man die Statistik „Finanzdaten der öffentlichen Haushalte (Bund, Länder und Gemeinden) Deutschlands 2008–2017 (gerundet)" in M 4, die auf Daten des Statistischen Bundesamtes, der Deutschen Bundesbank und des Bundesfinanzministeriums basiert, kann man für die Einnahmeseite von Bund, Ländern und Gemeinden feststellen: Mit Beginn der **Finanz- und Wirtschaftskrise** im Jahr 2008 **sinken die Steuereinnahmen** von 561 Milliarden Euro im Jahr 2008 auf 524 Milliarden Euro im Jahr 2009. Danach **steigen die Einnahmen** jedes Jahr kontinuierlich an. Im Jahr 2017 wird eine Höhe der Einnahmen von 735 Milliarden Euro erzielt, was einer Steigerung von ca. 40 % seit 2009 entspricht.
Bei der Ausgabenseite ist in dem Säulendiagramm in M 3 („Ausgaben des Bundeshaushalts"; dpa-Infografik) eine leicht **wellenartige Entwicklung** zwischen 2008 und 2018 zu erkennen. Die Ausgaben steigen von 282,3 Milliarden Euro im Jahr 2008 auf 303,7 Milliarden Euro im Jahr 2010 an, bedingt wurde das u. a. durch die **Konjunkturpakete**. 2011 und 2014 sinken die Ausgaben auf 296,2 Milliarden Euro bzw. 295,5 Milliarden Euro. Ab 2015 steigen sie bis zum prognostizierten Wert im Jahr 2018 auf 343,6 Milliarden Euro. Auffällig ist, dass seit 2014 **keine Nettokreditaufnahme** mehr erfolgt ist, während diese im Jahr 2010 infolge der Finanz- und Weltwirtschaftskrise noch 44,0 Milliarden Euro betrug und damit einen Höhepunkt erreicht hatte.
Betrachtet man die Salden der öffentlichen Haushalte in der Statistik M 4, ist für das Jahr 2008 ersichtlich, dass der **Haushalt fast ausgeglichen** ist. Bis 2010 steigt die Neuverschuldung auf 109 Milliarden Euro an, was 4,2 % des Bruttoinlandsproduktes entspricht. In diesem Jahr wurde der Zielwert des **Maastricht-Kriteriums** von 3 % des BIP wie auch schon 2009 nicht erreicht. In den folgenden Jahren bis 2013 geht di Neuverschuldung zurück. Ab 2014 werden positive Salden erzielt und die Haushalte weisen **wachsende Überschüsse** aus. Im Jahr 2017 wird mit 36,6 Milliarden Euro der Höhepunkt erreicht.
Obwohl sich das Bruttoinlandsprodukt laut Säulendiagramm in M 5 („Entwicklung des **Bruttoinlandsprodukts** der Bundesrepublik Deutschland […]", erstellt nach Werten von Destatis) von 2008 mit 2 562 Milliarden Euro auf 3 277 Milliarden Euro im Jahr 2017 erhöht – eine Ausnahme besteht 2009 –, steigt die **Verschuldung der öffentlichen Haushalte** zunächst bis 2010 auf 80,9 % des BIP an und verbleibt bis 2012 auf diesem hohen Niveau (79,8 %). Danach sinkt die Verschuldung der öffentlichen Haushalte bis 2017 auf 64,1 % des BIP und liegt somit sogar einen Prozentpunkt unter dem Wert von 2008 (vgl. M 4). Insgesamt kann daher für alle Jahre festgestellt werden, dass das Maastricht-Kriterium, wonach der staatliche

Schuldenstand nicht über **60 % des BIP** betragen darf, nicht eingehalten wird. Die Tendenz ist trotzdem positiv. Die relative Staatsverschuldung sinkt aufgrund des steigenden BIP schneller als die nominale. Mit Ausnahme von 2011 **fallen die Zinsausgaben** der öffentlichen Haushalte kontinuierlich von 68 Milliarden Euro im Jahr 2008 auf 41 Milliarden Euro im Jahr 2017. Die Bundesschuld wird für 2018 auf 19,4 Milliarden Euro prognostiziert, was knapp 6 % der Ausgaben des Bundeshaushaltes entspricht (vgl. M 3).
Insgesamt ist festzustellen, dass die **Entwicklung der Haushaltslage** des deutschen Staates trotz der Finanz- und Wirtschaftskrise im Jahr 2008 **positiv** ist.

2. *Bei der zweiten Aufgabe sollen Sie ausgewählte Ausgaben des Bundes und drei unterschiedliche wirtschaftspolitische Handlungsfelder begründet in einen Zusammenhang bringen. In M 3 finden Sie Beispiele für Ausgaben. Begründen Sie Ihre Auswahl dabei auch durch passende Beispiele.*

Im Balkendiagramm in M 3 wird für das Jahr 2018 dargestellt, wie die Ausgaben des Bundeshaushaltes in Höhe von ca. 344 Milliarden Euro auf die verschiedenen Bereiche aufgeteilt werden sollen.
Der größte Betrag mit 139,2 Milliarden Euro wird für den Bereich „Arbeit und Soziales“ zur Verfügung gestellt. Damit bekommt das wirtschaftspolitische Handlungsfeld der **Sozialpolitik** eine besondere Bedeutung. Weitere Bereiche, die der Sozialpolitik zugeordnet werden können, sind zum Beispiel „Familie, Senioren, Frauen, Jugend“ mit 10,2 Milliarden Euro, „Gesundheit“ mit 15,2 Milliarden Euro und verschiedene Teilbereiche der „Wirtschaft“. Durch staatliche Maßnahmen im Bereich der Sozialpolitik können zum Beispiel über die Agentur für Arbeit Qualifikationsmaßnahmen gefördert werden. Ziel ist es, soziale Härten zu reduzieren und Betroffenen durch Qualifikationsmaßnahmen größere Chancen auf dem Arbeitsmarkt zu ermöglichen. Ebenso ist auch die Ausbezahlung von **Arbeitslosengeld II** ein wesentlicher Baustein der **Sozialmaßnahmen** in Deutschland.
Die **Strukturpolitik** ist ein weiteres wirtschaftspolitisches Handlungsfeld, das sich in den Ausgaben erkennen lässt. Wichtige Ausgaben sind zum Beispiel im Bereich „Verkehr und digitale Infrastruktur“ mit 27,9 Milliarden Euro vorgesehen. Der Staat fördert beispielsweise **strukturschwache Regionen**, erleichtert die **Ansiedlung von Unternehmen** und damit die **Schaffung von Arbeitsplätzen**. Außerdem kann dadurch auch der **Strukturwandel** erleichtert werden. Des Weiteren können hier auch die „**Bildung** und **Forschung**“ genannt werden, die mit 17,6 Milliarden Euro veranschlagt werden. Ein weiterer wichtiger Aspekt ist die „Energie“ (8,1 Mrd. Euro; zusammen mit Wirtschaft), die insbesondere durch die **Energiewende** ein größeres Gewicht bekommen hat. Der Ausbau der Stromgewinnung aus alternativen Quellen statt Atom- und Kohlekraftwerken und der Energietransport erfordern Anreize, die Struktur dafür auf- und auszubauen.
Als drittes wirtschaftspolitisches Handlungsfeld kann die **Konjunkturpolitik** genannt werden. Durch das **Stabilitätsgesetz** versuchen die Regierungen, wirtschaftlich schwierige Phasen abzumildern oder zu vermeiden. Diese Aufgabe versuchen die Regierungen mit Ausgaben zum Beispiel in den Bereichen „Arbeit und

Soziales“ und „Bau“ zu erfüllen. Während der Phase des **wirtschaftlichen Abschwungs** kann beispielsweise Kurzarbeit durch die Bereitstellung von Überbrückungsgeld ermöglicht werden, sodass ein schneller Anstieg der **Arbeitslosigkeit** vermieden werden kann. Außerdem kann zum Beispiel durch Aufträge der öffentlichen Hand im Baubereich die Nachfrage stimuliert werden.

3. *Bei der dritten Aufgabe sollen Sie die in der Aufgabenstellung formulierte These an konkreten Sachverhalten messen und auf ihre innerer Stimmigkeit hin prüfen. Gehen Sie dabei auch kurz allgemein auf die Ziele des „Magischen Vierecks“ ein. Geeignete Materialien sind M 1, M 2, M 3, M 4, M 7.*

Nachdem im Jahr 2009 die „Schuldenbremse“ beschlossen und im Artikel 109, Absatz 3 des Grundgesetzes verankert wurde, müssen die Haushalte von Bund und Ländern von den Parlamenten so verabschiedet werden, dass diese ohne Einnahmen aus **Krediten** auszugleichen sind (vgl. M 1, M 2). Lediglich der Bund darf jährlich eine maximale **Nettokreditaufnahme** von 0,35 % des BIP durchführen und nur bei Naturkatastrophen oder außergewöhnlichen Notsituationen sind weitere Kreditaufnahmen möglich (vgl. M 2).
1967 wurde das Stabilitätsgesetz mit dem „Magischen Viereck“ verabschiedet. Seither versuchen die Regierungen **wirtschaftliche Schwankungen** auszugleichen und die **Wirtschaft zu stabilisieren**. Ziele des „Magischen Vierecks“ sind ein stetiges und angemessenes **Wirtschaftswachstum**, ein hoher **Beschäftigungsstand**, die **Preisniveaustabilität** und ein **außenwirtschaftliches Gleichgewicht**.
Das Ziel des stetigen und angemessenen Wirtschaftswachstums ist es, die Wellen im **Konjunkturzyklus** möglichst flach zu halten und starke Schwankungen zu verhindern. Dies wurde in der Vergangenheit zum Beispiel oft durch Investitionen der öffentlichen Hand in Infrastrukturprojekte und Steuersenkungen beziehungsweise Steuererhöhungen versucht. Durch die Schuldenbremse wird der **Handlungsspielraum** aber **eingeschränkt** und Maßnahmen, die die Konjunktur beleben sollen, sind nur begrenzt umsetzbar. Daraus ergibt sich ein **Zielkonflikt**. Auf der anderen Seite kann eine Konsolidierung der Staatsfinanzen auch dazu führen, dass zum Beispiel die Bundesschuld, die laut Prognose im Jahr 2018 immerhin den viertgrößten Anteil der Ausgaben im Bundeshaushalt ausmacht (vgl. M 3), reduziert werden kann. Dadurch müssen **weniger Zinsen bezahlt** werden (vgl. M 4) und es ergeben sich mehr Möglichkeiten, das vorhandene Geld zu **investieren**. Das Vertrauen der Wirtschaftsakteure in den Staat und seine Finanzen steigt und ein daraus folgendes besseres Rating kann dies noch verstärken, sodass hier sogar eine **Zielharmonie** entstehen kann.
Das Ziel der Vollbeschäftigung, welches bei einer **Arbeitslosenquote** von höchstens 3 % als erreicht gilt, kann mit der Schuldenbremse dann in einen **Zielkonflikt** geraten, wenn zum Beispiel wichtige Ausgaben wie das Überbrückungsgeld bei Kurzarbeit im Bereich von „Arbeit und Soziales“ reduziert werden oder wenn Ausgaben im Bereich des Strukturwandels nur unzureichend getätigt werden (vgl. M 3), sodass steigende Arbeitslosenzahlen die Folge wären. Eine **Zielharmonie** kann auf der anderen Seite dann erreicht werden, wenn zum Beispiel durch die Reduzierung

der Staatsschulden **steuerliche Entlastungen** von Unternehmen möglich wären, die dann zu mehr **Beschäftigungsanreizen** führen, oder eine steuerliche Entlastung der privaten Haushalte zu mehr Nachfrage führt, die wiederum mehr **Beschäftigungsimpulse** mit sich bringt.
Das Ziel der Preisniveaustabilität gilt als erreicht, wenn die Inflationsrate bei ungefähr 2 % liegt. Ein Zielkonflikt kann zum Beispiel dann entstehen, wenn die Konjunktur sich im **Abschwung** befindet, der Staat aufgrund geringerer Einnahmen aber **nicht investiert**. Eventuell unterstützt er durch die ausbleibende Nachfrage die Tendenz zur **Deflation**. Auf der anderen Seite besteht kein **Zielkonflikt**, wenn der Staat sich in der Phase des konjunkturellen Aufschwungs nicht als zusätzlicher Nachfrager betätigt. Was Bernd Kramer in seinem Artikel „Rekordüberschuss: Soll der Staat das Geld ausgeben?" schreibt, der am 23. 02. 2017 in der Badischen Zeitung veröffentlicht wurde, nämlich dass die öffentliche Hand kaum zusätzlich etwas für einen investierten Euro in den Bau bekomme, da die Kapazitäten der Bauunternehmen ausgelastet seien und mehr Geld die **Preise in die Höhe** treibe, wird dann vermieden (vgl. M 7, Z. 20 ff.).
Außenwirtschaftliches Gleichgewicht gilt als erreicht, wenn ein Ausgleich zwischen den Einnahmen aus den Exporten und den Ausgaben bei den Importen geschaffen wird. Ein Zielkonflikt kann entstehen, wenn die **Nachfrage des Staates nach Importgütern** durch die Schuldenbremse reduziert wird. Somit wird der aktuelle **Exportüberschuss** noch **erhöht**. Wenn die Regierung bedingt durch die Schuldenbremse jedoch **keine steuerlichen Vorteile** für die Unternehmen ermöglichen kann oder weniger in den Ausbau der Infrastruktur investiert, kann dadurch die Konkurrenzfähigkeit der einheimischen gegenüber den ausländischen Unternehmen leiden. Exporte gehen dann zurück und der aktuell zu hohe Exportüberschuss wird gemindert. In dieser Situation entsteht dann kein **Zielkonflikt** innerhalb dieses Zieles.
Es können sich also sowohl **Zielkonflikte** als auch **Zielharmonien** zwischen einem ausgeglichenen Haushalt und den Vorgaben des „Magischen Vierecks" ergeben. Dies ist insofern nicht verwunderlich, als sich innerhalb des „Magischen Vierecks" selbst auch Zielkonflikte und Zielharmonien ergeben, zumal das Viereck als magisch bezeichnet wird, weil es eine besondere Kunst ist, die **Ziele alle gleichzeitig** zu erreichen.

4. *Bei der letzten Aufgabe sollen Sie die in der Aufgabenstellung genannte Forderung erörtern, das heißt, Argumente abwägen und ein begründetes Urteil fällen. Die Materialien M 1, M 2, M 3, M 4, M 6 und M 7 bieten sich zur Beantwortung der Aufgabe an, nutzen Sie aber durchaus auch eigene Argumente.*

Trotz der Entwicklung in den Jahren 2017 und 2018, die bereits durch wachsende Ausgaben im Bundeshaushalt (auf 330,7 Milliarden Euro und auf prognostizierte 343,6 Milliarden Euro, vgl. M 3) gekennzeichnet waren, forderten einige Ökonomen aufgrund deutlich **steigender Steuereinnahmen** (vgl. M 4), dass die Bundesregierung **mehr investieren** solle. Sie argumentierten, dass höhere Investitionen

Deutschland zukunftsfähiger machten als ein weiterer Schuldenabbau. Was spricht für und was gegen diese Forderung?
Donata Riedel führt in ihrem Text „Mehr ausgeben – und dabei sparen", der am 06. 02. 2017 im Handelsblatt veröffentlicht wurde (vgl. M 6), aus, dass einige Ökonomen ausgerechnet haben, dass **höhere Investitionen** das **Wachstum** des Bruttoinlandsproduktes **stärker** steigern würden als die **geringere Staatsverschuldung** durch **Sparen** (vgl. M 6, Z. 4 ff.). Die konkrete Steigerung beträgt in dem von ihr genannten Beispiel 0,2 Prozentpunkte des Bruttoinlandsproduktes (vgl. M 6, Z. 28 ff.). Würden diese Investitionen nicht getätigt werden, verbaue dies den künftigen Generationen **Chancen auf Wohlstand** (vgl. M 6, Z. 10 ff.). Höhere Staatsinvestitionen hätten auch eine Zunahme der privaten Investitionen zur Folge, was wiederum zur **Erhöhung des Wirtschaftswachstums** (vgl. M 6, Z. 24 f.) und dadurch zu höheren **Steuereinnahmen** führen würde.
Das aktuell **niedrige Zinsniveau** und die **hohen Steuereinnahmen** (vgl. M 4) würden generell **höhere Investitionen** ermöglichen. Insbesondere Investitionen in die **Bildung**, die hauptsächlich durch den Staat erfolgen müssen, da der private Bereich diese nicht in der Breite abdeckten kann, könnten nachhaltig wirken. Zudem würden Investitionen in die **digitale Infrastruktur** die Zukunftsfähigkeit der folgenden Generationen unterstützen. Eine Verdrängung privater Investoren stellt in diesen Bereichen kaum ein Problem dar.
Außerdem könnte der vom Ausland häufig beklagte deutsche **Handelsüberschuss** durch staatliche Investitionen und die damit verbundene erhöhte Nachfrage nach ausländischen Gütern **reduziert** werden.
Auf der anderen Seite gibt es aber auch einige Argumente, die gegen die Forderung, die Investitionen zu erhöhen, sprechen.
Die „Schuldenbremse" ist nicht ohne Grund im Grundgesetz Artikel 109 verankert worden. Der **finanzielle Handlungsrahmen** soll für künftige Regierungen erhalten bleiben. Aktuell nimmt die Bundesschuld den viertgrößten Anteil im Bundeshaushalt ein (vgl. M 3). Wie Bernd Kramer darlegt (M 7), führt eine rasche Schuldentilgung dazu, dass Geld, zum Beispiel durch **wegfallende Zinszahlungen**, gespart wird und damit die finanziellen Handlungsmöglichkeiten in der Zukunft vergrößert werden (vgl. M 7, Z. 6 ff.). Dazu führt er die Nachfragetheorie von John Maynard Keynes an, nach der der Staat in wirtschaftlich guten Zeiten seine **Schulden tilgen** soll (vgl. M 7, Z. 1 ff.). Somit hat er in wirtschaftlich schwierigen Zeiten auch mehr **Möglichkeiten**, **als Nachfrager** aufzutreten, um positive Impulse für die Wirtschaft zu setzen.
Zudem erlaubt der **Artikel 109 GG** eine höhere Neuverschuldung nur im Ausnahmefall bei Naturkatastrophen oder außergewöhnlichen Notsituationen (vgl. M 2, Z. 7 f.). Darüber hinaus müssen die sogenannten **Maastricht-Kriterien** des europäischen Stabilitäts- und Wachstumspaktes eingehalten werden. Laut M 4 sank zwar die Verschuldung der öffentlichen Haushalte in Prozent des Bruttoinlandsproduktes von 79,8 % im Jahr 2012 auf 64,1 % im Jahr 2017. Die Vorgabe einer Verschuldung von nicht mehr als 60 % des BIP ist aber noch nicht erfüllt.
Führt ein Staat eine angemessene Schuldenpolitik durch, stärkt dies auch das **Vertrauen bei Investoren** und privaten Haushalten. Sowohl der Staat als auch die

Investoren und privaten Haushalte können sich leichter Geld zu guten Konditionen leihen. Die **Nachfrage steigt**, was zukünftig zu einem höheren Wirtschaftswachstum und damit höheren Steuereinnahmen führen kann.
Gegen höhere staatliche Investitionen in Aufschwungszeiten führt Bernd Kramer ein weiteres Argument an: „Wenn die öffentliche Hand jetzt einen Euro zusätzlich in Bauinvestitionen steckt, wird sie kaum etwas dafür bekommen. Die Kapazitäten der Bauunternehmen sind ausgelastet. Mehr Geld in einem solch engen Markt treibt nur die Preise in die Höhe." (M 7, Z. 20 ff.). Das heißt, dass der Staat als zusätzlicher Nachfrager – bei ohnehin schon sehr hoher Nachfrage im privaten Sektor – **mehr Geld ausgeben** müsste, als wenn er dies in wirtschaftlich schlechteren Zeiten tun würde. Die positiven Auswirkungen wären nur gering und gleichzeitig würde die **Inflation weiter angetrieben**. Eventuell erschwert er durch die steigenden Preise sogar die **Altersvorsorge** für private Haushalte, die in Immobilien für den Eigenbedarf investieren wollen.
Insgesamt gab es gute Argumente für, aber auch gegen höhere Investitionen des Staates in den Jahren 2017 und 2018. Sowohl auf nationaler Ebene durch den Grundgesetzartikel 109 als auch auf europäischer Ebene durch den europäischen Stabilitäts- und Wachstumspakt wurden **konkrete Grenzen** gesetzt, die der Staat einhalten muss. Tut er dies nicht, kann er auch von anderen Staaten, wie zum Beispiel Griechenland oder Italien, keine **Haushaltsdisziplin** einfordern. Außerdem fiele es ihm in wirtschaftlich angespannten Situationen schwerer, wirtschaftspolitisch tätig zu werden. Gleichwohl kann es, wie Riedel zeigt (vgl. M 6), paradoxerweise **sinnvoll** sein, **mehr zu investieren**, um im Endeffekt zu sparen. Außerdem sollten Investitionen in eine **zeitgemäße Infrastruktur** und **gute Bildung** nicht vom Schuldenstand abhängig gemacht werden, sondern Gegenstand jeder nachhaltigen Wirtschaftspolitik sein. Eine solch grundlegende Entscheidung hängt also immer von vielen **verschiedenen Faktoren ab**, und es ist daher rückblickend schwierig, sich klar auf einer Seite zu positionieren.

Schriftliche Abiturprüfung Wirtschaft (Baden-Württemberg) 2020

Passende Punkte des aktuellen Lehrplans:

- Grundlagen der Ökonomie: Die Schülerinnen und Schüler können…
  … Ursachen für Marktversagen (zum Beispiel Marktmacht, Externalitäten, Informationsasymmetrien) darstellen und Lösungsmöglichkeiten erläutern
  … die wirtschaftliche Lage Deutschlands anhand von Konjunkturindikatoren analysieren
  … wirtschaftspolitische Zielsetzungen (unter anderem Preisniveaustabilität, Wirtschaftswachstum und ökologische Nachhaltigkeit (Artikel 20a GG)) bewerten

Effektiver Umweltschutz – Mehr Staat oder mehr Markt?
Im Jahr 2016 hat die Bundesregierung zur Umsetzung des Pariser Klimaschutzabkommens den Klimaschutzplan beschlossen. Deutschland hat sich unter anderem zum Ziel gesetzt, seine nationalen CO_2-Emissionen (Treibhausgase, die durch die Verbrennung verschiedener kohlenstoffhaltiger Materialien entstehen) bis 2020 um 40 Prozent und bis 2050 um 80 bis 95 Prozent unter das Niveau von 1990 zu reduzieren. Es ist jedoch fraglich, ob die Bundesrepublik ihre Klimaziele langfristig erreichen wird, denn umweltpolitische Maßnahmen können mit ökonomischen Interessen in Konflikt geraten.

Bei der Bearbeitung der folgenden Aufgaben sind geeignete Materialien in Abhängigkeit von der Aufgabenstellung einzubeziehen und zu belegen.

Aufgaben:

1. Analysieren Sie anhand von M 2 die Entwicklung der CO_2-Emissionen im Zusammenhang mit der wirtschaftlichen Entwicklung im dargestellten Zeitraum. 14 VP
2. Erklären Sie negative externe Effekte am Beispiel der CO_2-Emissionen. 12 VP
3. Staatliche Eingriffe wie die Pigou-Steuer befinden sich im Spannungsfeld zwischen ökonomischen und ökologischen Zielen.
   Erörtern Sie die Einführung einer Pigou-Steuer auf CO_2-Emissionen angesichts dieses Spannungsfelds. 16 VP
4. „Klimaschutz – Wir brauchen Verbote!“ (M 4)
   Bewerten Sie ausgehend von M 4 und M 5 den Einsatz dieser Maßnahme zur Erreichung umweltpolitischer Ziele in der Sozialen Marktwirtschaft. 18 VP

60 VP

M 1 Grundgesetz

M 2 CO_2-Emissionen und wirtschaftliche Entwicklung in Deutschland

	2002	2006	2010	2014	2018*	Klimaziele der Bundes-regierung bis 2030
Die größten CO_2-Emittenten (in Mio. Tonnen CO_2-Äquivalent[1])						
Emissionen **Energiewirtschaft**	372	381	356	348	299	175–183
Emissionen **Industrie**	195	196	188	180	196	140–143
Emissionen **Verkehr**	176	157	154	160	163	95–98
Daten zur wirtschaftlichen Entwicklung						
Gesamtmenge produzierter Strom: Bruttostromerzeugung in Tera-Watt-Stunden (TWh)[2]	587	640	634	628	649	
Darunter: **Strom aus Erneuerbaren Energiequellen** in Tera-Watt-Stunden (TWh)	46	73	106	163	229	
Bruttoinlandsprodukt in Mrd. €	2 209,3	2 398,3	2580,1	2 938,6	3 386,2	
Industrieproduktion Index: 2002 = 100	100,0	114,6	116,9	125,9	131,4	
Beförderungsmenge Güterverkehr in Mio. Tonnen (Eisenbahn-, Straßen-, Schiff-, Luftverkehr)	3 586,1	4 243,0	4 076,4	4 475,2	4 780,9	

* vorläufige Schätzung

1 CO_2-Äquivalent gibt an, wie viel eine bestimmte Masse Gas zur globalen Erwärmung beiträgt.

2 Tera = 1 Billion (Watt-Stunde: Energieeinheit)

eigene Darstellung, Daten nach: Bundesministerium für Verkehr und digitale Infrastruktur, Umweltbundesamt, Destatis

M 3 CO_2-Emissionen und Kosten bei der Stromerzeugung in Deutschland 2018

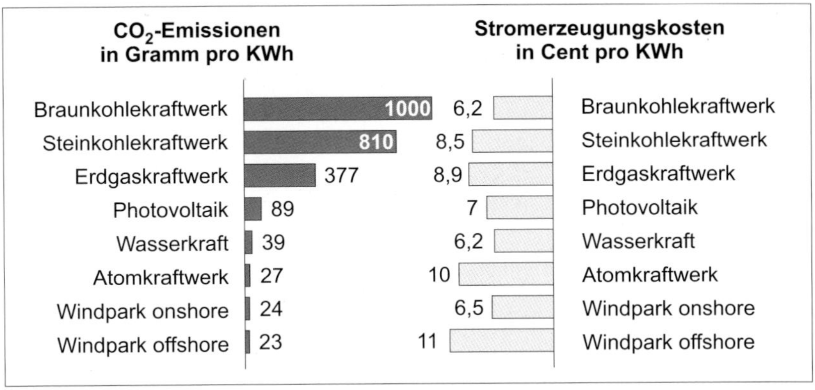

Begriffserklärungen:
Photovoltaik: direkte Umwandlung von Lichtenergie in elektrische Energie mittels Solarzellen.
Windpark onshore: Erzeugung von Energie mittels Windräder an Land
Windpark offshore: Erzeugung von Energie mittels Windräder auf dem Meer

eigene Darstellung, Daten nach: Fraunhofer Institut, Umweltbundesamt

M 4 Jürgen Döschner: Klimaschutz: Wir brauchen Verbote!

An der Ampel sind die Regeln eindeutig: Bei Grün darf man gehen, bei Rot muss man stehenbleiben, da ist es verboten, die Straße zu überqueren. Regeln – und somit auch Verbote – sind überlebenswichtig. Beim Straßenverkehr ist das besonders anschaulich. Tempo 30 vor dem Kindergarten, also das Verbot, vor diesem Kindergarten schneller als 30 km/h zu fahren, schützt Leben und Unversehrtheit dieser Kinder. Niemand mit klarem Verstand käme auf die Idee, deshalb von „Verbotskultur“ zu sprechen oder Deutschland eine „Verkehrsregel-Diktatur“ zu nennen. Schon gar nicht Politiker. Denn sie sind es ja, die diese und andere Regeln unseres Zusammenlebens festlegen, die über Gebote und Verbote, über Grenzwerte und Mindeststandards entscheiden.
Doch ausgerechnet, wenn es um den Schutz der Umwelt und des Klimas geht, sollen Gebote und Verbote, Grenzwerte und Mindeststandards als Instrumente „ungeeignet“ sein – sprechen Politiker wie Christian Lindner (FDP-Vorsitzender) von „Verbotskultur“ und „Ökoplanwirtschaft“, sehen gar die „Ökodiktatur“ am Horizont Ausgerechnet beim Erhalt unserer Lebensgrundlagen setzen FDP und CDU/CSU auf individuelle Einsicht, auf technischen Fortschritt oder die Kräfte des Marktes. Statt gemäß ihrem Auftrag als demokratisch legitimierte Gesetzgeber auch beim Klimaschutz klare Regeln zum Wohle des Volkes zu erlassen, wird mit den Kröten über die Trockenlegung des Sumpfes diskutiert. Oder wie soll man es sonst nennen, wenn über die Stilllegung jedes einzelnen Kohlekraftwerks mit den Energiekonzernen verhandelt wird – einschließlich der Höhe der Entschädigung, die die Konzerne dafür verlangen?

Bei Rot über die Ampel zu gehen, kann tödlich enden. Was die rote Ampel beim Klimaschutz ist, haben Wissenschaftler längst benannt. Entscheidend ist der Anteil von CO_2 in der Atmosphäre. Bei 450 ppm, also 450 Teilchen CO_2 pro Millionen Teilchen, ist die Grenze erreicht, ab der sich der Prozess der Erderhitzung nicht mehr aufhalten lässt. Heute liegen wir bei 411 ppm. Das ist der Maßstab für das Tempo beim Klimaschutz – nicht die Interessen von Kohlekonzernen, Autoherstellern oder der Agrarlobby. Wir müssen bis 2030 die Verbrennung der Kohle beenden, wir müssen den größten Teil fossiler Energieträger im Boden lassen, unseren Fleischkonsum einschränken, unsere Flüge reduzieren, weniger Plastik verwenden, unser Mobilitätsverhalten ändern.
Den Rahmen dafür kann und muss die Politik vorgeben – mit Geboten und Verboten, mit Grenzwerten und Mindeststandards. Mit klaren Regeln. Anders wird effektiver Klimaschutz nicht funktionieren.

Jürgen Döschner: Klimaschutz: Wir brauchen Verbote!; Kommentar im WDR vom 10.04.2019

M 5 Hubertus Bardt/Michael Hüther: Marktwirtschaftliche Grundlagen für eine umweltgerechte Entwicklung

Die Umweltpolitik muss als Teil der Ordnungspolitik begriffen werden. Ordnungsrechtliche Vorgaben werden durch politisch definierte Ziele bestimmt, Unternehmen müssen sich an diese Vorgaben halten. Aus dieser Perspektive dient die Umweltpolitik dazu, die Handlungsmöglichkeiten der Unternehmen einzuschränken, um umweltschädliches Verhalten zu verhindern. Umweltschutz ist damit eine Restriktion für Unternehmen, innerhalb derer sich Marktprozesse entfalten können. Umweltpolitik begrenzt die individuelle Vertragsfreiheit. Die Umwelt selbst wurde zumeist nicht als Bereich für eine marktwirtschaftliche Steuerung angesehen. Dies hat sich erst mit der Einführung von Emissionszertifikaten geändert, mit der erstmals das Recht zum Ausstoß bestimmter Stoffe handelbar gemacht wurde.
Obgleich die Marktwirtschaft oftmals als Hindernis für erfolgreichen Umweltschutz angesehen wurde, gibt es eine Reihe von wesentlichen Grundlagen für den Schutz der natürlichen Umwelt, die nur durch eine marktwirtschaftliche Ordnung geschaffen werden können. Wirtschaftliche Entwicklung ist insofern nicht ein Hindernis des Umweltschutzes, sondern die notwendige Basis sowie ein wichtiges Instrument einer wirksamen Politik zur Durchsetzung bestimmter umweltpolitischer Zielsetzungen.
Umweltpolitik, die anspruchsvolle Schutzziele durchsetzen will, muss auf einem hinreichenden wirtschaftlichen Fundament aufbauen können. Eine Gesellschaft, die elementare Bedürfnisse noch nicht befriedigt hat, wird kaum bereit sein, zur Erreichung von strengen Umweltstandards wirtschaftliche Nachteile in Kauf zu nehmen. Wirtschaftliche Entwicklung ist notwendig, um die gewünschten Ausgaben für Umweltschutz tragen zu können, ohne gleichzeitig in allzu großem Umfang auf andere ökonomische oder soziale Leistungen verzichten zu müssen.

So wie die soziale Marktwirtschaft durch bestimmte Regelungen soziale Ziele verwirklicht, sorgen umweltschutzbezogene Rahmenbedingungen für eine ökologisch akzeptable Entwicklung. Durch Regeln und Maßnahmen, die theoretisch gut fundiert und marktnah ausgestaltet sind, können bestimmte Zielsetzungen verfolgt werden, die der Marktprozess allein ohne einen entsprechenden Ordnungsrahmen nicht erreicht. Nur so können soziale und ökologische Knappheiten berücksichtigt und in einem Marktsystem auf möglichst effiziente Art vermindert werden. Sozialpolitik und Umweltpolitik sind kein Gegensatz zu einer marktorientierten Wirtschaftspolitik, sofern die Mechanismen des Marktes möglichst umfangreich genutzt werden.

Hubertus Bardt / Michael Hüther: Angebotsorientierte Umweltpolitik – Positionsbestimmung und Perspektiven, IW Köln (2006)

Lösungsvorschlag

1. *Bei der ersten Aufgabe sollen Sie anhand der Tabelle in Material M 2 die Angaben zu den CO_2-Emissionen im Zusammenhang mit der wirtschaftlichen Entwicklung systematisch untersuchen und auswerten. Bedenken Sie, dass die Angaben für das Jahr 2018 nur eine vorläufige Schätzung sind.*

Die Bundesregierung hat im Jahr 2016 einen Klimaschutzplan verabschiedet, um das Pariser Klimaschutzabkommen umzusetzen. In der Statistik in M 2, die nach Daten des Bundesministeriums für Verkehr und digitale Infrastruktur, des Umweltbundesamtes und Destatis erstellt wurde, werden in der letzten Spalte die Klimaziele der Bundesregierung bis zum Jahr 2030 angegeben. Diese werden für die **drei Bereiche** Energiewirtschaft, Industrie und Verkehr (in Millionen Tonnen CO_2-Äquivalent) gezeigt. In den Spalten davor werden Angaben in Vierjahresabständen von 2002 bis 2018 zu diesen drei Bereichen aufgeführt, wobei die Daten für das Jahr 2018 auf einer Schätzung beruhen. Darüber hinaus werden in dieser Tabelle für den gleichen Zeitraum Daten zur wirtschaftlichen Entwicklung der Bereichen „Gesamtmenge produzierter Strom" mit der Unterkategorie „Strom aus erneuerbaren Energiequellen" (jeweils in Terawattstunden (TWh)), „Bruttoinlandsprodukt" (in Milliarden €), „Industrieproduktion" (Index: 2002 = 100) und „Beförderungsmenge Güterverkehr" (in Millionen Tonnen) dargestellt.
Betrachtet man die Entwicklung der CO_2-Emissionen in dem dargestellten Zeitraum, kann man erkennen, dass die **Emissionen** in der **Energiewirtschaft kontinuierlich**, mit Ausnahme des Jahres 2006, von 372 Mio. Tonnen CO_2-Äquivalent im Jahr 2002 auf geschätzte 299 Mio. Tonnen im Jahr 2018 **zurückgehen**. Das **Klimaziel** der Bundesregierung bis 2030 von 175–183 Mio. Tonnen ist in diesem Bereich noch **erreichbar**. Die Hoffnung wird dadurch gestärkt, dass in dem genannten Zeitraum der **Anteil** des **produzierten Stroms** aus **erneuerbaren Energiequellen** von 46 TWh im Jahr 2002 auf geschätzte 229 TWh im Jahr 2018 fast **verfünffacht** hat. Auch wenn dabei zu beachten ist, dass die Gesamtmenge an produziertem Strom auf geschätzte 649 TWh im Jahr 2018 gestiegen ist.
Die **Emissionen** im Bereich der **Industrie** sinken im zu betrachtenden Zeitraum **nur** in den **Jahren 2010** und **2014** auf 188 Mio. Tonnen beziehungsweise 180 Mio. Tonnen CO_2-Äquivalent. Für das Jahr 2018 wird ein geschätzter **Anstieg** auf 196 Mio. Tonnen prognostiziert. Das Ziel der Bundesregierung für das Jahr 2030 von 140–143 Mio. Tonnen CO_2-Äquivalent wird so **nicht erreicht** werden können. Anzumerken ist aber, dass sich gleichzeitig die Industrieproduktion um ca. 31 Prozent erhöht hat und **eingeleitete Maßnahmen** zur Reduktion der Emissionen immerhin einen **noch höheren Anstieg** im Bereich der Industrie **verhindert** haben.
Auch die Emissionen im Bereich **Verkehr sinken** zunächst von 176 Mio. Tonnen CO_2-Äquivalent im Jahr 2002 auf 154 Mio. Tonnen im Jahr 2010. Allerdings **steigen** sie im weiteren Verlauf wieder auf prognostizierte 163 Mio. Tonnen im Jahr **2018** an. Die **Beförderungsmenge** im **Güterverkehr steigt** in diesem Zeitraum, mit Ausnahme des Jahres 2010, von 3 586,1 Mio. Tonnen auf prognostizierte

4 780,9 Mio. Tonnen. Hält diese Tendenz an, wird das **Klimaziel** der Bundesregierung von 95–98 Mio. Tonnen CO_2-Äquivalent für diesen Bereich **schwer erreichbar** sein.
Die **wirtschaftliche Entwicklung** von 2002 bis 2018 ist, wenn man das **Bruttoinlandsprodukt** mit einer **Steigerung** von ca. 53 Prozent betrachtet, **positiv** zu sehen. Die **Reduktion** der Emissionen gelingt im Bereich der **Energieerzeugung** am besten, was daran liegt, dass der Anteil der **erneuerbaren Energiequellen** am produzierten Strom kontinuierlich steigt. Im Bereich der **Industrie**, deren Produktion sich um ca. 31 Prozent erhöht hat, gelingt die **Reduktion** der CO_2-Emissionen **am wenigsten**. Im Bereich des Verkehrs steigt die Beförderungsmenge im Güterverkehr um ca. 33 Prozent im zu betrachtenden Zeitraum, die trotzdem stattfindende **Reduktion** der Emissionen fällt mit ca. 7 Prozent **nicht besonders groß** aus.
Insgesamt kann man als Fazit ziehen, dass in allen Bereichen eine **Reduktion** der **CO_2-Emissionen relativ** zur **wirtschaftlichen Entwicklung** festzustellen ist. Verläuft die Reduktion in dieser Geschwindigkeit weiter, werden die **Klimaziele** der Bundesregierung bis zum Jahr 2030 aber vermutlich **nicht erreichbar** sein.

2. *Bei der zweiten Aufgabe sollen Sie Informationen zu negativen externen Effekten durch eigenes Wissen und eigene Einsichten begründet in einen Zusammenhang mit CO_2-Emissionen bringen. Als Einstieg sollten Sie den Begriff „negative externe Effekte“ definieren.*

Negative externe Effekte treten auf, wenn durch das **Handeln eines Akteurs** die **Wohlfahrt** eines **unbeteiligten Dritten negativ beeinflusst** und diese Auswirkung **nicht kompensiert** wird. Die **Kosten**, die dabei entstehen, sind **nicht** im **Marktpreis** enthalten, sodass ein **Marktversagen** vorliegt. Diese negativen externen Effekte können zum Beispiel bei der Nutzung von **öffentlichen Gütern** entstehen. Zu den öffentlichen Gütern gehören zum Beispiel Sonnenlicht, Wasser und Luft. Sie sind durch die **Nichtausschließbarkeit** und **Nichtrivalität** gekennzeichnet und sind sogenannte **Allmendegüter**. Diese Güter haben ohne staatliche Eingriffe **keinen Preis**.
Bei der Herstellung von Gütern, wie zum Beispiel der Produktion von Strom aus fossilen Rohstoffen (Braunkohle, Steinkohle, vgl. M 3), fallen neben den Herstellungskosten mit der Nutzung des Allmendeguts „saubere Luft“ auch **externe Kosten** durch die CO_2-Emissionen an. Die Kosten ergeben sich durch die **Folgen** der **Luftverschmutzung** und des **Klimawandels**. Diese können zum Beispiel daraus resultieren, dass Menschen an der verschmutzten Luft **erkranken** und Kosten für die **medizinische Behandlung** entstehen, die in Deutschland durch die **Allgemeinheit** über die **Krankenkassenbeiträge** bezahlt werden. Es findet also eine **Externalisierung** der **Kosten** statt, da diese nicht im Herstellungs-/Verkaufspreis des Stroms internalisiert sind. Ein weiteres Beispiel sind **Unwetter**, die durch den Klimawandel zunehmend häufiger auftreten. Werden durch Hochwasser oder Stürme Häuser beschädigt, dann müssen die **Reparaturkosten** von den Besitzern und den **Versicherungen getragen** werden. Auch hier hat die Allgemeinheit die Kosten von zum Beispiel von **höheren Versicherungsprämien** zu tragen.

3. *Bei der dritten Aufgabe sollen Sie bezogen auf die Einführung der Pigou-Steuer unter der Betrachtung des Spannungsfeldes zwischen ökonomischen und ökologischen Zielen durch Abwägung von Für- und Widerargumenten ein begründetes Urteil fällen. Außerdem ist bei dieser Aufgabe eine Definition der Pigou-Steuer sinnvoll.*

Negative externe Effekte verursachen Kosten, die **nicht** im **Marktpreis** enthalten sind und somit nicht kompensiert werden. Die **Pigou-Steuer** auf CO_2-Emissionen ist eine fiskal- und **umweltpolitische Maßnahme**, um **marktkonform** auf diese **negativen externen Effekte** zu reagieren. Die Steuer soll die zusätzlich entstehenden **Kosten internalisieren** und die negativen externen Effekte korrigieren. Solche Maßnahmen bewegen sich oft in einem **Spannungsfeld** zwischen **ökonomischen** und **ökologischen Zielen**. Was spricht nun also für bzw. gegen eine solche Pigou-Steuer?
Zunächst muss erwähnt werden, dass dieses Instrument **einige Schwächen** aufweist. So wird das Ziel, die CO_2-Emissionen mit einer Pigou-Steuer zu reduzieren, nicht zwingend erreicht, wenn diese eingeführt und festgesetzt wird. Denn die Steuer gibt den Akteuren quasi das **Recht**, zu einem **bestimmten Preis CO_2** zu **emittieren**. Wer diesen Preis bezahlen kann oder will, hat womöglich **kein Interesse** an einer Reduktion seiner CO_2-Emissionen. Möglicherweise ist die Höhe der Steuer auch **zu niedrig** festgesetzt worden, sodass **kein finanzieller Druck** entsteht, CO_2-Emissionen zu vermeiden. Das ökologische Ziel würde dann nicht erreicht werden. Wenn die Pigou-Steuer aber zu hoch angesetzt wird, können die Kosten für die Emittenten so hoch werden, dass **volkswirtschaftliche Risiken** die Folge sein können. So würde eine Pigou-Steuer die bereits **hohen Energiepreise** in Deutschland weiter **erhöhen**. Die Folge könnte sein, dass energieintensive Unternehmen andere **Standorte im Ausland** suchen und dahin ihre Unternehmen verlagern, um **Kosten zu sparen**. Die Konsequenz wären **Arbeitsplatzverluste** im Inland, damit verbunden **höhere Ausgaben** des **Staates** für **Soziales** bei **geringeren Steuereinnahmen**. Bleiben Unternehmen in Deutschland, könnte deren **Wettbewerbsfähigkeit** gegenüber ausländischen Konkurrenten aufgrund der höheren Kosten **sinken** und es würde für sie schwieriger, ihre Produkte auf dem Weltmarkt zu verkaufen. Auch dies könnte zu **Arbeitsplatzverlusten** und **sinkenden Steuereinnahmen** bei höheren Ausgaben im Sozialbereich führen. Ökonomische Ziele könnten also verfehlt werden.
Auch bei den privaten Haushalten könnte eine Pigou-Steuer **negative Folgen** haben. Private **Haushalte** mit **kleineren** oder **mittleren Einkommen** werden zum Beispiel beim täglichen Pendeln zum Arbeitsplatz **relativ stärker belastet** als private Haushalte mit höheren Einkommen. Es entsteht eine **soziale Ungerechtigkeit**. Ein kurzfristiger Umstieg zum Beispiel auf lokal emissionsfreie Elektroautos ist noch nicht für alle Haushalte finanziell leistbar.
Es sind aber auch zahlreiche positive Aspekte zu bedenken. So hätte die Einführung einer solchen Pigou-Steuer sicherlich einen **umweltbewussteren Konsum** zur Folge. Vielleicht wäre doch auch bei vielen Haushalten der **Anreiz** gegeben, auf ein **Elektrofahrzeug** zu sparen, um künftig Steuern zu reduzieren.

Zudem überlegen sich die Unternehmen, **neue Technologien** zu **entwickeln**, um zukünftig **umweltfreundlicher** zu sein. Sie könnten bei deren Einsatz Steuern sparen und wären somit auch wieder **wettbewerbsfähiger**. Dies hätte auch für die gesamte Volkswirtschaft Vorteile, da solche **Innovationen** die gesamte Wirtschaft langfristig **wettbewerbsfähig** halten.
Die Unternehmen haben letztendlich die Wahl, ob sie durch die Reduktion der Umweltbelastung **Steuern sparen** wollen oder ob sie für die **Umweltverschmutzung** bezahlen. Die Maßnahme ist somit **marktkonform**, weil die Steuer die negativen externen Effekte internalisiert.
Letztlich würde der **Staat** durch die Pigou-Steuer **höhere Einnahmen** erzielen. Diese können in durch den Staat initiierte oder geförderte **ökologische Projekte** fließen, sodass auch dieser in der Lage wäre, die negativen externen Effekte zu reduzieren.
Die Pigou-Steuer ist, wenn die **Höhe richtig bestimmt** wird und so die **Schwächen beseitigt** werden, ein **gutes Instrument**, das der Staat einsetzen kann, um **Unternehmen** und **private Haushalte** zu **animieren**, sich **ökologischer** zu **verhalten**. Da es ein **marktkonformes Instrument** ist, können negative externe Effekte zum Vorteil aller Akteure reduziert werden.

4. *Bei der letzten Aufgabe sollen Sie die Forderung nach Verboten ausgehend von den Aussagen, Behauptungen, Vorschlägen oder Maßnahmen, die in den Materialien M 4 und M 5 genannt werden, vor dem Hintergrund der Sozialen Marktwirtschaft beurteilen und eine persönliche Stellungnahme unter Offenlegung der eigenen Wertmaßstäbe abgeben. Ein Bezug zum Grundgesetz ist sinnvoll. Klären Sie die Begriffe „Soziale Marktwirtschaft“ und „Verbote“.*

Jürgen Döschner vertritt in seinem Kommentar, der im WDR am 10. 04. 2019 veröffentlicht wurde, die Meinung, dass für den **Klimaschutz Verbote** gebraucht würden (vgl. M 4). Verbote sind in diesem Fall **Restriktionen**, die durch den Staat festgelegt werden, um **umweltpolitische Ziele** zu **erreichen**.
Nach dem Leitbild der Wirtschaftsordnung „Soziale Marktwirtschaft“ sollen einerseits **Freiheiten** ermöglicht werden, wie zum Beispiel die Vertragsfreiheit, die im Grundgesetz (GG) Artikel 2 Absatz II verankert ist, andererseits sollen **negative Auswirkungen** des **freien Marktes** durch den **Staat abgemildert** beziehungsweise **korrigiert** werden. Dies soll zum Beispiel durch das **Sozialstaatsprinzip** im Artikel 20 Absatz I GG und die **Eigentumsverpflichtung** zum Wohle der Allgemeinheit im Artikel 14 Absatz II GG erreicht werden.
Der Staat hat laut Grundgesetz Artikel 20a auch die Aufgabe, die **natürlichen Lebensgrundlagen** für **zukünftige Generationen** zu **schützen**. Insofern ist es **legitim**, wenn er Gesetze erlässt, die Verbote beinhalten, um das Klima zu schützen. Auf der anderen Seite können entsprechende Verbote in einen **Zielkonflikt** geraten, wenn man das Recht auf Eigentum in Artikel 14 Absatz I GG betrachtet.

Untersucht man die Wirkung, so können **Verbote sehr effektiv** sein, da man zum Beispiel den Ausstoß von CO_2 direkt festlegen, begrenzen und im besten Fall verhindern kann. Die Forderung von Jürgen Döschner, die Verbrennung von Kohle zu beenden, ist ein Beispiel für ein mögliches effektives Verbot (vgl. M 4, Z. 29 f., M 3). Im Hinblick auf die **Effizienz** sind **Verbote sehr schnell** mit **geringen Einführungskosten** umzusetzen. Außerdem könnte durch sinnvolle Verbote, wie schon oben erwähnt, die Lebensgrundlage zukünftiger Generationen gesichert werden. Damit kann **Generationengerechtigkeit** sowohl national als auch international erreicht werden.

Auf der anderen Seite können durch Verbote jedoch **Wohlfahrtsverluste** entstehen und die Folgekosten können das **Verhältnis** von **Kosten** und **Nutzen negativ** beeinflussen. Würde zum Beispiel ein Verbot nur national verhängt werden, könnten Unternehmen in Deutschland in ihrer Wettbewerbsfähigkeit eingeschränkt werden, sodass langfristig Wohlfahrtsverluste entstehen können.

Insofern stellt sich auch die Frage nach der **Gerechtigkeit**. Ein deutsches Unternehmen, das mit ausländischen Unternehmen im Wettbewerb steht, könnte wesentlich **stärker belastet** werden. **Pendler**, die längere Wege zurücklegen müssen, könnten durch Verbote viel härter getroffen werden als diejenigen, die vor Ort bleiben können. Ebenfalls würden **energieintensive Unternehmen** die Konsequenzen durch zum Beispiel **höhere Stromkosten** aus Windenergie (vgl. M 3) viel deutlicher spüren. Daraus folgt die Frage, ob die **Verteilung** der **Lasten gerecht** ist.

Unter dem Gesichtspunkt der **Freiheit** würden Verbote zum Beispiel die **Souveränität** der **Konsumenten einschränken**. Wann und wo darf ein Konsument beispielsweise mit welchem Auto (Verbrenner oder Elektroantrieb) überhaupt noch fahren? Außerdem könnten die **Vertragsfreiheit** und die **unternehmerische Freiheit eingeschränkt** werden (vgl. M 5, Hubertus Bardt/Michael Hüther: Marktwirtschaftliche Grundlagen für eine umweltgerechte Entwicklung, Institut der deutschen Wirtschaft Köln, 2006 erstveröffentlicht, Z. 7).

Verbote sind zur **schnellen** und anfangs **kostengünstigen Erreichung** von **umweltpolitischen Zielen** möglich. Es können aber im Rahmen der Sozialen Marktwirtschaft sehr schnell **Zielkonflikte** entstehen. Insofern kann ein ausgewogener **Mix** verschiedener **marktkonformer Maßnahmen** – Hubertus Bardt und Michael Hüther nennen z. B. die Einführung von Emissionszertifikaten in ihrem Text (vgl. M 5, Z. 9 ff.) – oder darüber hinaus die Pigou-Steuer, dazu führen, dass die **Zielkonflikte reduziert** werden und **umweltpolitische Maßnahmen** auch **erfolgreich** sein können. „Sozialpolitik und Umweltpolitik sind kein Gegensatz zu einer marktorientierten Wirtschaftspolitik, sofern die Mechanismen des Marktes möglichst umfangreich genutzt werden" (M 5, Z. 33 ff.). **Verbote** sollten also bei Beschlüssen von umweltpolitischen Maßnahmen **nicht dominieren**, sondern nur dann verhängt werden, wenn die Ziele durch **andere Maßnahmen nicht erreicht** werden.

Schriftliche Abiturprüfung Wirtschaft (Baden-Württemberg) 2021

Passende Punkte des aktuellen Lehrplans:

– Arbeitsmärkte: Die Schülerinnen und Schüler können…
  … staatliche Rahmenbedingungen (Tarifautonomie, Arbeitsrecht und Transferleistungen) und Ausgestaltungen auf dem deutschen Arbeitsmarkt darstellen (zum Beispiel Zeitarbeit, Niedriglohnsektor, Mindestlöhne)

Digitalisierung der Arbeitswelt – wie kann diese Herausforderung bewältigt werden?

Die Digitalisierung von Arbeitsprozessen führt für Unternehmen und Gesellschaft zu einer weitgehenden Veränderung. Diese erfasst alle Sektoren und wird zu zusätzlichen Investitionen führen. Der Einsatz von Künstlicher Intelligenz und Algorithmen wird Arbeitsplätze vernichten, aber auch neue Berufsbilder entstehen lassen. Ob das Verhältnis der Tarifpartner noch in gleicher Weise Bestand hat und wie der Staat auf diese Transformationsprozesse reagieren soll, beispielsweise in Form einer Robotersteuer, ist noch unklar. Dadurch könnte auch die Tarifautonomie (d. h. das Recht der Sozialpartner, ohne staatliche Beteiligung Tarifverträge auszuhandeln und zu kündigen) an Bedeutung verlieren.

Bei der Bearbeitung der folgenden Aufgaben sind geeignete Materialien in Abhängigkeit von der Aufgabenstellung einzubeziehen und zu belegen.

Aufgaben:

1. Stellen Sie die Entwicklung und Trends der Beschäftigungsstruktur in Deutschland anhand von M 2 bis M 4 dar.	12 VP
2. Erläutern Sie ausgehend von M 5 mögliche Folgen einer digitalisierten Arbeitswelt für den Staat.	14 VP
3. Die Gewerkschaften – als einer der Tarifpartner – „drohen auf dem Müllhaufen der Geschichte zu landen.“ (M 6, Titel) Erörtern Sie ausgehend von M 6 die Bedeutung der Tarifautonomie in einer sich digitalisierenden Arbeitswelt.	16 VP
4. Gewerkschaften werfen im Zuge der Digitalisierung die Frage nach einer Besteuerung des Produktionsfaktors Kapital auf. Bewerten Sie ausgehend von M 7 den Vorschlag zur Einführung einer Robotersteuer.	18 VP
	60 VP

M 1 Grundgesetz

M 2 Erwerbstätige (abhängig Beschäftigte und Selbstständige) nach Wirtschaftszweigen (in Prozent)

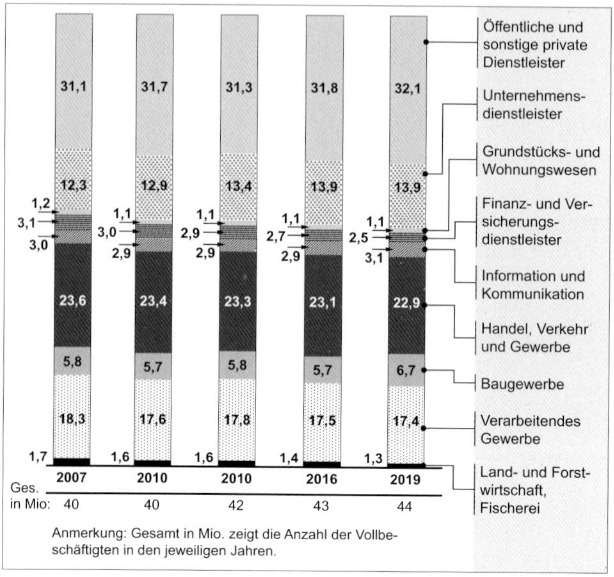

Anmerkung: Gesamt in Mio. zeigt die Anzahl der Vollbeschäftigten in den jeweiligen Jahren.

Autorengrafik nach Statistisches Bundesamt

M 3 Substituierbarkeitspotenziale nach Branchen 2015 – welche Beschäftigten ersetzt werden können

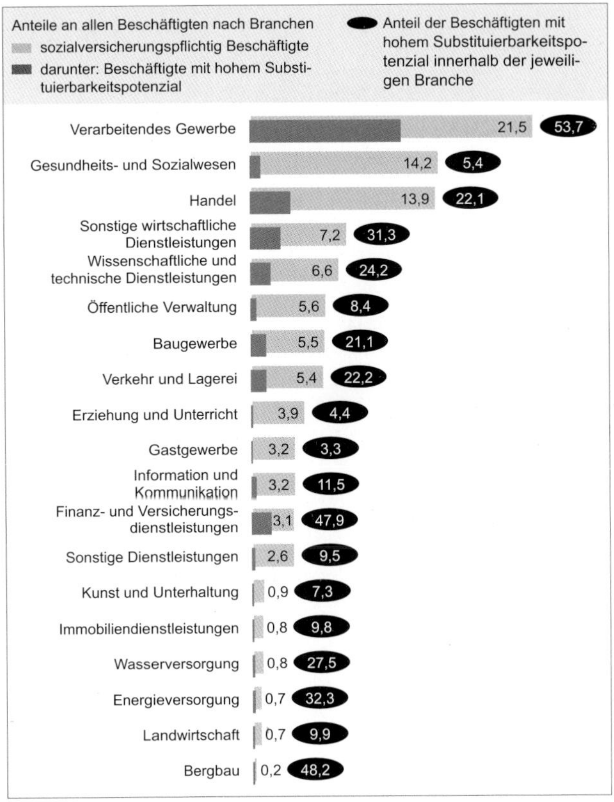

Lesehilfe: 5,5 Prozent der Beschäftigten arbeiten im Baugewerbe.
Von diesen haben 21,1 Prozent ein hohes Substituierbarkeitspotenzial.
Dies entspricht 1,2 % aller Beschäftigten.

Dengler, Katharina; Matthes, Britta; Wydra-Somaggio, Gabriele (2018): Digitalisierung in den Bundesländern: Regionale Branchen- und Berufsstrukturen prägen die Substituierbarkeitspotenziale. (IAB-Kurzbericht, 22/2018), Nürnberg, S.8, http://doku.iab.de/kurzgraf/2018/kbfolien22182.pdf

M 4 Aufteilung der Arbeitsstunden 2018 und 2022 (Anteile in Prozent)

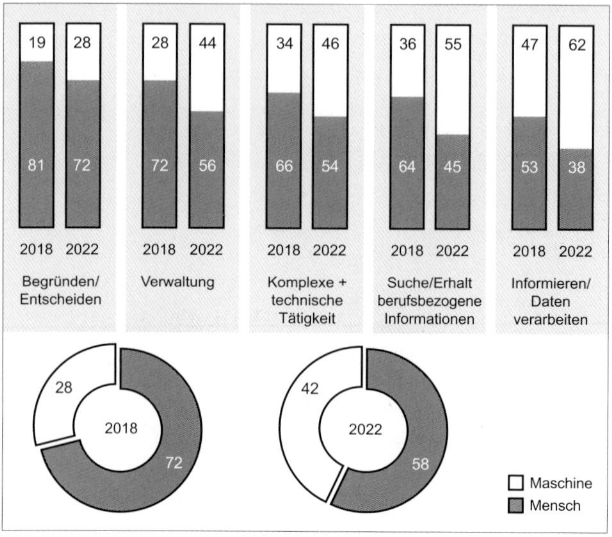

Anmerkung: Suche berufsbezogener Informationen bedeutet Recherche von Informationen, die für den Beruf relevant sind.

Holger Schmidt / Netzoekonom.de (Daten von WEF)

M 5 Mindmap „Wandel in der Berufs- und Arbeitswelt“

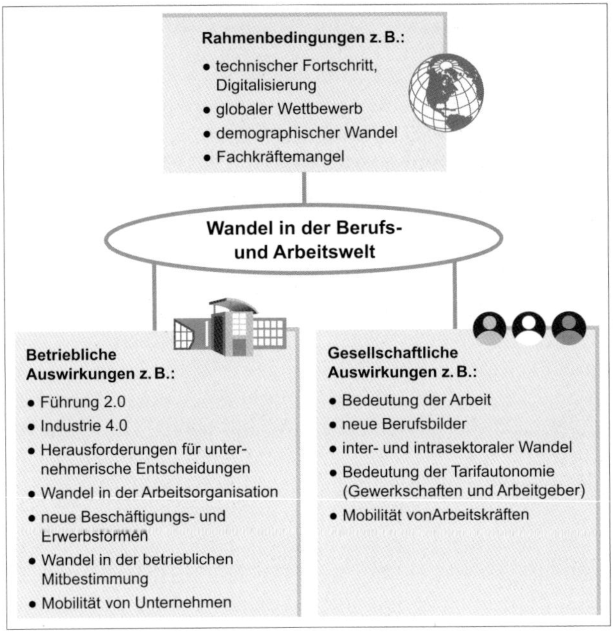

Autorengrafik

M 6 Frank Specht: Gewerkschaften drohen auf dem Müllhaufen der Geschichte zu landen

Am Tag der Arbeit feiert sich die Arbeiterbewegung selbst. Dabei muss sie aufpassen, in der Arbeitswelt 4.0 nicht bedeutungslos zu werden. Rote Fahnen, Arbeiterprosa über Vielfalt, Gerechtigkeit und Solidarität - an keinem anderen Tag im Jahr wird das Kollektiv schöner beschworen. Eine Bühnenshow, die verdeckt, dass es hinter den Kulissen längst bröckelt. Das Kollektiv ist seit Jahren auf dem Rückzug. Da kann der Deutsche Gewerkschaftsbund (DGB) noch so gebetsmühlenartig wiederholen, dass täglich rund 850 Werktätige neu in eine Gewerkschaft eintreten. Unter dem Strich verliert die einst stolze Organisation weiter Mitglieder.

Auch bei der Organisation des Arbeitslebens zählt das Kollektiv nicht mehr viel. Immer weniger Unternehmen unterwerfen sich Flächentarifverträgen, die Löhne und Arbeitsbedingungen einheitlich für eine ganze Branche regeln. Die Gewerkschaften können noch so gute Abschlüsse herausholen, wie sie es zuletzt für die Metaller oder die Staatsdiener unter Beweis gestellt haben. Die fortschreitende Tariferosion führt dazu, dass mehr und mehr Beschäftigte außen vor bleiben. Das Kollektiv als exklusiver Klub.

Für die schwindende Anziehungskraft der Gewerkschaften gibt es viele Gründe. In Deutschland sind neun von zehn Beschäftigten mit ihrem Job zufrieden, hat das Statistische Bundesamt gerade mitgeteilt. Die Sehnsucht nach gewerkschaftlichem Beistand ist deshalb nicht besonders stark ausgeprägt. Hinzu kommt die zunehmende Atomisierung von Gesellschaft und Arbeitswelt. Die Gemeinschaft löst sich auf in eine Vielzahl teils widerstreitender Einzelinteressen, die sich auch in immer komplexer werdenden Tarifverträgen zeigen.

Die globalisierte Wirtschaft, die Aufspaltung von Unternehmen in kleinere Einheiten, der Rückzug vieler Arbeitgeber aus dem Tarif erschweren den Arbeitnehmervertretern die Organisationsarbeit zusätzlich.

Ist die Arbeiterbewegung also unterwegs auf den Müllhaufen der Geschichte? Hoffentlich nicht. Denn die Gewerkschaften werden weiter gebraucht. Dass gestandene Unternehmer heute für das bedingungslose Grundeinkommen werben, zeigt, dass sie sich eine Wirtschaft mit viel weniger Beschäftigten durchaus vorstellen können. Sie müssen immer wieder aufs Neue daran erinnert werden, dass unternehmerische Verantwortung sich nicht im Dienst an Kunden und Aktionären erschöpft. Unsere Gesellschaft definiert sich über Arbeit, unser Sozialstaat hängt zu wesentlichen Teilen daran. Beschäftigte abzuschreiben ist deshalb fahrlässig. Daran können die Gewerkschaften nicht oft genug erinnern.

Gefragt sind sie auch dabei, die Spaltung der Gesellschaft nicht noch tiefer werden zu lassen. An die Stelle des Verteilungskonflikts zwischen Arbeit und Kapital treten heute oft Verteilungskonflikte zwischen Beschäftigten untereinander.

Dass Arbeit mit Maschinen deutlich besser entlohnt wird als die Arbeit mit Menschen, schafft ein Gefühl von Ungerechtigkeit, führt zu Fachkräftemangel in Kitas und Pflegeheimen und drohender Altersarmut. Hier für ordentliche Organisationsgrade und eine gewisse Wirkmächtigkeit zu sorgen ist vor allem

Aufgabe der Gewerkschaften selbst. Immer nur nach dem Staat zu rufen, ist wie Selbstmord aus Angst vor dem Tod.

Zusammen mit den Arbeitgebern und der Politik haben die Arbeitnehmervertreter bewiesen, dass sie Strukturbrüche wie das Ende des Steinkohlebergbaus oder schwere Verwerfungen wie die Finanz- und Euro-Krise meistern können. Je mehr die Sozialpartner bei der Gestaltung von Digitalisierung und Globalisierung selbst in die Hand nehmen, desto weniger muss die Politik regeln.

Keine Frage: Für die Gewerkschaften wird es immer schwieriger, neue Mitglieder zu werben. Sie lassen sich nicht mehr so einfach hinter den Werkstoren finden. Sie arbeiten bei mobilen Pflegediensten, liefern Amazon-Pakete oder das per App bestellte Abendessen aus. Oder erledigen auf eigene Rechnung Aufträge am heimischen Computer. Aber nur wenn es den Gewerkschaften gelingt, in der Arbeitswelt 4.0 das Kollektiv 4.0 zu organisieren, werden sie künftig am 1. Mai noch etwas zu feiern haben. Sonst landen sie irgendwann doch auf dem Müllhaufen der Geschichte.

Frank Specht: Gewerkschaften drohen auf dem Müllhaufen der Geschichte zu landen, Handelsblatt vom 01.05.2018, https://www.handelsblatt.com/meinung/kommentare/kommentar-gewerkschaften-drohen-auf-dem-muellhaufen-der-geschichte-zu-landen/21230504.html?ticket=ST-2777187-mq9TZHJBtBat0xnsurnD-ap3

M 7 Robotersteuer und KI-Abgabe: Das steckt hinter der Idee

Die Gewerkschaft Verdi hat anlässlich des Digitalgipfels einen konkreten Plan vorgelegt, der die Besteuerung von künstlicher Intelligenz und Robotern fordert. Kernelement des 14-Punkte-Plans ist die Umverteilung der Gewinne, die mit Maschinen erzielt werden, in die sozialen Sicherungssysteme. Die Idee dahinter: Insbesondere durch Roboter und KI-Anwendungen werden Arbeitsplätze verloren gehen. Darüber hinaus fordert die Gewerkschaft, dass Kunden darüber informiert werden, wenn sie mit einem KI-Bot*, beispielsweise in einer Telefon-Hotline, kommunizieren. Teil des Papiers sind auch Ethik-Regeln, die vorsehen, dass zum einen keine KI-basierten Waffensysteme in Deutschland zum Einsatz kommen, aber auch, dass die Belegschaften bei der Einführung künstlicher Intelligenz mit ins Boot geholt werden.

Doch so einfach ist die Welt nicht: Die Idee einer Maschinen- oder Robotersteuer geht bis in die 70er Jahre zurück, als man annahm, dass Maschinen den Arbeitern sämtliche Jobs wegnehmen könnten. Heute sehen die meisten Experten das etwas differenzierter: Maschinen werden bestimmte automatisierbare Tätigkeiten einfacher und schneller erledigen können als der Mensch und somit in der Tat Arbeitsplätze (nicht nur im Niedriglohnsegment) gefährden. Die Situation, dass ein Roboter oder Algorithmus sämtliche Tätigkeiten übernimmt, wird es allerdings auch mittelfristig nicht geben. Es spricht somit einiges für die Idee, eine Wertschöpfungsabgabe in Form einer Robotersteuer zu definieren und die hieraus erhobenen Gelder in die Sozialsysteme, beispielsweise auch in Bildungsprogramme, zu investieren. Auch die Idee des bedingungslosen Grundeinkommens wird hiermit immer wieder in Verbindung gebracht, von Verdi und manchen Politikern aber gerne als „Abwrackprämie für Menschen“ abgetan. Kritiker wenden auch ein, dass eine Roboterabgabe oder Robotersteuer die Innovation hemmen könnte, so etwa auch EU-Kommissar Andrus Ansip. Das wird allerdings so lange nicht der Fall sein, solange ein Algorithmus mehr Wertschöpfung erzeugt, als hierdurch eingespart wird. Nicht minder schwierig ist die Frage, wie eine gerechte Robotersteuer aussehen könnte: Wer würde sie worauf erheben, erfolgt sie gerätebezogen oder wertschöpfungs- oder leistungsbezogen? Und nicht minder wichtig: Wird sie weltweit erhoben oder wird es „Billiglohnroboter“ geben, sodass die Produktion, ähnlich wie beim menschlichen Pendant in steuergünstigere Länder verschoben werden kann?

Außerdem wird die Frage sein, welche Art an Maschinen und Robotern überhaupt besteuert werden müsste – Roboter sind schließlich nicht immer hardwarebezogen und gerade durch die bereits erwähnten Sprach-Bots werden in Zukunft viele Arbeitsplätze verloren gehen, insbesondere wenn das Wissensmanagement auf Basis von datenbankbasierten Anwendungen besser wird. Gegen den Einsatz solcher Technologien sind übrigens nicht einmal die Gewerkschaften. Auch Verdi sieht nach eigenem Bekunden die Qualität von Künstlicher Intelligenz als wichtiges Werkzeug und versteht Roboter als gesundheitsfördernd für den menschlichen Arbeiter, etwa wenn dieser nicht mehr das schwere Werkstück alleine heben muss. Auf der anderen Seite stehen Gründer im KI- und Robotik-Umfeld, die befürchten, dass Deutschland hier Chancen vergibt, wenn Produktionsanlagen und Automatisierungsmechanismen besteuert werden.

* Bot = Abkürzung von „robot“; Computerprogramm, das weitgehend automatisch sich wiederholende Aufgaben abarbeitet, ohne dabei auf eine Interaktion mit einem menschlichen Benutzer angewiesen zu sein.

nach: t3n digital pioneers (Stand 21.09.2020)

Lösungsvorschlag

1. *Bei der ersten Aufgabe sollen Sie mithilfe der Materialien M 2, M 3 und M 4 die Zusammenhänge der Entwicklung und Trends der Beschäftigungsstruktur in Deutschland beschreiben und verdeutlichen. Achten Sie auf den Unterschied zwischen Prozent und Prozentpunkten.*

Die Entwicklung und Trends der Beschäftigungsstruktur können unter Betrachtung der Bereiche „Erwerbstätige nach Wirtschaftszweigen", „Substituierbarkeit nach Branchen" und „Aufteilung der Arbeitsstunden" beschrieben werden.
Im Material M 2 wird in einem Säulendiagramm die Verteilung der Erwerbstätigen nach Wirtschaftszweigen in Dreijahres-Schritten von 2007 bis 2019 in Prozent angegeben. Die Autorengrafik basiert auf Daten des Statistischen Bundesamtes. Besonders ins Auge fällt die **größte Gruppe „Öffentliche und sonstige private Dienstleister"**, die mit ca. einem Drittel vertreten ist und minimal über die Jahre 2007 bis 2019 von 31,1 % auf 32,1 % wächst. Die **zweitgrößte Gruppe „Handel, Verkehr und Gewerbe"** hat einen Anteil von knapp einem Viertel und nimmt in dem angegebenen Zeitraum minimal von 23,6 % auf 22,9 % ab. Den geringsten Anteil bei den Erwerbstätigen haben die Gruppen „Land- und Forstwirtschaft, Fischerei", mit einer geringen Veränderung von 1,7 % im Jahr 2007 auf 1,3 % im Jahr 2019, und „Grundstück- und Wohnungswesen", wo von 1,2 % im Jahr 2007 auf 1,1 % von 2010–2019 fast keine Veränderung stattgefunden hat.
Betrachtet man die Entwicklung nach Sektoren, so kann man feststellen, dass der **primäre Sektor** und der **sekundäre Sektor** eine **Reduktion des Anteils der Erwerbstätigen** erfahren haben, während beim **tertiären Sektor**, insbesondere bei den Gruppen „Unternehmensdienstleister" und „Öffentliche und sonstige private Dienstleister", ein **Anstieg des Anteils der Erwerbstätigen** stattfand.
Die Entwicklung und Trends können auch mit der **Substituierbarkeit**, d. h. dem Ersetzen der Beschäftigten zum Beispiel durch **Maschinen oder Computer**, dargestellt werden. In Material M 3 werden in einem Balkendiagramm die **Substituierbarkeitspotenziale** nach Branchen in Prozent für das Jahr 2015 angegeben. Quellen sind die Beschäftigungsstatistik der Bundesagentur für Arbeit, Dengler/Matthes, IAB-Kurzberichte 22/18. Hervorstechend ist das **„Verarbeitende Gewerbe"**, das einen Anteil der sozialversicherungspflichtig Beschäftigten mit 21,5 % hat, von dem **53,7 % ein Substituierbarkeitspotenzial** haben, d. h., mehr als die Hälfte der Beschäftigten davon betroffen sind. Bei den **„Finanz- und Versicherungsdienstleitungen"** und dem **„Bergbau"** liegen die Anteile der sozialversicherungspflichtig Beschäftigten zwar nur bei 3,1 % bzw. bei 0,2 %, aber das **Substituierbarkeitspotenzial** liegt auch hier **relativ hoch** bei 47,9 % bzw. 48,2 %. Auf der anderen Seite ist beim **„Gesundheits- und Sozialwesen"**, bei **„Erziehung und Unterricht"** und beim **„Gastgewerbe"** das **Substituierbarkeitspotenzial** mit 5,4 %, 4,4 % und 3,3 %, bei einem Anteil der sozialversicherungspflichtig Beschäftigten von 14,2 %, 3,9 % und 3,2 %, **relativ gering**. Hierbei ist noch anzumerken, dass das „Gesundheits- und Sozialwesen" den zweitgrößten Anteil der sozialversicherungspflichtig Beschäftigten hat.

Einen Zusammenhang kann man auch bei der Betrachtung von Material M 4 erkennen. Dort werden in einem kombinierten Schaubild aus Kreis- und Säulendiagrammen die Aufteilung der Arbeitsstunden für die Jahre 2018 und 2022 (Prognose) in Prozent angegeben. Das Material M 4 wurde nach Angaben von Holger Schmidt auf www.netzoekonom.de veröffentlicht. Die Anteile beziehen sich auf den „**Mensch**" und die „**Maschine**". Das Kreisdiagramm zeigt für das Jahr **2018**, dass der „**Mensch**" noch **72 % Anteil an den Arbeitsstunden** hat. Im zweiten Kreisdiagramm wird für das Jahr **2022** nur noch ein **Anteil von 58 % prognostiziert**. Der andere Anteil wird jeweils von „Maschinen" erbracht. Das Säulendiagramm im Bereich „**Begründen/Entscheiden**" zeigt eine Veränderung von 81 % Arbeitsstundenanteil des „Menschen" auf prognostizierte 72 %, d. h., hier ist die **Veränderung im Vergleich zu den anderen Bereichen am geringsten**. Im Bereich der „Verwaltung" sinkt der Anteil der vom „Menschen" erbrachten Arbeitsstunden um 16 Prozentpunkte auf prognostizierte 56 %, im Bereich „Komplexe + technische Tätigkeit" um 12 Prozentpunkte auf prognostizierte 54 %, im Bereich „Suche/Erhalt berufsbezogener Informationen" um 19 Prozentpunkte auf prognostizierte 45 % und im Bereich „Informieren/Daten verarbeiten" um 15 Prozentpunkte auf prognostizierte 38 %.
Anhand der Daten kann man erkennen, dass in **allen Bereichen ein Substituierbarkeitspotenzial** gegeben ist und **menschliche Arbeit durch Maschinen ersetzt** werden kann. Besonders **auffällig** ist dies im **verarbeitenden Gewerbe**, wo der größte Anteil der sozialpflichtig Beschäftigten arbeitet. Im **sekundären Sektor** wird es wohl die **größten Veränderungen** geben. Im **tertiären Sektor** werden die Veränderungen im **sozialen Bereich am geringsten** sein, da die Sozialkontakte zwischen den Menschen nicht durch Maschinen ersetzt werden können. **Führungskräfte** werden in allen Bereichen ebenfalls **kaum durch Maschinen ersetzt** werden.

2. *Bei der zweiten Aufgabe sollen Sie ausgehend von Material M 5 mögliche Folgen einer digitalisierten Arbeitswelt für den Staat im Zusammenhang beschreiben und anschaulich mit Beispielen erklären. Sie können sich an der Struktur der Autorengrafik in M 5 orientieren.*

Die **globale Digitalisierung** ist in vielen Bereichen des Wirtschaftslebens weit vorangeschritten, hat aber noch ein großes **Entwicklungspotenzial**. Das bedeutet für den Staat, dass sich die Rahmenbedingungen verändern und der Staat diese mitgestalten oder darauf reagieren muss. Wenn die nationale Wirtschaft gegenüber der ausländischen Konkurrenz nicht in Nachteil geraten soll, sollte die **digitale Infrastruktur ausgebaut** werden. Dazu muss der Staat Anreize für Investitionen setzen bzw. selbst die Infrastruktur ausbauen, woraus entsprechend hohe Investitionskosten entstehen.
Die Digitalisierung in der Wirtschaft kann dazu führen, dass nur noch **spezialisierte Fachkräfte benötigt** werden und Arbeitskräfte in bestimmten Bereichen nicht mehr benötigt werden und es so entweder zum Abbau oder zur **Verlagerung von**

Arbeitsplätzen kommen kann. Das bedeutet für den Staat, dass er z. B. **Veränderungen** bei den **Inhalten im Bildungssystem** vornehmen sollte, um zukünftig Erwerbtätige gut vorzubereiten. Die Verlagerung bzw. der Abbau von Arbeitsplätzen kann dazu führen, dass die **Sozialsysteme**, z. B. durch mehr Bezieher*innen von Arbeitslosengeld und Arbeitslosenhilfe, **stärker belastet** werden und der Staat **steigende Staatsausgaben** zu tätigen hat. Dies wird vielleicht dadurch noch erschwert, dass durch den **demographischen Wandel** noch **weniger Personen** in die **Sozialsysteme einzahlen** bzw. der Staat **weniger Lohnsteuereinnahmen** hat.
Auswirkungen auf die Sozialsysteme können aber auch aus der **Digitalisierung** in Unternehmen resultieren. Durch die **Industrie 4.0** kann es dazu kommen, dass es immer **weniger Mitarbeitende** gibt, die einen unbefristeten Arbeitsvertrag haben. Sie bekommen nur noch **Werkverträge** oder müssen ihre Arbeitskraft als **Soloselbstständige** für bestimmte Projekte anbieten. Das bedeutet, dass die Unternehmen in der Folge auch **einen geringeren Anteil in die Sozialsysteme einbezahlen**, was wiederum bedeutet, dass der Staat seine Zuschüsse in die Sozialsysteme erhöhen muss.
Durch die sich **verändernde Arbeitsorganisation**, weil z. B. immer weniger Festangestellte für ein Unternehmen arbeiten oder immer mehr Angestellte im Homeoffice arbeiten, ergibt sich für den Staat die Notwendigkeit, dass bestehende **Rechte angepasst** oder **neue rechtliche Regelungen geschaffen** werden müssen. Das betrifft z. B. Bereiche im **Arbeitsrecht**, **Arbeitsschutz** und Bereiche im **Steuerrecht**. Dort können dann z. B. Fragen geregelt werden, ob Angestellte ein **Recht auf Homeoffice** haben, wie lange sie zu Hause arbeiten und erreichbar sein müssen oder wie sie das Arbeitszimmer z. B. steuerlich geltend machen können.
Veränderungen können sich auch durch die **gesellschaftlichen Auswirkungen** ergeben. Aufgrund der **Abnahme von Festanstellungen** muss häufiger der **Arbeitsplatz gewechselt** werden, was zu einer **höheren Mobilität bei Arbeitskräften** führt. Damit ist nicht nur eine örtliche Veränderung verbunden, sondern es kann zwischen alten und neuen Arbeitsverhältnissen zu **häufigeren Phasen der Arbeitslosigkeit** kommen. Das bedeutet für den Staat wiederum, dass es in der Folge **Probleme bei der Finanzierung der Sozialsysteme** geben kann. So führen z. B. die Phasen der Arbeitslosigkeit dazu, dass durch die Unterbrechung des Erwerbslebens **weniger Beiträge in die Rentenversicherung** einbezahlt werden können. Dies hat zur Folge, dass die Renten durch die **geringere Lebensarbeitszeit** sinken und der Staat höhere Ausgaben hat.
Vielleicht **nimmt** auch die **Bedeutung der Arbeit** immer **weiter ab**. Dadurch, dass immer weniger Menschen fest in einem Unternehmen oder von zu Hause aus für ein Unternehmen arbeiten, können die **sozialen Kontakte** am Arbeitsplatz abnehmen. Die **Vereinzelung** führt eventuell dazu, dass Menschen vereinsamen und durch die negativen Folgen der **Staat sozial und finanziell tätig** werden muss. Oder Menschen arbeiten verstärkt in Teilzeit und erhöhen ihr ziviles Engagement, z. B. durch ein Ehrenamt oder durch Pflege von Angehörigen oder durch Kinderbetreuung. Aber auch hier kann die **geringere Lebensarbeitszeit** dazu führen, dass weniger Lohnsteuern gezahlt werden und der Staat **geringere Steuereinnahmen** erzielt.

Der Staat sollte also **aktiv die Digitalisierung begleiten**, **gestalten** und darauf **reagieren**, sodass er die **Entwicklung positiv beeinflussen** kann. Durch geeignete **rechtliche Rahmenbedingungen** kann er dafür sorgen, dass die Bürger *innen und Unternehmen **Sicherheit** bekommen, Einkommen durch eine **innovative** und **wettbewerbsfähige Volkswirtschaft** ermöglicht werden und der Staat selbst **genügend Staatseinnahmen** generieren kann, um die vielfältigen Aufgaben zu erledigen.

3. *Bei der dritten Aufgabe sollen Sie durch Für- und Widerargumente die Bedeutung der Tarifautonomie in einer sich digitalisierenden Arbeitswelt abwägen und ein begründetes Urteil fällen. Am Anfang sollten Sie kurz die Tarifautonomie erklären.*

In dem **Kommentar** in Material M 6 mit dem Titel „Gewerkschaften drohen auf dem Müllhaufen der Geschichte zu landen", der am 01.05.2018 auf www.handelsblatt.com veröffentlicht wurde, vermittelt der Autor Frank Specht zu Beginn erst einmal einen **negativen Ausblick** auf die **Zukunft der Gewerkschaften**.
Laut Grundgesetz Artikel 9 Absatz 3 besitzen Gewerkschaften und Arbeitgeberverbände das Recht, zur Wahrung und Förderung der Arbeits- und Wirtschaftsbedingungen Vereinigungen zu bilden. Das bedeutet, dass sie durch die **Tarifautonomie eigenständig Tarifverträge verhandeln** und **abschließen** können.
Trotz dieser **starken Stellung durch das Grundgesetz** sieht Frank Specht die Gewerkschaften **schwächer** werden. Er nennt hierfür zum Beispiel den **Verlust an Mitgliedern** (vgl. M 6, Z. 8 f.).
Zudem kommt noch hinzu, dass auf der Seite der Arbeitgeber sich immer mehr **Unternehmen aus den Flächentarifverträgen zurückzögen** und damit die **Löhne** und **Arbeitsbedingungen** für die jeweilige Branche **nicht mehr einheitlich geregelt** werden könnten (vgl. M 6, Z. 11 f.).
Betrachtet man das Schaubild im Material M 3, so kann man erkennen, dass in einigen Branchen, insbesondere im verarbeitenden Gewerbe, die **Substituierbarkeitspotenziale sehr groß** sind und somit auch die **Anzahl der zu vertretenden Beschäftigten rückläufig** sein können.
„In Deutschland sind neun von zehn Beschäftigten mit ihrem Job zufrieden, hat das Statistische Bundesamt gerade mitgeteilt. Die Sehnsucht nach gewerkschaftlichem Beistand ist deshalb nicht besonders ausgeprägt." (M 6, Z. 18 ff.) Das bedeutet, dass auch von der Seite der Beschäftigten die **Bedeutung von (Flächen-)Tarifverträgen nachgelassen** hat.
Frank Specht schreibt von einer „zunehmende[n] Atomisierung von Gesellschaft und Arbeitswelt" (M 6, Z. 21). Damit verbunden sei eine **zunehmende Anzahl von widersprüchlichen Einzelinteressen**, die sich in komplexeren Tarifverträgen widerspiegeln (vgl. M 6, Z. 21 ff.).
Obwohl diese Aspekte die Tarifautonomie negativ beeinflussen können, gibt es auch Aspekte, die die Tarifautonomie in ihrer Bedeutung unterstreichen.
Gerade durch die **Veränderungen am Arbeitsmarkt**, die durch die **Digitalisierung** und **Globalisierung** hervorgerufen werden, kann die **Tarifautonomie** sowohl für Arbeitnehmer- wie für Arbeitgebervertretungen **Chance zur Mitgestaltung der**

Veränderungen sein. So können sie **flexiblere Tarifverträge** vereinbaren, die auf die „Atomisierung von Gesellschaft und Arbeitswelt" reagieren und den **vielfältiger werdenden Interessen eher gerecht** werden. Bereiche wie Homeoffice oder projektbezogene Anstellungen können Beispiele für tarifliche Regelungen sein.
Die flexibleren Tarifverträge ermöglichen beiden Seiten gleichzeitig auch mehr **Planungssicherheit** für die vereinbarte Laufzeit. Zudem ermöglichen sie **schnellere und weitergehende Veränderungen**, solange es keine eng gefassten oder unflexibel gestalteten gesetzlichen Regelungen gibt.
Aufgrund der vielfältigeren Interessen, die durch die Veränderungen entstehen, bietet die Tarifautonomie auch die Möglichkeit, dass sich **neue Arbeitnehmer- und Arbeitgebervereinigungen etablieren**, die gezielter für neu entstandene Bereiche **passende Tarifvereinbarungen abschließen** können.
Der **wesentlichste Aspekt** ist die **Erhaltung des Sozialstaates**, der durch die **Arbeit** und die damit **verbundenen Regelungen getragen** wird (vgl. M 6, Z. 33 f.). Dies kann einerseits durch Flächentarifverträge oder andererseits flexiblere Tarifverträge erreicht werden. **Verteilungskonflikte** können so eher **reduziert** oder **verhindert** werden und damit auch eine **tiefergehende Spaltung der Gesellschaft** (vgl. M 6, Z. 36 ff.).
Dass **Strukturumbrüche** und **Krisen** in der Vergangenheit gemeinsam von Tarifpartnern bewältigt werden konnten (vgl. M 6, Z. 45 ff.), zeigt, dass die **Tarifautonomie** auch in einer sich **digitalisierenden Arbeitswelt eine große Bedeutung** hat. Gewerkschaften und Arbeitgeberverbände sollten ihr durch das Grundgesetz gegebenes Recht aktiv zur **Gestaltung der Veränderungen zum Wohle aller** beteiligten Akteurinnen und Akteure nutzen.

4. *Bei der vierten Aufgabe sollen Sie ausgehend von Material M 7 den Vorschlag zur Einführung einer Robotersteuer beurteilen und eine persönliche Stellungnahme abgeben. Dabei sollen die eigenen Wertmaßstäbe (z. B. Effizienz, Effektivität, Nachhaltigkeit, Gemeinwohl, Gerechtigkeit) offengelegt werden.*

In dem Artikel eines unbekannten Autors mit dem Titel „Robotersteuer und KI-Abgabe: Das steckt hinter der Idee" (Material M 7), welcher auf der Internetseite von t3n digital pioneers mit Stand vom 21.09.2020 veröffentlicht wurde, wird berichtet, dass die **Gewerkschaft Verdi einen konkreten Plan** vorgelegt habe, der die **Besteuerung von künstlicher Intelligenz und Robotern** fordere (vgl. M 7, Z. 1 f.). Die Besteuerung findet beim **Produktionsfaktor Kapital** statt. Mit dem Instrument der Robotersteuer möchte Verdi eine „**Umverteilung** der Gewinne, die mit Maschinen erzielt werden, in die **sozialen Sicherungssysteme**" (M 7, Z. 3 f.) erreichen. In welcher Form die Erhebung der Steuer erfolgen soll, wird im Text nicht näher ausgeführt.
Bei der Annahme, dass durch mehr Roboter auch mehr Arbeitsplätze verloren gehen (vgl. M 7, Z. 5 f.), wäre die **Einführung der Robotersteuer effektiv**, da sich dadurch die **Kosten für die Maschinenarbeit erhöhen** und den **Kosten der Arbeit durch Menschen annähern**. Möglicherweise entsteht sogar ein **Kostenvorteil** für die **Arbeit durch Menschen**.

Die Maßnahme kann aber **nur** dann **effizient** sein, wenn trotz der Verteuerung der Maschinen die **Unternehmen im Land bleiben**. Es ist zu befürchten, dass Unternehmen ihre **Produktion** in andere Länder **verlagern**, in denen **keine oder eine viel niedrigere Robotersteuer** erhoben wird (vgl. M 7, Z. 31 ff.). Somit würden nicht nur die verbliebenen **Arbeitsplätze verloren** gehen, sondern der Staat hätte auch **erheblich Steuerverluste** und gleichzeitig **höhere Sozialausgaben** zu tragen. Damit verbunden ist auch die Frage nach der **Gerechtigkeit**. Um Abwanderungen in „Steueroasen" zu erschweren beziehungsweise verhindern zu können, sind für eine **Einführung von Robotersteuern Verhandlungen auf internationaler Ebene** notwendig, sodass auch eine **internationale Regelung** als Ziel erreicht werden kann. Hier stellt sich auch die Frage: „Wer würde sie worauf erheben, erfolgt sie gerätebezogen oder wertschöpfungs- oder leistungsbezogen" (M 7, Z. 29 f.)? Das Ziel des Plans von Verdi, dass die **Robotersteuereinnahmen in die Sozialsysteme umverteilt** werden (vgl. M 7, Z. 3 f.), könnte dazu beitragen, dass die **Folgen** durch die Arbeitsplatzverluste **gemildert** werden können.
Für das **Gemeinwohl** wäre diese Umverteilung in die **sozialen Sicherungssysteme** auch von Vorteil, da diese dadurch **stabilisiert** werden könnten. Die Steuereinnahmen könnten aber auch in **Bildung** investiert werden, um somit die Erwerbstätigen besser für sich **ändernde oder neue Anforderungen** auf dem Arbeitsmarkt zu **qualifizieren**. Somit könnten neu entstehende Arbeitsplätze leichter besetzt werden. Je nach Einnahmenhöhe bei der Besteuerung des Produktionsfaktors Kapital ist es auch denkbar, dass die **Steuern auf den Produktionsfaktor Arbeit gesenkt** werden. Dies kann einerseits zur **Sicherung der bestehenden Arbeitsplätze** führen, andererseits erhöht es die **verfügbaren Einkommen der Erwerbstätigen**, sodass diese durch ihren Konsum wiederum den Wirtschaftskreislauf im eigenen Land stabilisieren und weitere Arbeitsplätze sichern können.
Nicht alle Roboter stellen eine **Gefährdung von Arbeitsplätzen** dar. „Auch Verdi sieht nach eigenem Bekunden die Qualität von Künstlicher Intelligenz als wichtiges Werkzeug und versteht Roboter als gesundheitsfördernd für den menschlichen Arbeiter, etwa wenn dieser nicht mehr das schwere Werkstück alleine heben muss." (M 7, Z. 39 ff.) Insofern könnte eine **differenzierte Robotersteuer** auch **sozial nachhaltig** wirken, wenn zum Beispiel **Arbeiter*innen unterstützende Roboter geringer besteuert** werden würden als Arbeiter*innen verdrängende Roboter.
Ob eine Robotersteuer **ökonomisch nachhaltig** ist, kann **bezweifelt** werden. Die **höhere finanzielle Belastung der Unternehmen** kann dazu führen, dass die **unternehmerische Freiheit eingeschränkt** wird, die Förderung von Forschung und Entwicklung in Unternehmen zurückgeht und damit **Innovation ausbleibt** (vgl. M 7, Z. 25 f.). Die Folge kann letztlich auch ein **geringeres Wirtschaftswachstum** sein.
Die Einführung einer **Robotersteuer** kann **sinnvoll** sein, wenn auf **internationaler Ebene eine Regelung** gefunden wird, die klar festlegt, in welcher Höhe sie worauf erhoben werden soll. So haben Unternehmen im internationalen Wettbewerb die **gleichen Chancen** und es findet **kein Wettbewerb der Staaten**, wer die **niedrigsten Steuern** erhebt, statt. So haben auch die Staaten eine gewisse Planungssicherheit, was ihre Einnahmen angeht.

Schriftliche Abiturprüfung Baden-Württemberg 2022
Wirtschaft

Um Ihnen die Prüfung 2022 schnellstmöglich zur Verfügung stellen zu können, bringen wir sie in digitaler Form heraus.

Sobald die Original-Prüfungsaufgaben 2022 freigegeben sind, können sie als PDF auf der Plattform **MyStark** heruntergeladen werden (Zugangscode vgl. Farbseiten vorne im Buch).

Prüfung 2022

www.stark-verlag.de/mystark